O CONFLITO DAS FACULDADES

Dados Internacionais de Catalogação na Publicação (CIP)
(Câmara Brasileira do Livro, SP, Brasil)

Kant, Immanuel, 1724-1804
   O conflito das faculdades / Immanuel Kant ; tradução, notas e anexos André Rodrigues Ferreira Perez e Luiz Gonzaga Camargo Nascimento. – Petrópolis, RJ : Vozes ; Bragança Paulista, SP : Editora Universitária São Francisco, 2021 – (Coleção Pensamento Humano).

   Título original: Der Streit der Fakultäten
   ISBN 978-65-5713-229-6

   1. Filosofia 2. Universidades e faculdades – Avaliação I. Perez, André Rodrigues Ferreira. II. Nascimento, Luiz Gonzaga Camargo. III. Título. IV. Série.

21-71277   CDD-193

Índices para catálogo sistemático:
1. Filosofia alemã   193

Cibele Maria Dias – Bibliotecária – CRB-8/9427

Immanuel Kant

O CONFLITO DAS FACULDADES

Tradução, notas e anexos de
André Rodrigues Ferreira Perez e Luiz Gonzaga Camargo Nascimento

Petrópolis

Bragança Paulista

Tradução realizada a partir do original em alemão intitulado
Der Streit der Fakultäten

© desta tradução:
2021, Editora Vozes Ltda.
Rua Frei Luís, 100
25689-900 Petrópolis, RJ
www.vozes.com.br
Brasil

Editora Universitária São Francisco – Edusf
Avenida São Francisco de Assis, 218
Jardim São José
12916-900 Bragança Paulista, SP
www.saofrancisco.edu.br/edusf
edusf@saofrancisco.edu.br
Brasil

Todos os direitos reservados. Nenhuma parte desta obra poderá ser reproduzida ou transmitida por qualquer forma e/ou quaisquer meios (eletrônico ou mecânico, incluindo fotocópia e gravação) ou arquivada em qualquer sistema ou banco de dados sem permissão escrita da editora.

CONSELHO EDITORIAL

Diretor
Gilberto Gonçalves Garcia

Editores
Aline dos Santos Carneiro
Edrian Josué Pasini
Marilac Loraine Oleniki
Welder Lancieri Marchini

Conselheiros
Francisco Morás
Ludovico Garmus
Teobaldo Heidemann
Volney J. Berkenbrock

Secretário executivo
Leonardo A.R.T. dos Santos

Diagramação: Daniela Alessandra Eid
Revisão gráfica: Nilton Braz da Rocha
Capa: WM design
Arte-finalização: Editora Vozes

ISBN 978-65-5713-229-6

Editado conforme o novo acordo ortográfico.

Este livro foi composto e impresso pela Editora Vozes Ltda.

SUMÁRIO

Nota sobre a tradução, 7

Apresentação: Universidade com propósito cosmopolita e censura nacional: Kant na Prússia (Ricardo Terra), 9

Prefácio (VII 3), 41

Primeira seção. O conflito da Faculdade de Filosofia com a de Teologia, 49

Introdução (VII 15), 49

Divisão das faculdades em geral (VII 18), 50

I. Da relação das faculdades, 52

    Primeira seção (VII 21), 52

        Conceito e divisão das faculdades superiores (VII 21), 52

        A. Propriedade característica da Faculdade de Teologia (VII 23), 55

        B. Propriedade característica da Faculdade de Direito (VII 24), 56

        C. Propriedade característica da Faculdade de Medicina (VII 26), 57

    Segunda seção. Conceito e divisão da faculdade inferior (VII 27), 59

    Terceira seção. Do conflito ilegal das faculdades superiores com a inferior (VII 29), 61

    Quarta seção. Do conflito legal das faculdades superiores com a inferior (VII 32), 64

    Resultado (VII 35), 68

II. Apêndice a uma elucidação do conflito das faculdades mediante o exemplo daquele entre a Faculdade de Teologia e a de Filosofia, 68

    I. Matéria do conflito (VII 36), 68

    II. Princípios filosóficos da exegese da Escritura para a conciliação do conflito (VII 38), 71

    III. Objeções e as suas respostas, referentes aos princípios da exegese das Escrituras (VII 45), 77

    Observação geral. Das seitas religiosas (VII 48), 81

    Conclusão de paz e conciliação do conflito das faculdades (VII 61), 94

Apêndice a questões histórico-bíblicas sobre a utilização prática e o tempo presumível de perpetuação deste livro sagrado (VII 68), 101

Apêndice sobre uma mística pura na religião (VII 69), 102

Segunda seção. O conflito da Faculdade de Filosofia com a Faculdade de Direito (VII 77), 109

Questão renovada: Estaria a espécie humana em constante progressão para o melhor? (VII 79), 109

Conclusão (VII 93), 123

Terceira seção. O conflito da Faculdade de Filosofia com a Faculdade de Medicina (VII 95), 125

Do poder do ânimo de ser mestre de seus sentimentos doentios através da simples resolução – Um escrito em resposta ao Sr. Conselheiro da corte e Prof. Hufeland (VII 97), 125

Princípios da Dietética (VII 100), 129

Conclusão (VII 112), 140

Pós-escrito (VII 114), 142

Anexo 1: O contexto histórico prussiano nos tempos de Kant (Luiz Gonzaga Camargo Nascimento), 145

Anexo 2: Kant contra a censura: notas sobre a constituição e a editoração de *O conflito das faculdades* (André Rodrigues Ferreira Perez), 165

Notas de fim dos tradutores, 191

Bibliografia, 217

Glossário, 231

NOTA SOBRE A TRADUÇÃO

Este trabalho se desenvolveu no ambiente da pós-graduação do Departamento de Filosofia da Universidade de São Paulo, a partir de uma proposta de Ricardo R. Terra, autor da apresentação deste volume, sem cuja generosidade esta tradução não seria possível. Fora o auxílio no estabelecimento dos critérios das notas dos tradutores e da sugestão para a resolução de uma série de problemas de tradução, pudemos participar de profícuas reuniões, sobre a tradução, com seu grupo de estudos sobre a Filosofia Crítica – a cujos integrantes somos gratos pela leitura atenta e pelos apontamentos criteriosos. Além disso, o Prof. Terra ministrou um curso para alunos da pós-graduação exclusivamente sobre a tradução do *Conflito*, tomando as versões anteriores desta tradução como texto base, colocando, a cada aula, nosso trabalho à prova, oferecendo a oportunidade de aprimorá-lo.

Cumpre também destacar o papel de Maurício Keinert, professor do Departamento e orientador destes tradutores, com seu grupo de Filosofia Alemã no qual estes têm, há alguns anos, estudado, dentre outros, os textos kantianos. Os conselhos e apontamentos do Prof. Keinert certamente contribuíram para conceber a feição própria deste trabalho.

A presente tradução, feita a quatro mãos, teve por base o volume sete da edição da Academia Real Prussiana de Ciências, de 1917, editada por Karl Vorländer. Os numerais em negrito e entre colchetes se referem à paginação desta edição. Houve checagem das diferenças, correções ou sugestões constantes na edição da Academia em relação à primeira edição, de 1798, por Nicolovius, em Königsberg – nos casos em que a divergência é relevante, ela foi mencionada. Além disto, levou-se em conta a edição crítica de Horst D. Brandt e Piero Giordanetti, de 2005, pela Felix Meiner. Em relação às traduções existentes do *Conflito*, houve cotejo com a tradução norte-americana de Mary J. Gregor (1979), com a portuguesa de Artur Mourão (2008) e com a francesa de Christian Ferrié (2015). De fundamental importância foram os dicionários de época consultados: o *Dicionário alemão*, dos irmãos Grimm, e o dicionário *Gramático-crítico*, de J. C. Adelung – ambos disponíveis online, como apontado no item 2 da bibliografia.

André Rodrigues Ferreira Perez & Luiz Gonzaga Camargo Nascimento
São Paulo, 2021.

APRESENTAÇÃO
UNIVERSIDADE COM PROPÓSITO COSMOPOLITA E CENSURA NACIONAL: KANT NA PRÚSSIA[1]

Ricardo Terra – USP/CEBRAP

Sie <der Jüngling> müssen sich freuen über das Weltbest, wenn es auch nicht der Vorteil ihres Vaterlandes oder ihr eigner Gewinn ist (Kant Päd, AA, IX: 499)[2]

O conflito das faculdades, de Immanuel Kant, é uma defesa contundente da universidade contra os ataques do Estado e da intolerância religiosa. Além da defesa da liberdade de ensino e pesquisa, a obra desenvolve ideias fundamentais que foram decisivas na articulação da moderna universidade de pesquisa alemã. Hoje, no Brasil, o futuro que se prenuncia para o ensino universitário e para a pesquisa científica é sombrio. A pesquisa inovadora implica caríssimos equipamentos e insumos, e os investimentos para a manutenção de uma universidade de pesquisa são cada vez mais elevados. Não bastasse isso, a universidade pública e a pesquisa científica estão sendo atacadas com uma impressionante violência. De cortes no orçamento, no lugar de sua necessária ampliação, à divulgação de notícias falsas. Também no plano mundial, há tentativas de corroer a legitimidade da ciência. A negação do aquecimento global, o movimento antivacina, o terraplanismo, e daí por diante, são cada vez mais estridentes. Neste cenário, a defesa das universidades, das ciências e das humanidades é da maior

---

1. Agradeço a Ana Claudia Lopes pela revisão e a Diego Trevisan pelas traduções.
2. "Eles [os jovens] devem alegrar-se pelo bem do mundo mesmo que não seja vantajoso para a pátria ou para seu próprio ganho" (Kant, Immanuel. *Sobre a Pedagogia*. Trad. Francisco Cock Fontanella. Piracicaba: Editora Unimep, 1999, p. 106. Trad. mod.).

urgência. É preciso, ademais, compreender a situação e repensar o sistema de ensino universitário, as instituições científicas e suas relações com a sociedade. Retomar os clássicos, não para imitá-los, mas, como sugere Kant, para exercitar o julgamento, torna-se uma tarefa premente.

A universidade, a bem dizer, sofreu profundas mudanças nos últimos séculos. De forma esquemática, em uma lista não exaustiva, pode-se enumerar alguns exemplos: no esteio da Revolução Francesa, uma reformulação radical do ensino superior e a criação das Grandes Escolas; a fundação da Universidade de Berlim, que modifica a relação de ensino e pesquisa; com a Universidade Johns Hopkins, sobejamente inspirada no modelo alemão, surge a universidade de pesquisa americana. Na primeira metade do último século, Fritz Ringer estuda o declínio dos mandarins alemães e a crise do sistema universitário, Martin Heidegger pensa a universidade nazista, Karl Jaspers se esforça para retomar o espírito da universidade humboldtiana. Nos anos 1960 e 1970, nos Estados Unidos, acontecem as chamadas "guerras culturais" com a polêmica sobre o cânone, Jean-François Lyotard diagnostica uma profunda mudança com a passagem da modernidade para a pós-modernidade, Jürgen Habermas busca ainda na modernidade uma unidade fraca da razão, possibilitada pela razão comunicativa, contra a razão instrumental da universidade centrada na avaliação e na vaga noção de excelência, o processo de Bolonha transforma a universidade europeia. Em suma, a universidade está em mudança permanente. A universidade já esteve a serviço da teologia, a serviço da formação (*Bildung*) e da cultura nacionais, já esteve vinculada ao funcionamento do Estado nacional, a serviço do saber desinteressado, a serviço da utilidade imediata, a serviço da produção e do mercado, a serviço do desenvolvimento social. A universidade já foi controlada pela corporação de professores, pela corporação de alunos, pela Igreja, pelo Estado, pelo mercado.

A cuidadosa tradução de *O conflito das faculdades* que a leitora e o leitor têm agora em mãos é uma contribuição inestimável para o exercício de compreensão e julgamento que temos diante de nós. Espera-se que, a partir dela, também se sigam outras traduções e debates. Por exemplo, as reflexões sobre a ideia de universidade que encontramos em Johann G. Fichte, Georg W.F. Hegel, Friedrich W.J. von Schelling, Friedrich Schleiermacher, F.W.H. Alexander von Humboldt, John Henry Newman, J. Ortega y Gasset, Jaspers, Habermas, e até mesmo o discurso nazista da reitoria de Heidegger[3]. De todo modo, para compreendermos a dimensão da presente obra, cabe retomar o contexto em que foi escrita e traçar paralelos com reflexões centrais que percorrem a obra de Kant, em especial com o pensar por si mesmo e o papel da formação. Meu objetivo é apontar a relevância de *O conflito das faculdades* e da ideia kantiana de universidade nos debates sobre os rumos do ensino e pesquisa na atualidade. Antes, porém, cabe relembrar as profundas transformações por que passavam as universidades alemãs no século XVIII.

I – A universidade crítica kantiana no século XVIII alemão

Quando se fala em universidade moderna, pensa-se imediatamente na Universidade de Berlim, fundada por Wilhelm von Humboldt. E, neste contexto, são lembrados os debates filosóficos prévios que embasaram o projeto daquela universidade, principalmente o debate entre Fichte e Schleiermacher e a formulação decisiva de Humboldt. Kant sempre aparece como uma influência ampla da época, mas não como tendo articulado uma ideia de universidade. Nesse sentido, vale a pena a referência a *The University in Ruins*, de Bill Readings[4].

Para Readings, uma das características das universidades modernas é ter uma ideia geral que articula seu sentido e missão. *Grosso modo*, poder-se-ia falar em três modelos: o da razão, o da cultura, e o da excelência. Nas palavras do autor: "Como tantas outras histórias a respeito da modernidade, a história [da universi-

---

3. Um esforço de traduzir clássicos do pensamento sobre a universidade foi realizado pela Editora da UERJ com a "Coleção Universidade". Foram publicadas traduções, entre outros, de Fichte, Wilhelm von Humboldt, Gerhard Casper, Wolfgang Iser, Ortega y Gasset, Bill Readings. Convém ressaltar também a publicação de *A universidade de ontem e de hoje*, de Anísio Teixeira, e *A formação pela ciência. Schelling e a ideia de universidade*, de Ricardo Barbosa.
4. Readings, Bill. *The University in Ruins*. Harvard University Press, 1996.

dade] começa com Kant, que vislumbrou a universidade orientada pelo conceito de *razão*. Na sequência da visão kantiana, temos a ideia de *cultura* de Humboldt, e, mais recentemente, a ênfase foi posta na noção tecnoburocrática de *excelência*"[5]. Diferentemente da universidade medieval, que organizava as disciplinas segundo o *trivium* (gramática, retórica, dialética) e o *quadrivium* (aritmética, geometria, astronomia e música) e cujo princípio unificador era a teodiceia, para a universidade moderna kantiana o princípio unificador universal não era externo, e sim *imanente*. Trata-se da própria razão. A razão, como Readings formula, "fornece a *ratio* entre as disciplinas. E a razão tem sua própria disciplina, a filosofia, a faculdade inferior"[6]. A universidade kantiana seria a universidade cosmopolita articulada nos limites da razão.

De 1798, data da publicação de *O conflito das faculdades*, até 1810, data da fundação da Universidade de Berlim, há uma vertiginosa transformação político-social e cultural na Prússia. A concepção de universidade elaborada pelos fundadores da Universidade de Berlim certamente tem a influência kantiana. Ao mesmo tempo, sua ideia de universidade é muito diversa da de Kant. Com poucos anos de diferença, ocorre um amplo movimento que leva à transformação da perspectiva universitária cosmopolita para a visão da missão universidade vinculada à *Bildung* e ao povo alemão.

A reconstrução desse movimento teria de levar em conta as reações políticas e culturais decorrentes da invasão napoleônica na Prússia, além dos diferentes projetos filosóficos e políticos de Fichte, Schleiermacher e Humboldt. Aqui, porém, gostaria de caracterizar a ideia kantiana de universidade e, apenas na última seção, aponto algumas semelhanças e diferenças com a universidade humboldtiana. Para iniciar, vale a pena relembrar a situação das universidades no século XVIII na Alemanha. Vamos nos deter em Halle, Göttingen e Königsberg.

As universidades alemãs sofreram grandes transformações com a Reforma e os conflitos religiosos daí provenientes. Às questões religiosas, misturavam-se as complexas questões políticas na

---

5. Idem, p. 54.
6. Idem, p. 56.

relação do imperador do sacro Império Romano Germânico com inúmeros príncipes-eleitores, reis, príncipes, condes. A situação se complica ainda mais com o surgimento do importante movimento político-cultural que é a *Aufklärung*. No fim do século XVII e no início do século XVIII, havia um grande número de universidades no universo das regiões de língua alemã. No entanto, houve também uma diminuição do número de alunos da nobreza, responsável pelo pagamento das taxas universitárias mais elevadas[7]. Ao que parece, as universidades, devido ao esclerosamento do ensino, acabaram se tornando irrelevantes em vista das necessidades dos possíveis estudantes. Ainda assim, quatro universidades foram fundadas no período: Halle (1694), Breslau (1702), Göttingen (1737) e Erlangen (1743). Halle e Göttingen são as mais destacadas.

A fundação da Universidade de Halle significará um grande passo no movimento de renovação da universidade na Alemanha, e, principalmente, na Prússia. O sucesso da nova universidade se deve à junção de alguns fatores, pois, "inicialmente, baseava-se em uma *Ritterakademie* previamente existente, sobre a qual foi enxertada uma faculdade teológica pietisticamente orientada e uma Faculdade de Direito relativamente progressista"[8]. Dessa forma, a universidade podia atrair nobres, burgueses e candidatos a pastor. Essa articulação de interesses diversos só foi quebrada em 1723, com a expulsão de Christian Wolff. Enquanto a postura esclarecida ganhava força e sistematização, os teólogos pietistas tornaram-se mais conservadores. Com a ascensão ao trono de Frederico II, porém, Wolff retoma seu posto. Aquela quebra, de qualquer forma, marcou a história da universidade.

A Universidade de Halle[9], no território da Prússia-Brandemburgo, participa da política dos Hohenzollern de reforço de uma

---

7. McClelland, Charles. *State, society, and university in Germany 1700-1914*. Cambridge University Press, 1980, p. 33.

8. Idem, p. 34.

9. Nos parágrafos seguintes seguimos de perto a reconstrução e interpretação de Diego Kosbiau Trevisan, ver "Christian Thomasius e a *Aufklärung*", *Kriterion*, n. 145, abr. 2020, e "Christian Thomasius e a reformulação universitária na *Aufklärung*", *Cadernos de Filosofia Alemã*, jul.-dez. 2020.

postura de certa secularização combinada ao reordenamento e fortalecimento do Estado. Nesse quadro, é importante a perspectiva de tolerância religiosa e o desenvolvimento inicial do esclarecimento (*Früaufklärung*).

Na Universidade de Halle, Christian Thomasius terá um papel crucial para a consolidação de uma instituição renovada. Inicia-se com ele um longo processo de transformações da universidade alemã. Dois pontos foram essenciais: a limitação do poder da Igreja e a guinada dos estudos universitários para a prática[10]. Thomasius tem uma visão clara da realidade alemã e de como seria necessária uma universidade renovada que pudesse participar do desenvolvimento da Alemanha que, comparada com outros países, era atrasada:

> Quando se investigam as causas que explicam por que as artes e as ciências na Holanda, Inglaterra e França tanto floresceram e se expandiram nesse último século até uma alta perfeição, (percebe-se) que na Alemanha elas não progrediram de forma tão visível, mas, antes, avançaram devagar[11].

O motivo do atraso, segundo Thomasius, seria a ausência do elemento essencial para o avanço das ciências e artes:

> Trata-se da *irrestrita liberdade*; a liberdade, decerto, é o que dá ao espírito a vida correta, e, sem ela, o entendimento humano – tenha ele, de resto, tanto mérito quanto deseja – parece como que morto e enterrado[12].

Thomasius enuncia um princípio fundamental, a irrestrita liberdade, que, passando por Kant e Humboldt, ainda hoje está

---

10. "Com sua filosofia eclética, Thomasius já buscava aquela 'liberdade irrestrita' que ele mesmo havia diagnosticado como motivo central do 'atraso alemão' em relação a seus vizinhos. Essa postura intelectual, como se vê, serve de base filosófica para o projeto político da *Aufklärung* de secularização e racionalização da sociedade alemã" (Trevisan, "Christian Thomasius e a *Aufklärung*", op. cit., p. 169).
11. Thomasius, Christian. "Die neue Erfindung einer wohlgegründeten und für das gemeine Wesen höchstnöthingen Wissenschaft" (1691). *Kleine teutsche Schriften*, Halle, 1701, p. 450, apud Trevisan, "Christian Thomasius e a *Aufklärung*", op. cit., p. 152.
12. Ibidem, p. 458-459. Trad. mod.

sob ameaça. Dado esse princípio, a questão seria sobre o que é possível e desejável projetar para a universidade. Para realizar o projeto político da *Aufklärung* de secularizar e racionalizar o Estado e a sociedade era necessária uma universidade profundamente transformada em toda a sua estrutura, ou seja: capaz de disputar com o aristotelismo as noções de prática e de prudência, criar novas disciplinas e reorganizar a hierarquia das faculdades.

Até então, as universidades se estruturavam com três faculdades ditas superiores, Teologia, Direito e Medicina, e uma faculdade dita inferior, Filosofia. A faculdade inferior preparava os estudantes para as faculdades superiores. Entre as faculdades superiores havia o predomínio da Faculdade de Teologia. A perspectiva de Thomasius levava a uma mudança na hierarquia das faculdades superiores, limitando o poder da teologia sobre as outras disciplinas (inclusive em relação à filosofia) e reconhecendo uma certa primazia da Faculdade de Direito.

No plano da filosofia tratava-se de limitar não apenas o aristotelismo, mas também a perspectiva contemplativa predominante e conferida pela teologia. Era preciso, pois, ampliar a dimensão da vida ativa. Na Faculdade de Direito, são criadas novas disciplinas que visavam a formação de funcionários que poderiam racionalizar o Estado. Há uma transformação do direito natural e surgem disciplinas como economia, *Kameralwissenschaft*, *Polizeiwissenschaft* e *Universitätsstatistik*. Como explica Trevisan:

> A cameralística (*Kameralwissenschaft, Cameral-Wesen, Kameralistik*) designava, no singular, uma aplicação pública de saberes e procedimentos privados, relativos aos súditos e funcionários estatais; no plural *Kameralwissenschaften* designavam o conjunto de disciplinas que eram úteis para a instrução e formação de administradores públicos. Num primeiro momento, no início do século XVIII, estas disciplinas incluíam, além da *Polizey*, sobretudo a Ökonomie[13].

---

13. Trevisan, "Christian Thomasius e a reformulação universitária na *Aufklärung*", op. cit., p. 261.

Essas disciplinas possibilitavam uma formação cujos objetivos eram ampliar a eficiência do Estado e racionalizar os negócios e a sociedade. Além da economia e da estatística era importante a política, *Polizey*. Esta era "entendida não mais sob a chave escolástico--aristotélica de uma disciplina das virtudes civis e políticas do *Fürst*, mas, antes, como a ciência do bom governo a ser empregada pelos *Fürsten* na crescente centralização de poder em seus territórios"[14].

Novamente, convém ressaltar o empenho de Thomasius na adoção dessas disciplinas na Universidade de Halle e em outras universidades alemãs. O processo renovador da universidade não se limitava à criação das novas disciplinas, à transformação do ensino com aulas em alemão e à introdução dos seminários. Esse processo consistia, também, em certa limitação da autoridade da Faculdade de Teologia e no deslocamento da preponderância para a Faculdade de Direito.

Outro polo importante na profunda renovação da universidade se dá com a fundação da Universidade de Göttingen, em 1734, por Gerlach Adolph von Münchhausen (1688-1770). Von Münchhausen havia estudado em Halle e teve a missão de criar no Eleitorado de Hannover uma universidade com grande liberdade de ensino e pesquisa. O então ministro do Eleitorado conseguiu atrair para Göttingen grandes pesquisadores de outras universidades, fundou a Sociedade de Ciência de Göttingen e formou uma boa biblioteca.

Sua maior inovação foi a difusão do seminário, como detalha Brockliss:

> Cada método de ensino tem sua própria função pedagógica particular. A aula era o veículo para transmitir, da maneira mais eficiente possível, para um público estudantil relativamente ignorante os elementos mais importantes e incontroversos do tema em discussão. O seminário, em contrapartida, era o meio pelo qual o professor apresentava sua própria contribuição para o desenvolvimento de

---

14. Ibidem, p. 262.

sua disciplina perante um círculo de acólitos críticos, mas devidamente apaixonados. A inovação de Göttingen mostrou de modo claro o caminho para as novas universidades orientadas para pesquisa do século XIX[15].

Nos seminários, realizava-se a união da pesquisa e do ensino, o que levou a resultados excepcionais nos âmbitos da filologia e dos estudos históricos. A fama da Universidade se difunde na Alemanha, atraindo estudantes de diferentes regiões. Um dos alunos de Göttingen será Wilhelm von Humboldt, que muito aproveitou de sua experiência em suas futuras reflexões para a elaboração do projeto da nova Universidade de Berlim.

Tanto a Universidade de Halle, no território da Prússia-Brandemburgo, como a Universidade de Göttingen, em Hannover, foram experiências cruciais para uma segunda onda de renovação da universidade alemã que toma impulso com a fundação da Universidade de Berlim, em 1810. No entanto, a revolução filosófica representada pelo kantismo e a sua presença nas ideias de Humboldt, Fichte e Schleiermacher, não pode ficar de fora deste quadro.

O curioso é que Kant teve sua formação e toda sua carreira como professor em Königsberg. A cidade era então parte da Prússia Oriental e hoje, sob o nome de Kaliningrado, é território da Rússia. Embora fosse importante na região, Königsberg era muito distante dos grandes centros culturais e científicos. De tal forma que, em 1739, em visita à localidade, o futuro rei Frederico II faz uma avaliação muito dura de sua vida cultural. A seu ver, a cidade era "melhor para criar ursos do que para servir de palco [*Schauplatzt*] para a ciência"[16]. Kant inicia seus estudos universitários na Universidade de Königsberg, a Albertina, em setembro de 1740, ano seguinte à visita do futuro rei. Assim, ele sempre esteve geograficamente afastado dos centros mais renovadores da *Aufklärung*.

---

15. Brockliss, L. (1996). "Curricula", in: Rüegg, W. (org.). *A History of the University in Europe*. Cambridge: Cambridge University Press, v. 2, p. 568.
16. Vorländer, Karl. *Immanuel Kant Der Man und das Werk*. Hamburgo: Felix Meiner Verlag, 1992, p. 48.

A Albertina havia sido fundada em 1544, durante a Reforma, por Albrecht (1490-1568), duque da Prússia e margrave de Brandemburgo[17]. Além dos limites culturais da cidade, a própria Universidade tinha deficiências que persistiram por muito tempo, de tal forma que, como nos conta Dietzsch, "mesmo nos últimos anos de vida de Kant, faltava instrumentos físicos suficientes, um jardim botânico etc."[18] Na década de 1740, havia também uma série de conflitos pessoais, políticos e filosóficos entre três grupos de professores: aristotélicos (que persistiriam por um longo período em Königsberg), wollfianos e pietistas. Como relata Giorgio Tonelli, nos dois primeiros anos de estudos de Kant, "aristotélicos e wolffianos temporariamente prevaleceram sobre os pietistas na universidade"[19].

Os conflitos e a deficiência das instalações levaram um dos biógrafos de Kant a afirmar que "tudo o que é de interesse nos primeiros escritos de Kant sobre física é [...] prova tanto de sua engenhosidade quanto de sua própria formação"[20]. É possível qualificar um pouco esse julgamento se se considera o possível encorajamento do newtonianismo pela Academia de Ciências de Berlim, que sempre foi muito prezada por Kant[21]. Mesmo nesse quadro, Kant, desde o início de sua atividade como professor, procurou inovar no ensino. Ele prezava a autonomia dos estudantes e procurava criar condições para o desenvolvimento intelectual independente.

II – O ensino como guia para se pensar por si mesmo[22]

A preocupação de Kant com o ensino, com o desenvolvimento das ciências e com as instituições relacionadas a essas atividades

---

17. Dietzsch, Steffen. *Immanuel Kant. Eine Biographie*. Leipzig: Reclam, 2003, p. 34.
18. Ibidem, p. 50-51.
19. Tonelli, Giorgio. "Conditions in Königsberg and the Making of Kant's Philosophy", in: Bucher, A.; Drüe, H. e Seebohn (orgs.). *Bewusstsein Gerhard Funke zu eigen*. Bonn, Bouvier Verlag, 1975, p. 137.
20. Kühn, Manfred, *Kant: Eine Biographie*. Munique: C.H. Beck, 2003, p. 107.
21. Cf. a respeito Tonelli, op. cit.
22. Desse ponto em diante, retomo, com algumas alterações, o artigo "Pensar por si mesmo e uso público da razão: Kant e a universidade nos limites da razão", *Studia Kantiana*, v. 18, n. 2 (ago. 2020), p. 19-36.

percorrem toda a sua vida acadêmica. Basta lembrar, por exemplo, a "Notícia do Prof. Immanuel Kant sobre a organização de suas preleções no semestre de inverno de 1765-1766", o Prefácio da segunda edição da *Crítica da razão pura* (1787) ou os cursos de Pedagogia que foram ministrados entre 1776 e 1787. Isso sem falar, é claro, do presente *O conflito das faculdades* (1798).

Pode-se seguir o desenvolvimento dessas questões em duas perspectivas complementares: por um lado, o desdobramento da própria filosofia kantiana, e, por outro lado, a reação de Kant aos acontecimentos históricos e científicos do período que se inicia nos anos de 1760 e se estende até perto do final da década de 1790. Nessas perspectivas, tomadas em conjunto, são fundamentais a noção de uso público da razão na *Crítica da razão pura*, as noções de autonomia e de uso público da razão desenvolvidas em "O que é esclarecimento?", assim como as reações políticas e filosóficas de Kant a eventos como a Revolução Francesa ou as mudanças políticas na Prússia com a morte de Frederico II.

O "diagnóstico de época" de Kant, para usar uma noção anacrônica, pode ser muito produtivo para a comparação com os diagnósticos de Fichte, Schleiermacher e Humboldt, e pode até auxiliar no diagnóstico de época no Brasil da década de 2020. Encontramos no diagnóstico de Kant alguns elementos que merecem destaque: pensar por si mesmo (*Selbstdenken*), razão pública, revolução científica, independência da Faculdade de Filosofia, oposição à censura, relação entre as faculdades, saber desinteressado e saber utilitário, relação com o Estado, valorização e desvalorização de disciplinas, além da defesa do cosmopolitismo – esta última questão sendo importante na diferenciação entre a posição de Kant e as de Fichte e de Humboldt.

Kant, como *Aufklärer*, valorizava de maneira fundamental a educação em todos os níveis. Como ressalta Manfred Kühn (2003, p. 264):

> Kant sempre teve interesse em educação <*Erziehung*>. Isso se origina não apenas do fato de que ele, no início dos anos de 1760, tenha lido o *Emílio*, de Rousseau; antes, <a educação> foi um tema com o qual ele se preocupou

pelo menos desde a época em que era preceptor <*Hofmeister*>. A exposição oral que ele sustentou por ocasião de seu doutorado como Magister [em 1755] foi dedicada [...] ao tema "Da exposição mais fácil e rigorosa da filosofia".

O interesse de Kant pela necessária renovação do ensino também fica patente em seu entusiasmo inicial com a experiência das mudanças pedagógicas no Instituto educacional *Philanthropin*, fundado por Johann Bernhard Basedow. Naquela época, Kant chega a publicar dois pequenos textos a respeito do projeto de Basedow no *Königsbergische Gelehrte und Politische Zeitungen*, o primeiro, em 28 de março de 1776, e, o segundo, em 27 março de 1777 (cf. AP, AA 02: 447-452).

As considerações de Kant sobre o ensino provinham de suas leituras, particularmente de Rousseau, e de sua experiência como professor. Desse modo, não eram apenas formulações teóricas abstratas, mas eram fruto também da prática de suas aulas. J.G. Herder, que fora aluno de Kant de 1762 a 1764, é quem oferece algumas pistas a respeito do professor. Na carta 79 de suas *Briefe zur Beförderung der Humanität* (Cartas para o aprimoramento da humanidade), ele descreve como eram as aulas de Kant:

> Tive a felicidade de conhecer um filósofo que foi meu professor. Em seus anos mais prósperos, ele tinha a alegre vivacidade de um adolescente, a qual, como creio, também o acompanha em sua idade mais avançada. Sua cabeça aberta, talhada para o pensar, era uma sede de inabalável jovialidade e júbilo; o discurso mais imaginativo fluía de seus lábios; gracejo e espirituosidade e humor estavam sempre à disposição, e sua exposição docente era o convívio que mais entretinha. Com exatamente o mesmo espírito com que examinava Leibniz, Wolff, Baumgarten, Crusius, Hume, e um físico seguia as leis da natureza de Kepler, Newton, ele também acolhia os escritos de Rousseau à época publicados, seu "Emílio" e sua "Heloísa", assim como toda descoberta da natureza que lhe vinha ao conhecimento, avaliava-os e sempre retornava a um imparcial *conhecimento da natureza* e *ao valor moral do ser*

humano. História da natureza, dos povos, do ser humano, teoria da natureza, matemática e experiência eram as fontes a partir das quais ele dava vida à sua exposição e convívio; não lhe era indiferente nada que fosse digno de saber; nenhuma intriga, nenhuma seita, nenhum preconceito, nenhuma ambição por fazer nome jamais teve, para ele, o menor atrativo diante do alargamento e elucidação da verdade. De bom grado, ele encorajava e incitava ao *pensar por si mesmo* <*Selbstdenken*>; o despotismo era estranho a seu ânimo <*Gemüt*>. Esse homem, que menciono com a maior gratidão e reverência, é *Immanuel Kant*; sua imagem repousa de bom grado diante de mim (Herder, 2013, p. 291)[23].

Kant lecionou na Albertina de 1755 a 1770, como livre-docente (*Privatdozent*), e de 1770 a 1796, como professor ordinário. Em 1762, quando Herder chega a Königsberg, Kant era um jovem professor de 38 anos[24]. O trecho da carta 79 permite vislumbrar como eram as aulas do futuro autor das três Críticas. Grande vitalidade, erudição e referências à atualidade literária, filosófica e científica. Pelas anotações das aulas feitas por alunos – inclusive por Herder – que foram publicadas nas obras completas de Kant, podemos imaginar o esforço do professor na formação dos estudantes.

É bom lembrar que, na maioria dos cursos naquela universidade, os professores eram obrigados a seguir manuais escolhidos pelas autoridades prussianas. Não obstante, as observações nas margens dos exemplares usados por Kant e as anotações dos alunos nos permitem acompanhar como ele, com o tempo, introduzia suas opiniões e articulava sua própria filosofia. Nos cursos de geografia e de antropologia, como não tinha de seguir um manual, Kant podia exercitar diretamente suas capacidades didáticas e mobilizar sua grande erudição.

---

23. Tradução de Diego Kosbiau Trevisan, a quem agradeço.
24. Sobre Herder como aluno de Kant, cf. Kühn, 2003, p. 155ss.

De qualquer forma, é importante salientar a atualidade e o cosmopolitismo das reflexões de Kant em suas aulas. O professor fazia referências a experimentos científicos, a livros franceses e ingleses recentes, e, o mais interessante, não apenas de filosofia, mas também de literatura. Christian Friedrich Jensch, que também foi aluno de Kant, enumera os autores mencionados por seu professor: além dos tratados e ensaios de Hume, Leibniz, Montaigne, também os romances de Fielding e de Richardson (cf. Kühn, 2003, p. 159). Os recursos que permitiam conduzir os estudantes à reflexão provinham de fontes diversas, como as ciências, a literatura, a história, a geografia e a filosofia. Kant rompia, assim, a estrutura fechada dos cursos da Albertina, possibilitando a formação e a liberdade de pensamento dos estudantes.

Encontramos a explicitação dessa perspectiva de ensino e a concepção da própria filosofia de Kant na "Notícia das Aulas de 1765-1766". Ali são formuladas algumas questões relativas ao ensino universitário que serão mantidas e ampliadas em obras posteriores. A "Notícia" tem uma parte inicial, digamos, pedagógica, e uma parte com o resumo das questões pertinentes às disciplinas que seriam desenvolvidas nas aulas daquele período, a saber, Metafísica, Lógica, Ética e Geografia Física[25]. Na parte pedagógica, é desenvolvida precisamente a concepção de ensino que Herder teve a oportunidade de observar sendo realizada nas aulas de Kant. A liberdade de pensar por si mesmo (*Selbstdenken*) referida por Herder será um ponto fundamental na posição kantiana a respeito da formação do aluno expressa na "Notícia". Como veremos, ao longo de anos, até se tornar a primeira das máximas do entendimento humano comum na terceira *Crítica*, a expressão *Selbstdenken* é reformulada e adquire novas determinações.

É importante ressaltar que a "Notícia" é endereçada ao estudante universitário, que é diferente do aluno do ensino secundário: "O adolescente que acabou sua formação escolar estava acostumado a *aprender*. Ele pensa que, de agora em diante, vai *aprender Filosofia*, o que, porém, é impossível, pois agora ele deve *aprender*

---

[25]. As relações entre geografia, antropologia, história e política constituem um aspecto inovador do pensamento kantiano. Ver Santos, 2016.

a filosofar. Semelhante didática, exige-a a própria natureza da Filosofia" (NEV, AA 02: 306; p. 174).

Dessa forma, a atividade do professor do curso elementar e secundário é diferente da postura do docente universitário[26]. Este "não deve ensinar *pensamentos*, mas deve ensinar a *pensar*; não se deve *carregá-lo* [o estudante], mas *guiá-lo*, se se quer que ele seja apto no futuro a *caminhar* por si próprio" (NEV, AA 2: 306; p. 174.).

Além disso, Kant incentivava que os estudantes fizessem o mesmo:

> Também o autor filosófico em que nos baseamos no ensino deve ser considerado não como o modelo do juízo, mas apenas como o ensejo de julgarmos nós próprios sobre ele e até mesmo contra ele; e o método de refletir e concluir *por conta própria* é aquilo cujo domínio o aprendiz está a rigor buscando, o qual também é o único que lhe pode ser útil, de tal sorte que os discernimentos decididos que porventura se tenham obtido ao mesmo tempo têm que ser considerados como consequências contingentes dele, consequências estas para cuja plena abundância ele só tem de plantar em si mesmo a raiz fecunda (NEV, AA 02: 307; p. 175).

Os exemplos dos clássicos servem como modelo não para serem repetidos ou copiados, mas como oportunidade de exercer a faculdade de julgar, concordando ou discordando do autor em pauta. Esse exercício possibilita a articulação de um método de refletir por si mesmo. O ensino e o aprendizado estão no quadro da *Aufklärung* – o aprendizado da lógica permite que o estudante vá "do país do preconceito e do erro para o domínio da razão escla-

---

26. Humboldt amplia essa perspectiva ao atribuir a diferença entre aluno e estudante universitário para todas as ciências (cf. Terra, 2019). Vale a pena lembrar que Humboldt, além do *Selbstdenken*, propõe o trabalho de pesquisa cooperativo que será possível de forma sistemática com a introdução da prática do seminário, iniciada na Universidade de Göttingen.

recida <*in das Gebiet der aufgeklärteren Vernunft*> e da ciência" (NEV, AA 02: 310; p. 177).

Diante do fato de que não é possível aprender filosofia (já que ela não existe puramente enquanto tal), a tarefa do estudante será a de aprender a filosofar, a de aprender a pensar; mas isso não significa que não se deva ler os clássicos ou aprender as ciências. O que muda é a relação com os clássicos. Não basta conhecê-los, decorá-los. Os clássicos são modelos, mas os modelos não estão aí para serem reproduzidos.

A caracterização da aprendizagem do filosofar funda-se na própria concepção da filosofia como atividade crítica, já que, como lemos na Lógica: "filosofar é algo que só se pode aprender pelo exercício e o uso próprio da razão" (Log, AA 09: 25; p. 42). Assim, o próprio filósofo,

> na qualidade de quem pensa por si mesmo <*als Selbstdenker*>, tem de fazer um uso livre e pessoal de sua razão, não um uso servilmente imitativo [...]. Por conseguinte, se quisermos nos exercitar na atividade de pensar por si mesmo ou filosofar, teremos de olhar mais para o *método* de nosso uso da razão do que para as proposições mesmas a que chegamos por intermédio dele (Log, AA 09: 26; p. 43).

Na "Notícia", Kant acrescenta mais uma característica aos seus elementos de pedagogia: "O método peculiar de ensino na Filosofia é zetético, como lhe chamavam os Antigos (de *zetein*), isto é, investigante <*forschend*>" (NEV, AA 02: 307; 175)[27]. Novamente, pode-se relacionar o método da própria filosofia com o método do ensino. É bom lembrar que em 1764 é publicada a *Investigação sobre a evidência dos princípios da teologia natural e da moral* (UD, AA 02), na qual Kant ressalta a importância do método de Newton. Esse método, "na ciência da natureza, transformou a falta de nexo das hipóteses físicas em um procedimento seguro, segundo a experiência e a geometria" (UD, AA 02: 275; p. 103). O caminho está aberto para a filosofia, pois, como também afir-

---

27. Para Humboldt também os métodos de ensino da filologia, da história etc., seriam investigantes.

ma Kant: "o autêntico método da metafísica é, no fundo, idêntico àquele introduzido por *Newton* na ciência da natureza e que foi de consequências profícuas para ela" (UD, AA 02: 286; p. 119). Como sabemos, a comparação das grandes mudanças na física e as possíveis mudanças na metafisica percorre muitos dos textos de Kant, principalmente o Prefácio da segunda edição da *Crítica da razão pura*, na qual se busca para a filosofia uma revolução similar àquelas já ocorridas na matemática e na física. Mas uma maneira de continuar a reconstrução da prática e da reflexão de Kant sobre a educação e sobre as missões do ensino secundário e da universidade é seguir o fio condutor das anotações de aulas feitas por seus alunos em Königsberg. Particularmente importantes são algumas passagens das Preleções sobre a *Enciclopédia Filosófica*.

O curso de *Enciclopédia Filosófica* era uma espécie de introdução à filosofia. Como era habitual na Albertina, Kant seguia um manual que, por disposição das autoridades (*praecepto regio*), era o de Feder[28]. O professor, porém, abordava os temas com grande liberdade, expondo o que pensava. Kant ministrou o curso por dez semestres, de 1767/1768 a 1781/1782 (Petrone, 2003, p. 247)[29]. Nas anotações que nos chegam desse curso, encontramos ideias similares àquelas presentes na "Notícia". Um curso de introdução sistemática à filosofia é uma boa ocasião para a reflexão sobre o ensino e a aprendizagem.

O principal objetivo do curso consistia em criar condições para que os estudantes desenvolvessem suas capacidades de pensar por si próprios, pois: "Filosofar não significa imitar o pensamento de alguém, mas pensar por si mesmo e, na verdade, *a priori*. Nenhum professor de filosofia deve apenas explicar um autor, mas deve, ao mesmo tempo, dar instruções sobre o método de filosofar" (PhilEnz, AA 29,1,1: 7). A leitura detida e cuidadosa é fundamental, mas, como na "Notícia", os clássicos não devem ser

---

28. Como indica Paul Natorp (ver Päd, AA 09:569), trata-se do *Grundriss der Philosophischen Wissenschaften nebst der nötigen Geschichte zum gebrauche seiner Zuhörer* (Coburg 1767; 2. ed.,1769), de Johan Georg Heinrich Feder.
29. Ver também a introdução de Gerhard Lehman à *Enciclopédia* (PhilEnz, AA 29: 662). Há uma disputa sobre as datas das anotações que foram publicadas na edição da Academia, mas essa questão temporal não interfere em nosso argumento.

imitados, pois oferecem ocasião para o aprendizado do pensar, e não apenas para o de pensamentos.

Em diversas passagens, Kant chega a detalhar a maneira de se ler um livro e insiste em aspectos diferentes na análise dos textos. Um primeiro desafio diz respeito à originalidade e à expressão dos pensamentos: "em todo livro é preciso tentar encontrar a ideia do autor. Isso é algo importante e difícil. Frequentemente o autor não tem consciência de sua própria ideia, e, assim, é tanto mais difícil encontrá-la" (PhilEnz, AA 29,1,1: 28). No mesmo sentido, cabe lembrar a célebre passagem da *Crítica da razão pura* em que Kant expõe as noções de conceito e de ideia, referindo-se a Aristóteles e Platão, e afirma que é possível pela comparação dos pensamentos entender um autor "melhor do que ele se entendeu a si mesmo" (KrV A 314/B 370, 287). Já na leitura, uma vez que a atividade do leitor não é apenas a repetição das ideias, há uma atividade filosofante à medida que, para entendermos o que o autor não tem consciência e, mesmo, entender os pensamentos melhor que o autor, é necessário refletir, filosofar.

Kant dá mais um passo insistindo na necessidade de situar a originalidade da obra que está sendo lida:

> É preciso conhecer o que é característico de um livro, isto é, não o simples conteúdo, mas o que lhe é peculiar, o que ele tem de específico diante de outros livros. Os alemães não têm quase que nenhum caráter peculiar, pois mantiveram muito do método da escola <*Schul Methode*> e imitaram em demasia. Por serem criadas a partir dele, o gênio não pode sujeitar-se às regras, mas, antes, elas lhe servem apenas como orientação. No gênio, encontra-se o caráter peculiar. – Notar o que é característico aguça muito a reflexão (PhilEnz, AA 29,1,1: 29-30).

Na leitura filosófica, de alguma forma é necessário a participação no caráter genial do autor. Isso possibilita a formação do pensador, já que só se pode ensinar criando a situação para se aprender a filosofar. Kant vai longe em suas considerações sobre o estudo dos livros e chega a dar conselhos sobre a alternância de leituras que são proveitosas:

> Muitas coisas são de tal modo constituídas que exigem não uma reflexão diligente, mas, antes, muito prolongada. É preciso sempre considerá-las de um outro ponto de vista e lê-las em períodos bem diferentes [...]. É algo peculiar que nosso ânimo <Gemüt> se distraia <sich erholt> por meio de novas ocupações. Não se pode nunca ler um único livro com atenção, mas, antes, é preciso ter à mão um outro de conteúdo completamente diferente. A sociedade é também uma distração para o ânimo, pois ela é igualmente uma ocupação [...]. Se se retêm dos romances apenas as anedotas, então isso não tem utilidade alguma, pois qualquer um pode conceber e sonhar uma [anedota] igual. São úteis apenas romances nos quais se encontram sentimentos e comédias à maneira de Shakespeare, nos quais o escritor descobre ângulos escondidos no ser humano" (PhilEnz, AA 29,1,1: 28-29).

Finalmente, para aprender a pensar é necessário, além da leitura, também o ensino pelos professores:

> Pensar por si mesmo é bom, mas aprender por si mesmo, não. Uma exposição oral <Vortrag>, mesmo se não é completamente elaborada, é muito instrutiva. Não se ouve algo completamente elaborado e pensado, mas se vê de maneira natural como se pensa, e isso é muito mais útil. Quando escuto uma exposição noto melhor algo, falso ou verdadeiro. Escutando, pensa-se sempre mais do que lendo. Em uma exposição oral temos mais intuição (PhilEnz, AA 29,1,1: 7).

Tal como na "Notícia", ressalta-se que o importante tanto na leitura como nas aulas é que o estudante seja colocado em uma situação em que possa exercitar a reflexão. Na exposição oral em um curso, o estudante pode acompanhar o próprio processo do pensamento. Nas aulas de Kant descritas por Herder, o admirável era que os estudantes podiam acompanhar o pensamento do professor, que reagia a novas obras filosóficas ou científicas, e não ficava apenas repetindo pensamentos dos autores dos manuais que eram obrigatoriamente utilizados.

Kant, como notado, ocupou-se de um grande número de disciplinas diferentes, inclusive ministrou o curso de Pedagogia por quatro vezes (nos semestres 1776/1777, 1780, 1783/1784, 1786/1787)[30]. Friedrich Theodor Rink organizou as notas a respeito dos cursos e publicou, em 1803, *Sobre a pedagogia* (AA 09). Nesse curso, Kant desenvolve vários aspectos e fases da educação, desde o bebê até o estudante pré-universitário. De qualquer modo, as questões e, em especial, os princípios fundamentais da educação são semelhantes. Na verdade, encontramos ali uma série de elementos que ampliam ou dão maior precisão ao que foi desenvolvido nos textos que já mencionamos.

Como favorecer o desenvolvimento da liberdade? Kant compara a dificuldade da educação com a da arte de governar:

> Um dos principais problemas da educação é como poder conciliar a submissão à coerção das leis com a capacidade de se servir de sua liberdade. Pois a coerção é necessária! De que modo, porém, cultivar a liberdade sob a coerção? Eu devo habituar o educando a tolerar uma coerção à sua liberdade e, ao mesmo tempo, conduzi-lo a fazer bom uso de sua liberdade (Päd, AA 09: 453; p. 32).

Quem educa o governante? Quem educa o educador? O processo da *Aufklärung* é complexo e, de certa forma, é circular:

> O ser humano pode ser ou treinado, disciplinado, instruído mecanicamente, ou ser efetivamente ilustrado <*aufgeklärt*> [...] Entretanto, não é suficiente treinar as crianças; urge que aprendam a pensar. Deve-se observar os princípios dos quais todas as ações derivam (Päd, AA 09: 450; p. 27).

---

30. Cf. a introdução de Paul Natorp (Päd, AA 09: 569). Sobre as reflexões de Kant relativas à educação ver: Robinson dos Santos. *Moralität und Erziehung bei Immanuel Kant*. Kassel University Press, 2007; Cláudio Almir Dalbosco e Heinz Eidam. *Moralidade e educação em Immanuel Kant*. Ijuí, Editora Unijuí, 2009; Cláudio Dalbosco. *Kant & a educação*. Belo Horizonte, autêntica, 2011.

Sublinhe-se que, para Kant, mesmo as crianças devem aprender a pensar, não apenas os estudantes de filosofia. A educação é uma ampla formação intelectual, cultural e moral, mas também visa a formação do cidadão e, como veremos, do cidadão do mundo. A formação geral está vinculada a um certo diagnóstico do presente, como diz Kant: "Vivemos em uma época de disciplina, de cultura e civilização, mas não ainda em uma época de moralização. Nas condições atuais, pode dizer-se que a felicidade dos estados cresce na mesma medida que a miséria dos homens" (Päd, AA 09: 451; p. 28). A formação tem uma dimensão vinculada ao indivíduo, uma outra vinculada à política, e, finalmente, uma que diz respeito a toda a espécie humana. Dessa forma:

> O homem precisa da formação *escolástica*, ou da instrução, para estar habilitado a conseguir todos os seus fins. Essa formação lhe dá um valor em relação a si mesmo, como um indivíduo. A formação para a *prudência*, porém, prepara-o para que se torne cidadão, uma vez que lhe confere um valor público. Desse modo, ele aprende tanto a tirar partido da sociedade civil para os seus propósitos como a conformar-se à sociedade civil. Finalmente, a formação *moral* lhe dá um valor que diz respeito à inteira espécie humana (Päd, AA 09: 455; p. 35).

III – Liberdade, uso público da razão e *Aufklärung*

Para uma compreensão mais ampla do ensino como ocasião do desenvolvimento do pensar por si mesmo, convém dar um passo a mais e examinar as condições que possibilitam o próprio pensamento. É interessante ressaltar que as observações de Kant sobre a independência e a liberdade do pensar e sobre a abertura para os outros são significativamente ampliadas com o uso de metáforas políticas na Doutrina Transcendental do Método, parte final da própria *Crítica da razão pura*[31].

---

31. Onora O'Neill (1989) chama a atenção para a Doutrina Transcendental do Método e para as metáforas políticas usadas por Kant e dá indicações preciosas a respeito do primado da razão prática. Para um estudo sistemático das metáforas jurídicas ver Trevisan (2018).

Para o desenvolvimento das ciências e das humanidades é fundamental o exercício do espírito crítico, o vínculo com a pesquisa e a formação do pensamento próprio para o ensino do filosofar[32]. Como, no entanto, o aprendizado não é apenas dos indivíduos, há também um aprendizado histórico, e a relação e debate sem restrições entre os pensadores é condição de possibilidade para a busca da verdade.

> A razão tem de submeter-se à crítica em todos os seus empreendimentos, e não pode comprometer a liberdade desta, através de proibições, sem prejudicar-se a si mesma e levantar uma suspeita desvantajosa contra si. E não há nada tão importante, no que diz respeito à sua utilidade, nem nada tão sagrado, que pudesse eximir-se dessa inspeção de controle e exame que não leva em conta a reputação das pessoas. **Nessa liberdade está baseada a própria existência da razão**, que não tem uma autoridade ditatorial, e cuja sentença, pelo contrário, nunca é outra senão **o livre-consenso dos cidadãos**, que têm de poder sempre, cada um deles, expressar tanto suas reservas como também seu *veto* sem qualquer resistência" (KrV A 738-9/B 766; p. 546. Ênfase minha).

Na *Crítica da razão pura* já está presente um tema que tomará maior amplitude em textos posteriores, a saber, a cautela que consiste em desvincular a liberdade de uma perspectiva sediciosa contra os governantes. A liberdade é um direito sagrado e seus resultados no plano do conhecimento podem levar ao aperfeiçoamento das instituições:

> A essa liberdade pertence também, portanto, a liberdade de oferecer ao julgamento público os próprios pensamentos e dúvidas, que não conseguimos solucionar por nós mesmos, sem sermos acusados por isso de sermos cidadãos revoltosos ou perigosos. Isso já faz parte do direito

---

32. "Dentre todas as ciências (*a priori*) da razão, portanto, só se pode aprender a matemática, e nunca a filosofia (a não ser historicamente), ainda que, no que diz respeito à razão, se possa – quando muito aprender a filosofar [...] só se pode aprender a filosofar" (KrV A 837-8/B 865-6).

originário da razão humana, que **não reconhece outro juiz senão a própria razão humana universal**, em que cada um tem sua voz; e como dela deve brotar todo melhoramento de que nosso estado é capaz, tal direito é sagrado e não pode ser restringido (KrV A 752/B 780; p. 554).

Em 1786, em "Que significa orientar-se no pensamento?", Kant salienta a importância da comunicação em relação à liberdade de falar e escrever. Contra a imagem de um sujeito fechado em si mesmo, a comunicação, a discussão e o debate são valorizados e tidos como condição fundamental do próprio pensamento:

> Ouve-se dizer: a liberdade de *falar* ou de *escrever* pode nos ser tirada por um poder superior, mas não a liberdade de *pensar*. Mas quanto e com que correção poderíamos nós *pensar* se, por assim dizer, não pensássemos em conjunto com outros, a quem *comunicamos* nossos pensamentos, enquanto eles comunicam a nós os deles! Portanto, podemos com razão dizer que este poder exterior que retira dos homens **a liberdade de *comunicar* publicamente seus pensamentos** rouba-lhes também a liberdade de *pensar* (WDO, AA 08: 144; p. 92. Ênfase minha)

Como visto anteriormente, o ensino tem papel fundamental na formação da independência do pensar. Esse princípio, isto é, a independência do pensar, é ampliado na caracterização do esclarecimento: "*Sapere aude!* Tem coragem de fazer uso de teu *próprio* entendimento, tal é o lema do Esclarecimento <*Aufklärung*>" (WA, AA 08: 35; p. 100). O movimento do Esclarecimento é a saída da menoridade pelo uso da razão sem a direção de um outro, sem que se seja tutelado. Desse modo, "*Pensar por si mesmo* <*Selbstdenken*> significa procurar em si mesmo a suprema pedra de toque da verdade (isto é, em sua própria razão); e a máxima de pensar sempre por si mesmo é o esclarecimento" (WDO, AA 08: 146; p. 98).

Nas passagens da *Crítica da razão pura* citadas acima é acrescentado outro aspecto fundamental da liberdade, a saber, a *livre-comunicação do pensamento*. A própria existência da razão depende da comunicação, depende da busca comunicativa do conhecimento. Assim, a consolidação do conhecimento passa pelo debate dos "cidadãos" da comunidade do conhecimento. É o que Habermas, quase três séculos depois, destaca em *Mudança estrutural da esfera pública*. O chamado controle pragmático a verdade só pode ser exercido por aqueles que "discutem entre si mediante razões" (Habermas, 2011, p. 272). Como afirmou Kant: "A pedra de toque do assentimento, portanto – se ele é convicção ou mera persuasão –, é, externamente, a possibilidade de comunicá-lo e considerá-lo válido para a razão de todo ser humano" (KrV A 820/ B 848; p. 593).

Na *Crítica da faculdade de julgar*, aos dois princípios soma-se um terceiro, em um desdobramento e consolidação de temas que perpassam todo o pensamento kantiano e que são articulados como sendo as máximas do entendimento humano comum: "1. Pensar por si mesmo; 2. Pensar no lugar de todos os demais; 3. Pensar sempre em concordância consigo próprio. A primeira é a máxima do modo de pensar *livre de preconceitos*, a segunda do *ampliado*[33] e a terceira do *consequente*" (KU, AA 5: 294; 192)[34].

---

33. "É essa capacidade de uma 'mentalidade alargada' que habilita os homens a julgarem; como tal, ela foi descoberta por Kant na primeira parte de sua *Crítica do Juízo*, embora ele não reconhecesse as implicações políticas e morais de sua descoberta" (Arendt, 1972, p. 299). Nas *Lições sobre a filosofia política de Kant*, a posição de Hannah Arendt (1993) é mais matizada, inclusive quando cita cartas de Kant a Marcus Herz da década de 1770. Vale a pena citar duas passagens dessas cartas. A primeira, da carta de 7 de julho de 1771: "não considero as objeções razoáveis apenas do lado de como poderiam ser refutadas, mas reflito tecendo-as sem cessar com meus juízos e dou o direito de rejeitar todas a minhas mais estimadas opiniões anteriores, o senhor sabe bem. Sempre espero que, ao considerar meus juízos do ponto de vista dos outros, eu chegue a uma terceira posição que será melhor que a minha anterior" (Br, AA 10: 122). A segunda, da carta de 21 de fevereiro de 1772: "A mente deve estar sempre e sem interrupção aberta a qualquer observação casual que a si mesma oferece nos momentos de sossego ou também de felicidade, ainda que nem sempre esteja consentida. As animações e distrações devem sustentar as suas forças em flexibilidade e movimentação, pelo que se fica em posição de olhar sempre o objeto de outros lados e alargar o seu horizonte a partir de uma observação microscópica até uma perspectiva geral, de modo que tomem todos os pontos de vista pensáveis dos quais, por seu lado, um verifique o juízo ótico do outro" (Br, AA 10: 132; p. 145).
34. Não vamos aqui nos deter na questão das máximas, mas vale indicar variantes da segunda máxima na *Antropologia*: "2. Pensar-se (na comunicação com seres humanos) no lugar do outro" (Anth, AA 07: 200; p. 99); e "Pensar-se (na comunicação com seres humanos) no lugar de **todos** os outros" (Anth, AA 07: 228; p. 126. Ênfase minha). Para uma análise detalhada ver Merrit (2018).

A primeira máxima é aquela que insiste no pensar livre de preconceitos, não cair em heteronomia, superstição, em suma, libertar-se da tutela de outro – o que é possível com o esclarecimento. A segunda máxima, a do modo de pensar ampliado, indica a possibilidade de ultrapassar a perspectiva subjetiva privada e "refletir sobre seu próprio juízo de um ponto de vista universal (que ele <o homem> só pode estabelecer colocando-se no ponto de vista dos outros)" (KU, AA 05: 295; p. 192-193). A máxima do pensar consequente envolve as duas primeiras. Como Kant resume, pode-se dizer que "a primeira é a máxima do entendimento; a segunda, da faculdade de julgar; a terceira, da razão" (KU AA 05: 295; p. 193.)

Já tínhamos visto na *Crítica da razão pura* como a própria existência da razão está vinculada à possibilidade da liberdade na comunicação dos pensamentos. Os pensamentos necessitam sempre do confronto com outros pensamentos, os cidadãos do conhecimento pertencem a uma república de sábios. Acabamos de ver a articulação das máximas que exigem que se pense por si mesmo, mas que também se pense no lugar dos outros e se pense de maneira consequente. Na república dos sábios é absolutamente necessária a existência de uma esfera pública livre.

Nesse sentido, convém lembrar uma outra passagem de Habermas que afirma que "ainda antes de o *tópos* da opinião pública ganhar cidadania no domínio da língua alemã, a ideia de uma esfera pública burguesa encontra sua forma teórica madura no desdobramento do princípio da publicidade em Kant, nos termos de uma Filosofia do direito e uma Filosofia da história" (Habermas, 2011, p. 264). Dando mais um passo, Habermas escreve:

> Quando a discussão mediante razões é reabilitada por Kant na forma de leis da razão prática, de modo que até mesmo a legislação política deveria ser submetida a seu controle, aquelas pessoas privadas burguesas já haviam formado um público, e sua esfera de discussão, a saber, a esfera pública <*Öffentlichkeit*>, se instituiu em suas funções políticas de mediar o Estado e a sociedade. Por isso, a publicidade <*Publizität*> em Kant vale como aquele único princípio que pode afiançar a consonância da política com

a moral. Kant apreende a "publicidade" [*Öffentlichkeit*] como princípio da ordem jurídica e, sobretudo, como método do Esclarecimento (Habermas, 2011, p. 266).

Pensar em comunicação com os outros, pensar levando em conta as posições de todos os outros, e ter a comunicação como pedra de toque para o assentimento, levam à constituição de uma esfera pública, para usar a expressão de Habermas. Para Kant, o esclarecimento se dá no âmbito do que ele chama de uso público da razão, que é contraposto ao uso privado. O uso público da razão é aquele exercido no mundo dos sábios, dos eruditos, no âmbito do conhecimento. Já o uso privado é aquele procedimento do pastor, do jurista, do militar ou do médico no exercício de suas atividades. O uso público deve ser inteiramente livre da interferência do governo ou das igrejas. O uso privado tem de seguir os ordenamentos da igreja, dos códigos, do exército ou dos regulamentos médicos. O pastor em suas atividades religiosas deve seguir os ordenamentos da igreja, o militar tem de obedecer à cadeia de comando, e os juristas precisam se referir ao direito positivo; porém, como intelectuais, o pastor pode escrever livros discordando da visão da hierarquia, o militar pode escrever sobre a doutrina militar em desacordo com as posturas estabelecidas e, do mesmo modo, os juristas podem elaborar críticas ao direito positivo. Dessa maneira, Kant pensa que a limitação da liberdade no uso privado da razão não atrapalharia em nada o desenvolvimento do esclarecimento.

As expressões "uso público" e "uso privado" nos sentidos empregados por Kant podem causar certa estranheza. Laursen (1986, p. 585) acredita que a terminologia kantiana representa uma postura subversiva, pois retomaria o sentido antigo de "público":

> O substantivo "público" em alemão (*Publicum* ou *Publikum*) derivou seu significado diretamente de raízes no Latim que já possuíam uma dupla tradição. Por um lado, o latim *publicus* tomou seu significado mais antigo de *populus*, ou "o Estado, na medida em que repousa em uma comunidade natural de seres humanos", como

coloca um comentador moderno[35]. Mas *publicus* também significava aquilo que estava a céu aberto, que não estava dentro de casa, ou que era de efeito ou uso geral na sociedade. Assim, as ruas, as praças, o teatro e os viadutos eram chamados "público"[36]. O adjetivo "público" em alemão (*öffentlich*), que se traduz de modo mais literal como "aberto", passou a ser associado com *Publicum* mediante esse último significado.

Um lento processo transforma "público" em algo que pertence ao príncipe, ao Estado. Kant subverte o sentido ao retomar a antiga concepção de público como algo aberto, comum aos cidadãos. Daí a importância da liberdade para o uso público da razão.

V – A ideia kantiana de universidade

Em 1784, ano de publicação de "O que é o esclarecimento?", é possível ver de modo indireto os temores de Kant diante da sucessão de Frederico II. Já se percebia que o herdeiro não tinha a ampla visão de seu tio[37]. O novo rei acabou estabelecendo a censura de maneira mais rígida, e o próprio Kant foi censurado. Kant entra em um embate com a Faculdade de Teologia quando publica em uma revista partes do que constituirá *A Religião nos limites da simples razão* (1793). No ano seguinte à morte de Frederico Guilherme II, Kant publica *O conflito das faculdades* (1798)[38]. Nesse texto, como se verá, ele explica com detalhes o processo de censura que sofreu, inclusive divulgando a carta que recebeu do rei. O conflito de que trata o título diz respeito aos conflitos das faculdades ditas superiores, Teologia, Direito e Medicina, com a faculdade dita inferior, a Faculdade de Filosofia.

---

35. Laursen está se referindo a Müllejans (1961, p. 5).

36. Laursen está se referindo a Höscher (1978, p. 420). Sobre a crítica pública ver Soraya Nour (2004, p. 70ss.)

37. Para uma ampla visão histórica ver o Anexo I de Luiz Gonzaga C. Nascimento "O contexto histórico prussiano nos tempos de Kant".

38. Sobre a composição e edição da obra ver o Anexo II de André Rodrigues Ferreira Perez, conferir também Giuseppe Landolfi Petrone *L'ancella dela Ragione*. Napoli, La Città del Sole. 1997.

A maneira como Kant concebe a universidade leva em conta a estrutura existente na Albertina, mas, digamos, invertendo a hierarquia. Como foi dito, a universidade era dividida em faculdades superiores, assim chamadas devido a seu grande interesse político, e a faculdade inferior, a de Filosofia (que incluía a matemática, as ciências naturais, a metafisica da natureza e a dos costumes, mas também a história, a geografia e o conhecimento erudito das línguas). Para Kant, a faculdade inferior deveria ser completamente livre, pois buscaria a verdade. Já as faculdades superiores poderiam sofrer um maior controle estatal, sem prejuízo na realização de suas missões.

Temos aqui uma distinção semelhante à encontrada em "O que é o Esclarecimento?" Nas faculdades superiores, uma perspectiva similar ao uso privado da razão, e, na faculdade inferior, ao uso público. Em ambos os textos, porém, causa estranheza a aceitação de grande interferência estatal no uso privado.

Uma explicação para a disparidade entre a defesa da liberdade plena no uso público e a aceitação de restrições no uso privado nos dois escritos pode ser localizada na estratégia argumentativa kantiana. A defesa da liberdade no uso público da razão em "O que é o esclarecimento?" está vinculada a um propósito político articulado com uma estratégia retórica. Do mesmo modo, a defesa da liberdade em *O conflito das faculdades* também está articulada com uma estratégia retórica (cf. Clarke, 1997). Como há uma lacuna entre o poder e a razão, é necessária uma estratégia similar em ambos os textos para a defesa do esclarecimento e da liberdade. Quer dizer, é necessária uma estratégia similar para mostrar aos próprios governantes as vantagens de se permitir a liberdade de escrita, em "O que é o Esclarecimento?", e a liberdade na faculdade inferior, em *O conflito das faculdades*[39]. Kant procura convencer os governantes de que observar as novas ideias e a crítica à administração no espaço público e na Faculdade de Filosofia seria proveitoso para o conhecimento do próprio governante, e até poderia sugerir

---

39. Para uma análise do uso público da razão na universidade e, também, para a reconstrução dos conflitos legais e ilegais entre as faculdades ver de Bruno Nadai "A condições do esclarecimento, o conflito entre filosofia e religião e a ideia kantiana de universidade", in: *Studia Kantiana*, vol. 18, n. 3 (dez. 2020).

alguma reforma para o Estado. Em ambos os escritos, visando o progressivo esclarecimento e levando em conta o vão entre poder e razão, e, ademais, para não assustar o poder com uma possível atitude revolucionária, Kant admite a presença forte do governo no uso privado da razão e nas faculdades superiores.

Em *À paz perpétua*, livro que imita em suas divisões um tratado de paz, Kant, com fina ironia, reserva para a defesa da liberdade um suplemento com o título "Artigo secreto para a paz perpétua", que consta de um único artigo: "as máximas dos filósofos sobre as condições de possibilidade da paz pública devem ser consultadas pelos estados equipados para a guerra" (ZeF, AA 08: 368; p. 55). Desta forma, os governantes deveriam consultar secretamente os resultados das pesquisas e análises dos estudiosos; mas, para que os estudiosos pudessem estabelecer os debates necessários para o bom conhecimento, seria preciso que fossem livres, seria necessária a liberdade de palavra e escrita. Assim, o artigo secreto visa a possibilidade da esfera pública. Encontra-se aqui um argumento que será retomado em *O conflito das faculdades*.

* * *

O conflito é composto de textos escritos em épocas diferentes e com propósitos distintos. A ideia unificadora, contudo, como bem resume Brandt, é "o antagonismo interno à universidade entre autodeterminação moral, legal e dietética, representado pela Faculdade de Filosofia contra a determinação externa das três faculdades superiores"[40]. Daí a distinção fundamental entre conflitos legais e conflitos ilegais. O conflito ilegal se dá com a interferência de uma faculdade superior na faculdade inferior e com participação do governo – como no caso da censura que Kant sofreu no reinado de Frederico Guilherme II. Já o conflito legal é o antagonismo saudável das divergências acadêmicas que conduzem à busca da verdade. O antagonismo como fator de progresso já está presente na filosofa da história de Kant.

---

40. Brandt, Reinhard. *Universität zwischen Selbst- und Fremdbestimmung: Kants Streit der Fakultäten*. Berlim, Akademie Verlag, 2003, p. 7.

Para concluir, cabe ainda salientar que, como já foi indicado, a filosofia kantiana será fundamental na formação do espírito da Universidade de Berlim na versão presente nos textos de Humboldt (cf. Terra, 2019). Michael Clarke (1997), entretanto, tem uma visão algo diferente:

> é tentador interpretar o ensaio de Kant como um precursor [da] universidade alemã do século XIX, particularmente porque Fichte, Schelling e Humboldt prestaram tributos a Kant. O ideal neo-humanista do cultivo pessoal por meio da ciência exige liberdade acadêmica. Essa liberdade, porém, é a liberdade de distância e desapego de preocupações políticas. [...] a liberdade defendida por Kant é uma liberdade crítica com um propósito político de esclarecimento (Clarke, 1997, p. 66).

Clarke está correto em destacar na postura kantiana a política do esclarecimento, e, ademais, a combinação dessa política com uma perspectiva claramente cosmopolita. No entanto, é preciso discordar de sua caracterização da postura neo-humanista como sendo apenas pessoal, de distância e desapego de preocupações políticas. Sem dúvida, há uma pronunciada preocupação com a formação pessoal (*Bildung*) dos estudantes, mas o projeto da universidade neo-humanista está estreitamente vinculado com a política de fortalecimento da nação. E é precisamente aqui que reside a importante diferença entre as concepções de ensino de Kant e de Humboldt. Uma diferença que mostra a amplitude das mudanças intelectuais, políticas e econômicas, na Prússia no início do século XIX.

Em Humboldt, temos o vínculo da universidade com a formação da cultura e da ciência em língua alemã. Na perspectiva kantiana, temos a universidade nos limites da razão. Essa perspectiva cosmopolita, kantiana, pode ser vista em uma passagem do final das lições de pedagogia dirigidas aos alunos do secundário, mas que vale também com ainda mais força para os estudantes universitários:

> [Deve-se orientar o jovem] à filantropia no trato com os outros e então às intenções <*Gesinnungen*> cosmopolitas. Em nossa alma há algo pelo que tomamos interesse:

1. pelo nosso Si <*Selbst*>; 2. por aqueles que conosco cresceram; e, então, 3. tem de ocorrer um interesse pelo bem do mundo <*Weltbesten*>. É preciso fazer as crianças conhecerem esse interesse para que elas possam por ele se animar. **Eles devem alegrar-se pelo bem do mundo mesmo que não seja vantajoso para a pátria ou para seu próprio ganho** (Päd, AA 09: 499; p. 106. Minha ênfase).

O conflito das faculdades não é, senão, precisamente a obra em que a leitora e o leitor encontrão todos esses elementos fundamentais da filosofia kantiana que, por sua vez, não estão separados da ideia de universidade: a articulação de ensino e pesquisa, o pensar por si mesmo, a autonomia da universidade, o livre-conflito de ideias, o tribunal da razão. As reflexões kantianas sobre a necessária liberdade, a comunicação entre cidadãos na busca pela verdade, e a autonomia da Faculdade de Filosofia, dão-nos pistas inestimáveis para a compreensão e para a resistência diante do descalabro, profundo, mas não irrevogável, de nossa época.

/ Ao Senhor
Carl Friedrich Stäudlin
Doutor e Professor
em Göttingen

dedicado
pelo autor

PREFÁCIO

Que as presentes páginas, cuja publicação foi permitida por um governo esclarecido[i], libertador do espírito humano de suas algemas, e capaz, justamente através desta liberdade de pensamento, de suscitar uma obediência ainda mais voluntária, possam, ao mesmo tempo, justificar a liberdade que o autor toma para si de, antes, apresentar um breve relato daquilo que esta mudança das coisas lhe ocasionou.

O *rei Frederico Guilherme II*, corajoso, honrado, um amante da humanidade e – se não levarmos em conta alguns traços do seu temperamento – um Senhor de todo excelente, que me conheceu pessoalmente e de tempos em tempos fez chegar expressões de sua graça por mim[ii], promulgou, incitado por um eclesiástico[iii], no ano de 1788, um Édito de Religião[iv], logo seguido e reforçado por um Édito de Censura, que restringiu muito a atividade literária em geral; a este eclesiástico, posteriormente promovido a ministro do Departamento Espiritual, não se pode justificadamente imputar nenhuma causa subjacente que não sejam seus bons propósitos, fundados em seu convencimento interior. Não se pode negar que certos sinais que prenunciavam a explosão, a qual sucedeu em seguida, deveriam ter tornado recomendável para o governo a necessidade de uma reforma naquele campo, a qual teria que ser conseguida pelo caminho tranquilo do ensino acadêmico para os futuros professores públicos do povo: pois estes, como jovens eclesiásticos, têm atingido em suas pregações um tal tom que, quem entende de piada, jamais será convertido por *tais* professores.

Enquanto o Édito de Religião exercia vigorosa influência sobre os escritores, tanto os locais como os estrangeiros, apareceu o meu tratado com o título "Religião nos limites da simples razão"[41], e já que eu aponho meu nome em todos os meus es-

---

41. Este título foi colocado intencionalmente para que não se considere que o tratado deva interpretar a religião *a partir* da simples razão (sem a Revelação). Pois isto teria sido uma

critos, para não ser acusado de trilhar caminhos secretos, recebi em 1794 o seguinte Rescrito do rei, sobre o qual é de se notar que, como tornei sua existência conhecida apenas para meu amigo mais confiável[v], ele não tenha sido conhecido publicamente antes deste momento.

De Frederico Guilherme, rei da Prússia pela graça de Deus etc. etc.

Primeiramente, nossas saudações graciosas. Digno e grande erudito, amado súdito! Nossa suprema pessoa tem constatado com grande desagrado como, já há algum tempo, usastes mal vossa filosofia para desfigurar e degradar muitas das mais importantes e fundamentais doutrinas das Escrituras Sagradas e da Cristandade; tal como ocorre notadamente em vosso livro: "Religião nos limites da simples razão", como também fizestes em outros tratados menores. Nós nos enganamos em esperar que fôsseis melhor; que vós mesmo devêsseis ter percebido como agistes irresponsavelmente contra vosso dever como professor da juventude e contra nossos propósitos pátrios, que vós conheceis muito bem. Nós exigimos, prontamente, sua responsabilização conscienciosa e, para que vós eviteis nosso supremo desfavor, esperamos que vós, futuramente, não sejais culpado por coisas tais, e que, ao contrário, em conformidade com o vosso dever, ireis aplicar vosso talento e vossa respeitabilidade para que nossas intenções pátrias sejam cada vez mais realizadas; caso contrário, de renitência persistente, podereis esperar infalíveis consequências desagradáveis.

Estejais sob nossa graça.   Berlim, primeiro de outubro de 1794

Por ordem especial da mais graciosa majestade real.
Wöllner

---

pretensão demasiada, porque até poderia ser que suas doutrinas tivessem provindo de homens sobrenaturalmente inspirados. No entanto, eu apenas quis mostrar, de forma conjunta, que o que está no texto da Bíblia, como religião acreditada como revelada, *também* pode ser reconhecido *pela simples razão*.

/ ab-extra – Ao digno e grande erudito, nosso amado e fiel
professor Kant.

em
Königsberg
na Prússia
praesentat. em 12 de outubro de 1794

Após o qual, de minha parte, enviei em seguida a minha mais humilde resposta[vi]:

Ao mais gracioso etc. etc.

Vossa Honrada Majestade Real emitistes uma ordem suprema em primeiro de outubro, que me foi entregue no dia 12 eiusd.[vii], e que me impõe o mais devoto dever: *em primeiro lugar*, "devido ao mau uso da minha filosofia para desfigurar e degradar muitas das mais importantes e fundamentais doutrinas das Escrituras Sagradas e da Cristandade, como em meu livro: 'Religião nos limites da simples razão' e da mesma forma em outros tratados menores; e da culpa que cai sobre mim pela transgressão do meu dever como professor da juventude e pela atuação contrária aos propósitos pátrios, que conheço muito bem, que eu aduza uma responsabilização conscienciosa". *Em segundo lugar*, "que não seja novamente culpado pela mesma razão". – Em consideração a esses dois pontos não faltam provas da minha mais humilde obediência, colocando aos pés de vossa Honrada Majestade Real o seguinte esclarecimento:

Quanto ao *primeiro* ponto, referente à acusação levantada contra mim, tal é a minha responsabilização conscienciosa:

Que eu, como *professor da juventude*, i.e., como compreendo, nunca misturei em cursos acadêmicos ajuizamentos sobre as Escrituras Sagradas ou sobre a Cristandade, nem poderia misturar, o que estaria provado pelos manuais de *Baumgarten* que coloquei como fundamento desses cursos e que unicamente poderiam ter alguma relação com tal exposição; porque eles não contêm nenhum título sequer da Bíblia ou da Cristandade e, como filosofia pura, não poderiam mesmo conter; mas o erro de avançar sobre as fronteiras de uma ciência previamente dada, ou de permitir que uma passe sobre outra, é o que menos pode ser atribuído a mim, pois sempre repudiei e alertei contra isso.

8   Que eu também, como *professor do povo*, em escritos e, / especificamente, em meu livro "Religião nos limites da etc.", não me coloquei contra os supremos propósitos *pátrios*, por mim conhecidos, i.e., não causei dano à *religião* pública *do país*; o que já esclarece que o livro não é dedicado a isto, já que além do mais ele é um livro incompreensível e hermético para o público, e que representa apenas o debate entre os eruditos das faculdades, do qual o povo nem toma conhecimento; mas neste debate as faculdades se mantêm livres, para poder julgar publicamente com o melhor conhecimento e consciência, e somente aqueles que são designados como professores do povo (em escolas e púlpitos) estão vinculados ao resultado destes debates, que a soberania do país sanciona, e certamente porque este último não concebeu sua própria crença religiosa por *si mesmo*, mas sempre a obteve pelo mesmo caminho, ou seja, a partir do exame e da retificação pelas faculdades competentes para tanto (a de teologia e a de filosofia); portanto, a soberania do país não deve apenas permitir, mas tem o direito de exigir delas que levem, através dos seus escritos, tudo o que acharem pertinente à religião pública do país ao conhecimento do governo.

Que eu, pelo livro mencionado, que não contém nenhuma *apreciação* da Cristandade, não posso ser culpado por nenhuma *depreciação* desta: pois ele apenas contém a apreciação da religião natural. Este mal-entendido só pode ter sido ocasionado pela citação de algumas passagens da Bíblia, para confirmar certas doutrinas racionais puras da religião. Mas o falecido *Michaelis*[viii], que em sua moral filosófica procede da mesma forma, se explicou a respeito disso afirmando que não tinha a intenção de inserir algo bíblico na filosofia e nem extrair algo filosófico da Bíblia, mas apenas procurou trazer luz e confirmação para a concordância, verdadeira ou suposta, de suas proposições racionais com outros juízos (talvez de poetas e oradores). – Mas quando a razão assim fala sobre isto, como se ela fosse autossuficiente e a doutrina da revelação fosse, portanto, supérflua (o que, se fosse compreendido objetivamente, teria que ser realmente considerado como uma depreciação), tal nada mais é do que a expressão da apreciação de si mesma; não segundo a sua capacidade teórica, mas àquela de prescrever o que deve ser feito, uma vez que somente a partir dela se origina a *universalidade, unidade* e *necessidade* das doutrinas da fé, que é no que consiste o essencial da religião, a qual trata daquilo que é moral-prático / (daquilo que *devemos* fazer); ao contrário daquilo de que temos razão para acreditar a partir de fundamentos probatórios históricos (pois aqui nenhum *dever* é válido), i.e., a Revelação, como doutrina em si mesma contingente da fé, a qual é vista como não essencial, mas que nem por isso é considerada desnecessária e supérflua; porque ela é útil para preencher a lacuna *teórica* da fé racional pura, que esta não nega, como p. ex. nas questões sobre a origem do mal, a passagem deste para o Bem, a certeza do homem de que está neste último estado etc., e ajuda a contribuir mais ou menos, de acordo com diferentes circunstâncias e em relação a pessoas diferentes, para a satisfação de uma necessidade da razão.

Que eu, além disso, já provei minha grande reverência pela doutrina bíblica da fé na Cristandade, p. ex. no esclarecimento que está no livro acima mencionado, de que a Bíblia é por mim louvada como a melhor orientação disponível para a instrução religiosa pública, adequada para a fundação e a manutenção, por tempos imensuráveis, de uma religião do país verdadeiramente aperfeiçoadora das almas, e que por isso também deplorei, e esclareci como um contrassenso, a presunção de levantar objeções e dúvidas contra as doutrinas teóricas da Bíblia, que contém mistérios, nas escolas e púlpitos ou em escritos populares (pois nas faculdades deve ser permitido); o que ainda não é a maior demonstração de respeito pela Cristandade. Pois a concordância desta, aqui mencionada, com a mais pura fé racional moral é a melhor e mais duradoura forma de sua louvação, porque é mesmo dessa forma, e não pela erudição histórica, que a Cristandade, tantas vezes degenerada, foi sempre reestabelecida e somente assim poderá se reestabelecer, ao passar por / destinos semelhantes, que futuramente não estarão ausentes.

Que eu, finalmente, tal como sempre e principalmente recomendei aos outros que professam uma fé uma excelente e conscienciosa sinceridade, para não preestabelecer e impor a outros, como artigos de fé, mais do que eles mesmos já têm como certo, eu também representei este juiz em mim mesmo como estando ao meu lado quando produzo meus escritos, para manter afastado de mim não apenas qualquer erro danoso para a alma, como também qualquer impulso cuja expressão seja descuidada; é por isso que eu, agora nos meus setenta e um anos, quando facilmente vem à mente que, bem pode ser, logo terei de prestar contas sobre tudo isto ao juiz do mundo, conhecedor dos corações, posso, francamente, submeter minha responsabilização, que foi presentemente exigida devido à minha doutrina, e que foi escrita com integral *conscienciosidade*.

Com relação ao segundo ponto, que eu não venha a ser culpado no futuro por semelhantes desfiguração e degradação (a mim imputada) da Cristandade, considero como o mais seguro, para que não paire a menor suspeita sobre isto, enquanto súdito mais *fiel*[42] de vossa *Honrada Majestade Real*, declarar solenemente: a partir de agora me absterei totalmente de todas as exposições públicas sobre religião, tanto a natural como a revelada, tanto nas preleções como nos escritos.

Na mais profunda devoção até a morte etc.

A continuação da história destes constantes impulsos para uma fé cada vez mais afastada da razão é conhecida.

A avaliação dos candidatos para os cargos eclesiásticos foi confiada agora a uma *Comissão de Fé*, a qual se fundamenta em um Schema Examinationis[ix], segundo um corte pietista, o que afugentou, em bandos, dos cargos eclesiásticos os candidatos conscienciosos da Teologia, levando a uma superpopulação da Faculdade de Direito; um tipo de emigração que contingentemente, de forma colateral, pode até ter tido sua utilidade. – Para dar uma

---

42. Também esta expressão escolhi com cuidado, de forma que eu não abdicasse da liberdade em meus juízos, neste processo religioso, *para sempre*, mas somente enquanto Sua Majestade vivesse.

pequena noção do espírito desta Comissão: após a exigência de uma contrição, que necessariamente precedia o perdão, era ainda exigida uma profunda aflição penitente (maeror animi[x]) e, além disso, era questionado, a este respeito, se o homem poderia proporcioná-la a si mesmo. Quod negandum ac pernegandum[xi], foi a resposta; o pecador penitente deve suplicar, sobretudo, esta penitência aos céus. – Mas salta aos olhos que aquele que ainda tem que rogar pelo *arrependimento* (por suas transgressões) na verdade não está arrependido de seus atos; o que parece tão contraditório como o que se diz sobre a *oração*: que ela deveria, para ser ouvida, ser feita com fé. Ora, quando o que está rogando tem fé, então não precisa rogar, caso não tenha fé, não pode rogar e ser ouvido.

A partir de agora estes abusos estão sob controle. Pois, não apenas para o bem civil da comunidade, para o qual a religião é uma das mais importantes necessidades do Estado, mas especialmente em proveito das ciências foi instituído, para fomentá-las, um Colégio Superior[xii], o que vem no bojo de um feliz evento recente: a escolha de um sábio governo do país que encontrou um estadista iluminado[xiii], que não tem uma preferência unilateral por uma disciplina específica (a teologia), mas está voltado para incentivar o amplo interesse de todo o corpo docente, com vocação, talento e vontade, e assim assegurará o progresso da cultura no campo das ciências contra novos ataques do obscurantismo.

* * *

Sob o título geral "O conflito das faculdades" publica-se aqui três dissertações redigidas por mim com intenções diferentes e, também, em tempos diferentes mas, ainda assim, apropriadas para a unidade sistemática da sua conjunção em uma obra, e das quais só mais tarde me dei conta de que, enquanto conflito da *inferior* com as três *superiores*, poderiam (para evitar a fragmentação) encontrar-se juntas em um volume.

PRIMEIRA SEÇÃO /
O CONFLITO DA FACULDADE DE FILOSOFIA COM A DE TEOLOGIA

Introdução /

Não foi má a inspiração daquele que primeiro[xiv] concebeu o pensamento de tratar todo o conceito mais geral da erudição[xv] (propriamente as cabeças dedicadas a ele), tendo proposto a sua implementação pública, como que à maneira de uma fábrica, através da divisão do trabalho, na qual há tantos ramos das ciências, quanto docentes e *professores* a serem nomeados e que, enquanto seus encarregados, constituiriam conjuntamente uma espécie de comunidade erudita[xvi], chamada *Universidade* (ou também escola superior), a qual teria sua autonomia (já que apenas eruditos podem julgar eruditos como tais). Esta, mediante suas *faculdades*[43] (pequenas sociedades diferentes, nas quais se dividem os eruditos universitários segundo a diversidade dos principais ramos da erudição), estaria autorizada a incorporar, por um lado, os alunos das escolas inferiores que a ela aspiram e, por outro, eruditos livres (i.e., que não são seus membros), chamados *doutores* e, após exame prévio, providenciar-lhes por seu próprio poder um posto que seja reconhecido por todos (outorgar-lhes um grau), i.e., *nomeá-los*.

---

43. Cada uma das quais têm como diretor da faculdade o seu *decano*. Este título, emprestado da Astrologia e que significava originalmente um dos três espíritos astrais que presidiam um signo do zodíaco (de 30 graus), cada um chefiando 10 graus, foi primeiro trazido das estrelas para os acampamentos militares (ab astris ad castra [dos astros para acampamentos militares], vid. Salmasius de annis climacteriis p. 561) e, finalmente, para às universidades; no entanto, sem ter observado exatamente o número 10 (de professores). Que não se leve a mal os eruditos por, tendo sido os primeiros a conceber quase todos os títulos honoríficos com os quais se adornam hoje os homens de estado, não terem se esquecido de si mesmos.

18   / Além dos eruditos *incorporados*, pode haver também aqueles que são *independentes*, que não pertencem à *universidade* mas, na medida em que se ocupam apenas de uma parte do grande conceito mais geral da erudição, ou bem constituem certas corporações livres (chamadas *academias* ou também *sociedades científicas*), como tantas oficinas, ou bem vivem, por assim dizer, em um estado natural de erudição, ocupando-se cada um por si, sem prescrições e regras públicas, da sua ampliação ou divulgação, como *amadores*.

Deve-se ainda diferenciar dos eruditos em sentido próprio os *literatos*[xvii] (estudados), que enquanto instrumentos do governo, investidos por ele de um cargo público para o seu fim particular (não exatamente para o bem das ciências), devem certamente ter feito seus estudos na universidade; em todo caso, porém, eles podem ter esquecido muito daquilo que estudaram (no que diz respeito à teoria), desde que tenham mantido ao final tanto quanto é requerido para o desempenho de um cargo público, ou seja, conhecimento empírico dos estatutos do seu cargo (por conseguinte, aquilo que concerne à práxis), o qual, segundo suas doutrinas fundamentais, só pode provir de eruditos; os literatos, portanto, podem ser chamados de *homens de negócio*[xviii] da erudição ou daqueles que detêm a técnica para tanto. Por terem, enquanto instrumentos do governo (eclesiásticos, oficiais de justiça, médicos), influência legal sobre o público e formarem uma classe especial de literatos que não são livres para fazer uso público da erudição a partir de sua própria sabedoria, mas apenas sob a censura das faculdades, estes homens de negócio devem, por dirigirem-se diretamente ao povo, que é composto de idiotas[xix] (como o clero se dirige aos laicos), não tendo em seu ramo o poder legislativo mas, em parte, o executivo, ser em alto grau mantidos em ordem pelo governo para que não rejeitem o poder judiciário, o qual cabe às faculdades.

Divisão das faculdades em geral

Segundo o uso estabelecido[xx], as faculdades são divididas em duas classes, aquela das *três superiores* e aquela da *inferior*. Vê-se claramente que a classe erudita não foi consultada para esta divisão e nomenclatura, mas sim o governo. Tal se deve a que entre as superiores contam-se apenas aquelas por cujas doutrinas o próprio governo se interessa, se devem ser constituídas de tal ou qual modo ou se devem ser expostas publicamente; em sentido contrário, aquela que se ocupa apenas do interesse da ciência / é chamada de inferior, pois pode fazer com suas proposições o que achar melhor. Mas, o governo se interessa sobretudo por aquilo que lhe proporciona a mais forte e duradoura influência sobre o povo, e deste tipo são os objetos das faculdades superiores. Eis por que reserva-se o direito de *sancionar*, ele mesmo, as doutrinas das superiores; deixando aquelas da inferior à própria razão do povo erudito. – Quando sanciona tais doutrinas ele (o governo), de modo algum, as *ensina*; mas pretende apenas que certas doutrinas devam ser admitidas pelas faculdades em suas *exposições públicas*, excluindo-se aquelas que lhe são contrárias. Assim, ele não ensina, mas ordena aqueles que ensinam (o que concerne à verdade pode ser deixado como queiram), pois, ao tomar posse de seu cargo público[44], eles concordam com isso mediante um contrato com o governo. – Um governo que se ocupasse das doutrinas e, assim, também com a ampliação ou com a melhoria das ciências e quisesse, por conseguinte, na suprema pessoa, brincar de erudito, abalaria, em virtude deste pedantismo, o respeito que lhe é devido. Está abaixo de sua dignidade misturar-se com o povo (com sua classe erudita), que não entende gracejo algum e põe no mesmo saco todos aqueles que tomam parte nas ciências.

É absolutamente necessário que à comunidade erudita seja dada ainda na universidade uma faculdade que, sendo independente do governo quanto às suas doutrinas[45], não tenha ordens para

---

44. Deve-se confessar, digo eu, que o princípio do parlamento da Grã-Bretanha, i.e., que o discurso proferido do trono pelo rei deva ser considerado como obra de seus ministros (pois seria contrário à dignidade de um monarca deixar imputarem-lhe erro, ignorância ou inverdade, ainda que à Casa deva ser permitido julgar, examinar e impugnar o conteúdo de tal discurso), está concebido de modo muito arguto e correto. Mesmo assim, a escolha de certas doutrinas que o governo sanciona exclusivamente para a exposição pública deve permanecer aberta ao exame dos eruditos, pois ela não deve ser vista como o produto do monarca, mas de um funcionário estatal ordenado para tanto, sobre o qual se supõe que poderia não ter entendido bem a vontade de seu senhor ou mesmo tê-la distorcido.

45. Um ministro francês convocou alguns dos mais ilustres comerciantes e pediu-lhes sugestões de como estimular o comércio, como se ele pretendesse escolher a melhor dentre

dar, mas sim a / liberdade de ajuizar sobre tudo que tenha a ver com o interesse científico, i.e., com a verdade, onde a razão deve ter o direito de falar publicamente: pois, sem tal faculdade, a verdade (para prejuízo do próprio governo) não estaria na ordem do dia; mas a razão é livre segundo a sua natureza e não admite ordem alguma para que aceite algo como verdadeiro (nenhum *crede*, mas apenas um livre *credo*). A causa para que essa faculdade, apesar desta grande vantagem (a liberdade), seja contudo chamada de inferior, se encontra na natureza do homem: aquele que pode mandar, mesmo que seja um humilde servo de alguém, considera-se mais nobre do que o outro, que certamente é livre, mas que não tem ninguém para comandar.

I. Da relação das faculdades /

Primeira seção

Conceito e divisão das faculdades superiores

Pode-se admitir que todas as instituições artificiais fundamentadas em uma ideia da razão (como aquela de um governo), que deva ser comprovada praticamente a partir de um objeto da experiência (como é o caso no atual campo da erudição), não foram postas à prova meramente mediante acumulação contingente ou reunião arbitrária dos casos ocorridos, mas segundo algum princípio residente na razão, ainda que obscuro, e de acordo com um plano aí fundado, que torna certo tipo de divisão necessário.

A partir deste fundamento, pode-se admitir que a organização de uma universidade em relação às suas classes e faculdades não dependeu totalmente do acaso, mas que o governo, sem com isso imputar-lhe sabedoria e erudição prematuras, já sentindo sua própria

---

[20] elas /. Depois de um ter sugerido isto, o outro, aquilo, um velho comerciante que calara por um longo tempo disse: faça boas estradas, cunhe boas moedas, institua prontamente um direito cambial e assim por diante. Mas, quanto ao resto: "deixe que o façamos". A resposta que a Faculdade de Filosofia teria para dar, se o governo o consultasse sobre as doutrinas que ela prescreve aos eruditos em geral, seria aproximadamente esta: apenas não obstrua o progresso dos discernimentos e das ciências.

necessidade (agir sobre o povo por meio de certas doutrinas) pôde chegar *a priori* a um princípio de divisão que, embora pareça ser de origem empírica, coincide afortunadamente com o aqui adotado. O que não significa que eu, com isso, queira argumentar em seu favor, como se ele estivesse livre de defeitos.

Segundo a razão (i.e., objetivamente), os móbiles que o governo pode utilizar para o seu fim (ter influência sobre o povo) ficariam na seguinte ordem: primeiro, o bem-estar *eterno* de cada um; depois, o bem-estar *civil* enquanto membro da sociedade; por fim, o bem-estar *corporal* (viver longamente e ser saudável). Através das doutrinas públicas o governo pode: em relação ao primeiro, ter até mesmo a maior influência sobre / o mais íntimo dos pensamentos e a mais reservada das volições dos súditos, para descobrir aqueles e para direcionar estas; no que se refere ao segundo, manter seu comportamento externo sob a rédea das leis públicas; através do terceiro, assegurar a existência de um povo forte e numeroso, que se encontre disponível para os seus desígnios. – Segundo a razão, certamente teria lugar a hierarquia habitualmente admitida entre as faculdades superiores, qual seja: primeiro, a *teológica*, em seguida a dos *juristas* e, por fim, a Faculdade de *Medicina*. Segundo o instinto natural, em contrapartida, o médico seria o mais importante para os homens, pois ele lhes prolonga a vida; em seguida o jurista, pois ele lhes promete preservar seus bens contingentes; e, mesmo que tenha certamente a ver com a beatitude, apenas por último (quase somente quando a morte se aproxima) o eclesiástico será procurado. Porque este também, por mais que enalteça a bem-aventurança do mundo vindouro, na medida em que não vê diante de si nada dele, deseja veementemente que o médico lhe mantenha sempre por mais algum tempo neste vale de lágrimas.

* * *

Todas as três faculdades fundam na *escrita* a doutrina que lhes foi confiada pelo governo, o que, na situação de um povo conduzido pela erudição, não poderia ser de outro modo, porque sem ela não haveria nenhuma norma duradoura, acessível para todos, pela qual se pudesse orientar. Que tal escrito (ou livro) deva conter *estatutos*, i.e., doutrinas que procedem do arbítrio de um superior (não provenientes por si mesmas da razão), é por si próprio evidente, porque de outro modo não se poderia, enquanto sancionada pelo governo, demandar obediência absoluta, e isso também é válido para o próprio Código, em relação àquelas doutrinas publicamente expostas, que poderiam ter sido ao mesmo tempo derivadas da *razão*, mas cuja observância não é levada em consideração por ele, o qual se funda, antes, no comando de um legislador externo. – Do Código, como cânon, se diferenciam totalmente aqueles livros que, enquanto compêndio (pretensamente) completo do espírito do código, são compilados pelas faculdades para um conceito mais compreensível e um uso mais seguro pela comunidade (dos eruditos e não eruditos), tal como os *livros simbólicos*[xxi]. Aqueles livros só podem exigir, para facilitar o acesso ao código, / serem vistos como *órganon*, mas não têm autoridade alguma; mesmo que os mais distintos eruditos de certo ramo tenham concordado na validade de colocar um livro tal como norma para sua faculdade, coisa para a qual eles não estão em absoluto autorizados, mas o estão para introduzi-lo por algum tempo como método de ensino que, entretanto, continua modificável pelas circunstâncias temporais e pode dizer respeito apenas à forma da exposição sem, porém, constituir basicamente nada quanto à matéria da legislação.

Por isso, o teólogo bíblico (enquanto pertencente à faculdade superior) não extrai sua doutrina a partir da razão, mas da Bíblia; o professor de direito não extrai a sua do direito natural, mas do *código civil*[xxii]; o especialista em medicamentos não extrai o *seu método de cura para o público* da física do corpo humano, mas da *Ordem* médica. – Tão logo uma destas faculdades ouse misturar algo como sendo emprestado da razão: então fere a autoridade do governo, que comanda através dela, e entra no território da filosófica, que, sem lhe poupar, tira todas as suas plumas brilhantes, salvaguardadas pelo governo, e trata com ela em pé de igualdade e liberdade. – Por isso as faculdades superiores devem sempre se preocupar em não se deixar descasar da inferior, mas em mantê-la delicadamente a uma distância respeitosa de si, para que a observância de seus estatutos não sofra dano através da livre-elucubração desta.

A. Propriedade característica da Faculdade de Teologia

Que um Deus exista, isto o teólogo bíblico prova por Ele ter falado na Bíblia, na qual[xxiii] também se fala de sua natureza (até mesmo lá onde a razão não consegue manter o passo com as Escrituras, p. ex., no mistério inacessível de sua tríplice personalidade). Que, porém, o próprio Deus tenha falado pela Bíblia, isto o teólogo bíblico como tal, por se tratar de um assunto histórico, não consegue nem pode provar, pois isso pertence à Faculdade de Filosofia. Ele, assim, o fundamentará como assunto de fé em certo *sentimento* (seguramente não demonstrável, nem explicável) da divindade, o que também ocorre com o erudito, mas a questão, devido a esta divindade (tomada em sentido literal) da origem do sentimento, não deveria ser lançada / ao povo, em exposições públicas: porque este não entende, em absoluto, coisa alguma dessa questão enquanto assunto de erudição, e por este meio só se envolveria em elucubrações e dúvidas indiscretas; por isso, seguindo a direção contrária, pode-se contar com muito maior segurança na confiança que o povo põe em seus professores. – O teólogo bíblico também não pode estar autorizado a atribuir aos versículos[xxiv] das Escrituras um sentido, como o moral, que não coincida precisamente com o que está expresso; e como não há qualquer exegeta humano autorizado por Deus, deve, antes, contar com um exórdio sobrenatural da compreensão mediante um espírito que o conduz a toda a verdade, ao invés de admitir que a razão se misture aí e torne válida a sua exegese (que carece de toda autoridade superior). – Finalmente, no que concerne ao cumprimento dos mandamentos divinos em nossa vontade, o teólogo bíblico não deve contar nem mesmo com a natureza, i.e., a capacidade moral específica dos homens (a virtude), mas com a graça (uma atuação sobrenatural, embora ao mesmo tempo moral), da qual o homem não poderá tomar parte a não ser por meio de uma fé que transforma intimamente o coração, mas que, por sua vez, só

24

pode ser esperada da graça. – Se o teólogo bíblico, em relação a qualquer uma destas proposições, imiscui-se com a razão, posto que esta se esforça por alcançar também com a maior franqueza e com a maior seriedade a mesma meta, então ele ultrapassa (como o irmão de Rômulo) o muro da única fé beatificante da Igreja e se perde no livre-campo aberto de seu ajuizamento e filosofia singulares, onde, evadido do governo eclesiástico, fica exposto a todos os perigos da anarquia. – Porém, deve-se notar bem que falo aqui do teólogo bíblico *puro* (purus, putus[xxv]), que ainda não está contaminado pelo mal-afamado espírito de liberdade da razão e da filosofia. Pois, tão logo fundimos duas atividades de diferentes tipos e as deixamos passar uma por cima da outra, não conseguimos obter um conceito determinado da propriedade característica de cada uma delas.

B. Propriedade característica da Faculdade de Direito

O *jurista* erudito nos textos não procura as leis que asseguram o *meu* e *seu* em sua razão (se ele, como deve, procede como funcionário do governo), mas no Código dado publicamente / e sancionado em instância superior. A prova da verdade e da conformidade ao direito do mesmo, assim como a defesa contra as objeções feitas pela razão, não pode ser justificadamente exigida dele. Pois são os decretos que fazem, antes de tudo, com que algo seja justo, e perguntar se os próprios decretos podem ser justos é algo que deve ser recusado prontamente pelos juristas como disparatado. Seria risível querer subtrair-se à obediência perante uma vontade externa e superior pelo fato desta, pretensamente, não estar em acordo com a razão. Pois a respeitabilidade do governo consiste justamente em que não seja permitido aos súditos a liberdade de julgar sobre o justo e o injusto segundo seus próprios conceitos, mas apenas segundo a prescrição do poder legislador.

Em uma parte, porém, a Faculdade de Direito está mesmo em melhor posição quanto à prática do que a de Teologia: é que ela tem um exegeta visível das leis, ou em um juiz, ou nas apelações deste à Comissão Legal, ou (no caso supremo) ao próprio legislador, o que não ocorre tão bem com a Faculdade de Teologia com vistas à exegese dos versículos de um livro sagrado. Mas, por outro lado, esta vantagem é compensada por uma não pequena desvantagem, qual seja, que os códigos mundanos devem permanecer sujeitos à mudança, após a experiência oferecer mais ou melhores discernimentos, enquanto o livro sagrado, pelo contrário, não estabelece nenhuma mudança (redução ou aumento) e assevera estar fechado para sempre. Também a queixa dos juristas, de que é quase inútil esperar uma norma precisamente determinada do tratamento jurídico (*ius certum*[xxvi]), não se encontra no teólogo bíblico. Pois este não aceita a objeção de que sua dogmática não contenha tal norma clara e determinada para todos os casos. Além disso, enquanto os praticantes do direito (advogados ou comissários de justiça), que aconselham mal o cliente, prejudicando-o, não querem ser responsáveis por isso (*ob consilium nemo tenetur*[xxvii]), os homens de negócio da teologia (pregadores e conselheiros espirituais) tomam, mesmo sem reserva, a responsabilidade para si, e defendem, até levantando a voz, que tudo será julgado no mundo vindouro, como decidiram neste; entretanto, caso fossem intimados a explicar formalmente se disporiam de sua alma como garantia da verdade de tudo aquilo que quiseram que fosse acreditado pela autoridade da Bíblia /, eles provavelmente se desculpariam. 26 Não obstante, reside na natureza dos princípios desses professores populares não deixar duvidar de modo algum da justeza de suas garantias, o que podem certamente fazer de modo tanto mais seguro porque nesta vida não têm que temer nenhuma refutação das mesmas pela experiência.

C. Propriedade característica da Faculdade de Medicina

O médico é um artista que, embora sua arte seja emprestada diretamente da natureza e, por isso, tenha que ser derivada de uma ciência natural, está subordinado, como erudito, a alguma faculdade em que fez seus estudos e a cuja avaliação deve permanecer sujeitado. – Como o governo, porém, toma necessariamente grande interesse no modo como o médico lida com a saúde do povo: lhe é legítimo, mediante uma assembleia de homens de negócio escolhidos desta faculdade (médicos práticos), supervisionar os procedimentos públicos dos médicos através de um *Colegiado superior de saúde* e de regulamentos médicos. Mas devido ao caráter particular desta faculdade, a saber, que não deve tomar suas regras de conduta das ordens de um superior, como as duas anteriores, mas da natureza da própria coisa – suas doutrinas, por isto, deveriam também pertencer à Faculdade de Filosofia, no sentido mais amplo –, estes regulamentos consistem não tanto naquilo que os médicos fazem, como no que eles não devem deixar que se faça, ou seja: primeiramente, que haja médicos para o público em geral; em segundo lugar, que não haja nenhum charlatão (nenhum *ius impune occidendi*[xxviii], segundo o princípio: *fiat experimentum in corpore vili*[xix]). Ora, já que o governo, quanto ao primeiro princípio, cuida do *conforto público* e, quanto ao segundo, da *segurança pública* (nos casos da saúde do povo), e estas duas partes, porém, constituem uma polícia, então toda a ordem médica concerne propriamente apenas à *polícia médica*.

Esta faculdade é, desse modo, muito mais livre do que as duas primeiras entre as superiores, e tem um parentesco muito próximo com a filosófica; isto porque é completamente livre no que concerne às suas doutrinas, pelas quais os médicos são *formados*, pois para elas não pode haver quaisquer livros sancionados por autoridade suprema, mas apenas aqueles hauridos da natureza; nem pode haver também alguma lei genuína / (quando se entende por isso a vontade imutável do legislador), mas apenas decretos (*éditos*), cujo conhecimento não é erudição. Para tanto é exigido um conjunto sistemático de doutrinas que certamente a faculdade possui, e sobre as quais (como não contidas em nenhum código) o governo não tem autoridade para sancionar, devendo cedê-la à faculdade, não obstante, lhe concerne apenas promover a prática de seus homens de negócio no uso público, mediante dispensários e instituições hospitalares. – Entretanto, estes homens de negócio (os médicos) permanecem sujeitos ao juízo de sua faculdade, nos casos que interessam ao governo, que são referentes à polícia médica.

Segunda seção

Conceito e divisão da faculdade inferior

Pode-se denominar de faculdade inferior àquela classe da universidade que, ou na medida em que, se ocupa somente de doutrinas que não são adotadas como norma diretriz por comando de um superior. Ora, pode decerto acontecer que uma doutrina prática seja seguida por obediência, mas admiti-la como verdadeira porque é comandada (de par le Roi[xxx]) é simplesmente impossível, não só objetivamente (como um juízo, que não *deveria* ocorrer), mas também subjetivamente (como um juízo que nenhum homem *pode* fazer). Porque aquele que quer enganar-se, como diz, não se engana efetivamente e não toma de fato o juízo falso por verdadeiro, mas apenas alega falsamente um assentimento que nele, entretanto, não é internamente encontrado. – Assim, quando se trata da verdade de certas doutrinas que devem ser trazidas à exposição pública, o professor não pode, neste caso, recorrer ao comando supremo, nem o aprendiz alegar ter acreditado por comando, mas apenas pode fazê-lo quando se trata do *agir*. Mas, então deve mesmo reconhecer, mediante um juízo *livre*, que tal ordem lhe foi efetivamente pronunciada e, do mesmo modo, que ele é obrigado ou, pelo menos, autorizado a obedecer; caso contrário sua anuência é uma alegação vazia e uma mentira. – Ora, a capacidade de julgar segundo a autonomia, i.e., livremente (conforme os princípios do pensar em geral), denomina-se razão. Assim, a Faculdade de Filosofia, porque deve defender a *verdade* das doutrinas que ela admite ou mesmo apenas concede, deve ser concebida, na medida em que é livre, como aquela que está somente sob a legislação da razão, mas não sob a do governo.

Em uma universidade, porém, tal departamento também deve ser instituído, / i.e., deve haver uma Faculdade de Filosofia. Em relação às três superiores, ela serve para controlá-las e, por isso mesmo, lhes ser útil, porque tudo depende da *verdade* (enquanto primeira e mais essencial condição da erudição em geral); mas a *utilidade* que as faculdades superiores prometem em prol do governo é apenas um momento de segunda ordem. Em todo caso, pode-se também conceder à Faculdade de Teologia a orgulhosa pretensão de que a Faculdade de Filosofia seja sua criada (donde ainda persiste a pergunta: se ela *traz a tocha à frente* de sua magnânima senhora ou se *vai atrás, segurando a cauda de seu vestido*[xxxi]; desde que apenas não seja enxotada ou lhe fechem a boca; pois esta modéstia de ser meramente livre, mas também de deixar ser livre, de investigar apenas a verdade para proveito de cada ciência e disponibilizá-la para o uso discricionário das faculdades superiores, deve recomendá-la ao próprio governo como insuspeita e, mais ainda, como imprescindível.

A Faculdade de Filosofia contém dois departamentos: um de *conhecimento histórico* (ao qual pertencem a História, a Descrição da Terra, o Conhecimento erudito da linguagem, a Humanística e tudo o que a Ciência Natural oferece de conhecimento empírico), outro de *conhecimentos racionais puros* (Matemática pura e Filosofia pura, Metafísica da natureza e dos costumes), e ambas as partes da erudição em relação recíproca entre si. Ela estende-se por isto a todas as partes do saber humano (portanto, historicamente também às faculdades superiores), mas não faz de todas (ou seja, as doutrinas ou mandamentos particulares das superiores) seu conteúdo, mas objeto de seu exame e de sua crítica para o proveito das ciências.

A Faculdade de filosofia pode, desse modo, tomar para si a responsabilidade de submeter todas as doutrinas à prova de sua verdade. O governo não pode lhe infligir uma interdição sem que aja contrariamente ao seu desígnio próprio e essencial. As faculdades superiores devem tolerar as objeções e dúvidas que a Faculdade de Filosofia aduz publicamente, mesmo achando certamente isso irritante, pois sem tal crítico, sob qual título seja, elas teriam podido repousar imperturbadas na sua posse já adquirida e, com isso, comandar de modo despótico. – Ora, somente os homens de negócio daquelas faculdades superiores (os eclesiásticos, os funcionários jurídicos e os médicos) podem, no exercício de suas respectivas funções, ser impedidos / de contradizer publicamente as doutrinas cuja exposição o governo lhes confiou, e de ter a audácia de atuar como filósofos; porque tal coisa só pode ser permitida às faculdades, não aos funcionários nomeados pelo governo:

pois estes retiram somente delas o seu saber. Tais funcionários, p. ex., pregadores e funcionários jurídicos, sublevar-se-iam contra o governo se cedessem à cobiça de dirigir ao povo as suas objeções e dúvidas contra a legislação eclesiástica ou a mundana; ao contrário, as faculdades opõem-se apenas umas às outras, enquanto eruditas; coisa de que o povo não tem praticamente qualquer noção, mesmo que dela lhe chegasse alguma notícia, porque ele próprio conforma-se que o raciocinar não seja assunto seu e, daí, sente-se obrigado a ater-se apenas àquilo que lhe foi apregoado pelos funcionários nomeados pelo governo para tanto. – Esta liberdade, que para a faculdade inferior não pode ser restringida, tem como resultado que as faculdades superiores (elas próprias mais bem instruídas) tragam os funcionários cada vez mais aos trilhos da verdade; estes, por sua vez, então mais bem elucidados sobre seu dever, não encontrarão qualquer ofensa na alteração de sua exposição, já que isso é apenas um melhor entendimento do meio para o mesmo fim, o que bem pode acontecer sem ataques polêmicos e que apenas provocam perturbações nos modos de ensino vigentes até agora, e com a total preservação de seu material.

Terceira seção

Do conflito ilegal das faculdades superiores com a inferior

Ilegal é um conflito público das opiniões, um conflito erudito, portanto, ou bem quanto à matéria, se não for de todo permitido *conflitar* acerca de um enunciado público, por não ser lícito julgar publicamente sobre ele e seu contrário; ou bem meramente quanto à forma, quando o modo segundo o qual o conflito é conduzido consiste não em fundamentos objetivos dirigidos à razão do adversário, mas em fundamentos subjetivos que, mediante a *inclinação* por causas motrizes determinantes, visam trazer seu juízo ao consentimento através de meios escusos (o que também inclui suborno) ou violência (ameaça).

Ora, o conflito das faculdades visa à influência sobre o povo /, e essa influência pode ser adquirida apenas na medida em que cada uma delas consegue fazer o povo acreditar que entende melhor como promover o bem-estar dele próprio, porém, ao mesmo tempo, elas são diametralmente opostas no modo como pensam alcançar tal coisa.

O povo, entretanto, não põe o seu bem-estar prioritariamente na liberdade, mas em seus fins naturais, portanto, nestes três pontos: ser *abençoado* após a morte, ter as posses asseguradas mediante leis públicas na vida entre outros homens e, por fim, a pretensão da fruição física da *vida* em si mesma (i.e., saúde e longevidade).

Porém, a Faculdade de filosofia, que pode se envolver em todos estes desejos apenas através de prescrições que ela empresta da razão, portanto fiel ao princípio da liberdade, atém-se apenas àquilo que os próprios homens, de sua parte, podem e devem fazer neste sentido: viver *probamente*, não cometer *injustiça*, comportar-se *moderadamente* na fruição e pacientemente nas doenças, e dessa maneira ajudar a si próprio preferencialmente a partir da natureza; para tudo isto certamente não é nem mesmo requerido grande erudição, mas pode-se para tanto em grande parte dispensá-la, se apenas se quiser domar as suas inclinações e confiar a sua regência à razão, o que, todavia, enquanto empenho próprio, não é muito próprio do povo.

O povo (que, pela sua inclinação à *fruição* e relutância em se *empenhar*, encontra nas doutrinas acima referidas um mau substituto) exige das três faculdades superiores que elas, de sua parte, façam proposições mais aceitáveis. E as demandas que faz aos eruditos soam do seguinte modo: o que vocês, *filósofos*, balbuciam, isto eu já sabia há muito tempo; entretanto, quero saber de vocês, enquanto eruditos, o seguinte: ainda que tivesse vivido de *maneira desregrada*, como mesmo assim adquirir um bilhete de entrada no Reino dos Céus, um pouco antes do fechar dos portões; como, embora tivesse cometido *injustiça*, ainda assim ganhar meu processo; e como, mesmo que tivesse usado e *abusado* das minhas forças físicas como bem quis, poderia, no entanto, permanecer saudável e viver longamente. Vocês certamente estudaram para tanto, para que devessem saber mais do que qualquer um de nós (a quem vocês chamam de idiotas), que não sabe nada além daquilo que apela ao entendimento sadio. – Ocorre aqui como se o povo fosse ao erudito tal como vai ao profeta ou ao feiticeiro, que sabe das coisas sobrenaturais; pois o não erudito faz para si de bom grado um conceito exagerado do erudito, de quem ele espera algo. Por conseguinte, é natural antecipar que se alguém, descarado o suficiente, se fizer passar por um tal / homem milagroso, o povo o seguirá, abandonando com desdém o lado da Faculdade de Filosofia.

Os homens de negócio das três faculdades superiores, entretanto, serão sempre tais homens milagrosos, caso não seja permitido à Faculdade de Filosofia combatê-los publicamente, não para arruinar suas doutrinas, mas apenas para opor-se ao poder mágico que o público deposita supersticiosamente nelas e nas práticas a elas vinculadas como se, ao entregar-se passivamente a estes hábeis condutores, ficasse dispensado de toda a sua ação própria e, com grande comodidade, já fosse levado à consecução dos fins em questão.

Se as faculdades superiores assumem tais princípios (o que, certamente, não é sua destinação), estão e permanecerão eternamente em conflito com a inferior; entretanto, este conflito também é *ilegal*, pois além de não considerarem a transgressão da lei como um entrave, até mesmo a veem como ocasião desejada para mostrar sua grande arte e habilidade em fazer com que tudo volte a ficar bem, e aliás melhor ainda do que ocorreria sem esta transgressão.

O povo quer ser *conduzido*, i.e. (na língua dos demagogos), ele quer ser *enganado*. Mas não quer ser conduzido pelos eruditos das faculdades (pois a sua sabedoria é elevada demais para ele), e sim pelos próprios homens de negócio, que conhecem as gambiarras[xxxii] (*savoir faire*): eclesiásticos, funcionários jurídicos, médicos, que, como práticos, têm para si a mais vantajosa consideração do povo. O governo, que apenas através destes homens práticos pode agir sobre o povo, será dessa maneira ele próprio *induzido* a impor às faculdades uma teoria que não brotou do puro discernimento dos seus próprios eruditos, mas que é levada em conta apenas em razão da influência que os homens de negócio podem ter sobre o povo por meio dela; tal ocorre porque o povo, naturalmente, se apega na maior parte das vezes àquilo que menos o obriga a esforçar-se e a servir-se de sua própria razão, àquilo que possibilita a maior compatibilidade dos seus deveres com as suas inclinações, p. ex.: no caso do ramo da teologia, se apega a que "acreditar" literalmente seja por si mesmo salutar, sem investigar (mesmo sem entender direito) em que se deve acreditar, e a que, por meio da celebração de certas formalidades conformes às escrituras, transgressões possam ser imediatamente apagadas; ou, no caso jurídico, a que o cumprimento da lei segundo a letra exime a investigação das intenções do legislador.

32 Ora, eis aqui um conflito essencial, irreconciliável e ilegal entre as faculdades superiores e a inferior /, porque o princípio da legislação tal como o veem as primeiras, o qual se atribui ao governo, seria a própria anarquia autorizada por ele. – Pois, visto que *inclinação* e, em geral, o que alguém acha benéfico aos seus *propósitos pessoais* simplesmente não se qualifica como uma lei; e que, por conseguinte, também não pode, como tal, ser estabelecido pelas faculdades superiores; logo, um governo que sancionasse coisas do tipo, ofendendo a própria razão, colocaria aquelas faculdades superiores em conflito com a Faculdade de Filosofia; conflito que de modo algum pode ser tolerado, pois arruinaria esta última. Tal, certamente, é o meio mais curto para pôr fim a um conflito, mas também (segundo a expressão dos médicos) um remédio *heroico*, que traz perigo de morte.

Quarta seção

Do conflito legal das faculdades superiores com a inferior

Seja qual for seu conteúdo, as doutrinas cuja exposição pública o governo pode estar autorizado a estabelecer, mediante a sua sanção, para faculdades superiores, só podem ser aceitas e respeitadas enquanto estatutos que partem de seu arbítrio e como sabedoria humana, que não é infalível. Entretanto, o governo não pode ser inteiramente indiferente à verdade destas doutrinas que, a este respeito, devem permanecer sujeitadas à razão (de cujo interesse cuida a Faculdade de Filosofia). Isto, porém, só é possível através da permissão da completa liberdade para o exame público das mesmas. Assim, por serem regulamentos arbitrários, ainda que certamente sancionados em instância suprema, que podem não concordar sempre por si com as doutrinas que a razão assevera como necessárias, o conflito entre as faculdades superiores e a inferior será, em primeiro lugar, inevitável mas, em segundo lugar, também *legal*; e isto não apenas como autorização, mas também como dever da faculdade inferior senão em dizer *toda* a verdade publicamente, pelo menos cuidar para que *tudo* o que é assim dito, colocado como princípio, seja verdadeiro.

Se a fonte de certas doutrinas sancionadas é *histórica*, mesmo que muito recomendadas como sagradas à obediência irrefletida da fé: a Faculdade de Filosofia está autorizada, mais ainda, obrigada a inspecionar tal origem com escrupulosidade crítica. Se ela é *racional*, embora apresentada em tom de conhecimento histórico (como revelação), não pode ser vedado à faculdade inferior inquirir, na exposição histórica, os fundamentos racionais da legislação e, além disso, avaliar se eles são técnica ou moralmente práticos. Finalmente, se a fonte da doutrina que se pretende como lei for porventura *estética*, i.e., fundada em um sentimento ligado a uma doutrina (sentimento que, já que não fornece nenhum princípio objetivo, seria apenas subjetivamente válido, inapto a produzir uma lei universal, p. ex., o sentimento pio de uma influência sobrenatural), então é preciso que a Faculdade de Filosofia seja livre para examinar com fria razão e avaliar publicamente a origem e o conteúdo deste pretenso fundamento de instrução, sem se assustar com a santidade do objeto, que se dá por sabida, e que esteja decidida a levar este suposto sentimento a conceitos. O que se segue contém os princípios formais para a condução de tal conflito e as consequências dele resultantes.

1) Este conflito não pode e não deve ser resolvido por um acordo não litigioso (*amicabilis compositio*[xxxiii]), mas requer (enquanto processo) uma *sentença*, i.e., um veredicto com a força da lei de um juiz (da razão), caso contrário só poderia ocorrer que tal conflito fosse resolvido mediante desonestidade, ocultamento das causas da contenda e demagogia. Tal máxima, porém, é inteiramente contrária ao espírito de uma Faculdade *de Filosofia* como aquela que lida com a apresentação pública da verdade.

2) Tal conflito jamais pode acabar, e é a Faculdade de Filosofia que deve estar sempre armada para tanto. Com efeito, sempre deverá haver prescrições estatutárias do governo com respeito às

doutrinas que são publicamente expostas, pois a liberdade ilimitada de bradar em público todas as suas opiniões tornar-se-ia perigosa tanto para o governo como para o próprio público. Mas, como todos os regulamentos do governo derivam de homens, ou pelo menos são sancionados por eles, sempre permanecem sujeitos ao perigo do erro ou da confusão quanto aos fins. Portanto, o mesmo se passa em relação aos regulamentos que as sanções do governo fornecem às faculdades superiores. Por conseguinte, a Faculdade de Filosofia nunca pode se despir de seus armamentos contra o perigo que ameaça a verdade (cuja proteção lhe é confiada), pois as faculdades superiores nunca abrirão mão do desejo de dominar.

3) Este conflito nunca pode danificar a reputação do governo /, pois não se trata de um conflito das faculdades com o governo, mas de uma faculdade com a outra. O governo, assim, pode assisti-lo tranquilamente; tal ocorre porque, ainda que tenha tomado sob a sua proteção particular certas proposições das superiores, na medida em que as prescreve aos seus homens de negócio para a exposição pública, ele não toma sob proteção as faculdades como sociedades eruditas por conta da verdade das doutrinas, opiniões e asserções que são expostas publicamente, mas devido apenas à sua própria vantagem (do governo), pois não seria conforme à sua dignidade decidir sobre o conteúdo de verdade intrínseco das mesmas e, assim, bancar o erudito. – Isto é dizer que, perante o governo, as faculdades superiores não são responsáveis por nada mais do que pela instrução e pelo ensinamento que conferem aos seus *homens de negócio* para exposição pública; tal se deve a que aqueles circulam em meio ao público, enquanto sociedade *civil*, e estão sujeitos à sanção do governo, pois podem prejudicar a sua influência sobre o povo. Ao contrário, as doutrinas e opiniões que as faculdades, sob o nome de teóricos, têm de resolver entre si, dirigem-se a outro tipo de público, qual seja, aquele de uma comunidade *erudita*, que trata das ciências; coisa a que o povo, por um lado, se resigna em nada entender; ao passo que o governo, por outro lado, acha impróprio para si se ocupar de atividades eruditas[46] /. A classe das faculdades superiores (como lado direito do

---

46. Ao contrário, se o conflito fosse trazido para diante da comunidade civil (publicamente, p. ex., aos púlpitos) como os homens de negócio (sob o nome de práticos) procuram de bom

parlamento da erudição) defende os estatutos do governo. Todavia, em uma constituição tão livre quanto deve ser aquela que tem a ver com a verdade, deve haver também um partido de oposição (o lado esquerdo). Tal é a bancada da Faculdade de Filosofia, pois sem o seu exame rigoroso e suas objeções o governo não estaria suficientemente instruído sobre aquilo que lhe pode ser vantajoso ou prejudicial. – Mas se os homens de negócio das faculdades quisessem, das suas cabeças, fazer alterações no que se refere aos decretos dados para a exposição pública, a vigilância do governo pode persegui-los como *inovadores* que podem tornar-se perigosos para ele. Apesar disso, não pode abjudicar deles de modo imediato, mas apenas após o mais leal veredicto proferido na faculdade superior, pois estes homens de negócio só *através da faculdade* puderam ser encarregados pelo governo à exposição de certas doutrinas.

4) Este conflito pode muito bem consistir na concórdia entre as comunidades erudita e civil em máximas cujo cumprimento deve efetuar um progresso constante de ambas as classes de faculdades em direção a uma maior perfeição e, finalmente, preparar a liberação de todas as restrições à liberdade do juízo público pelo arbítrio do governo.

Dessa maneira, bem poderia ocorrer um dia que os últimos fossem os primeiros (a inferior, a superior), certamente não em detenção de poder, mas sim no aconselhamento do potentado (o governo), como aquele que encontraria na liberdade da Faculdade de Filosofia e no discernimento daí crescente um melhor meio para a consecução de seus fins do que sua própria autoridade absoluta.

---

grado fazer, ele seria arrastado ilegitimamente ao tribunal do povo (ao qual não cabe juízo algum em matéria de erudição) e cessaria de ser um conflito erudito. Sucede, desse modo, aquele estado do conflito ilegal ao qual se fez menção acima, em que doutrinas doravante conformes às inclinações do povo são expostas e no qual são disseminadas as sementes da insurreição e das facções, pondo o governo em perigo. Esta tribuna popular que se avulta por si mesma de modo unilateral renuncia, nessa medida, ao estrato dos eruditos e usurpa os direitos da constituição civil (conflito generalizado) – são, de fato, os *neólogos*: nome de direito odiado, mas muito malcompreendido quando se aplica a todo criador de uma inovação em doutrinas e em suas formas (pois por que o antigo deveria ser sempre o melhor?). Por outro lado, aqueles que introduzem uma forma de governo inteiramente outra ou, mais ainda, a ausência de governo (anarquia) merecem ser ferreteados com tal marca, pois entregam aquilo que é assunto de erudição à decisão pela voz do povo, cujo juízo eles tangem a seu bel-prazer mediante a influência sobre os hábitos, sentimentos e inclinações daquele, / podendo, assim, tomar para si próprios a influência de um governo legítimo. 35

Resultado

Este antagonismo, i.e., o *conflito* de dois partidos entre si, unidos um com o outro em prol do fim último da comunidade (*concordia discors, discordia concors*[xxxiv]), não é guerra alguma, i.e., nenhuma contenda advinda da contraposição de propósitos últimos com respeito ao *meu* e *seu* eruditos / que, como o político, consiste na *liberdade* e na *propriedade*, em que aquela deve anteceder necessariamente esta, como sua condição. Por conseguinte, não pode ser concedido nenhum direito às faculdades superiores sem que, ao mesmo tempo, a inferior esteja autorizada a levar ao público erudito os seus escrúpulos sobre este mesmo direito.

II. Apêndice a uma elucidação do conflito das faculdades mediante o exemplo daquele entre a Faculdade de Teologia e a de Filosofia

I. Matéria do conflito

O teólogo bíblico é propriamente o *erudito da Escritura* para a *fé eclesial*, a qual repousa em estatutos, i.e., em leis que decorrem do arbítrio de outrem; ao contrário, o teólogo racional é o *erudito da razão* para a *fé religiosa*, por conseguinte, aquela que repousa em leis interiores que podem se desenvolver a partir da própria razão de todo homem. Que assim seja, i.e., que a religião não possa nunca ser fundada em regulamentos (por mais alta que seja sua origem), é algo que se esclarece a partir do próprio conceito de religião. A religião não é o conceito mais geral de certas doutrinas enquanto revelações divinas (pois isto se chama teologia), mas aquele de todos os nossos deveres em geral enquanto *mandamentos* divinos (e, subjetivamente, a máxima de obedecê-los como tais). A religião não se diferencia em parte alguma da moral quanto à matéria, isto é, quanto ao objeto, pois esta lida com os deveres em geral; antes, sua diferença em relação a esta é meramente formal, i.e., é uma legislação da razão, para que a moral, através da ideia de Deus por ela mesma produzida, exerça influência sobre a vontade dos homens para o cumprimento de todos os seus deveres. É por isso que a religião é uma única, e não há diferentes religiões, mas sim diferentes tipos de crença na revelação divina e em suas doutrinas estatutárias que não podem provir da razão, i.e., diferentes formas de representação sensível da vontade divina para propiciar-lhe influência sobre os ânimos, entre as quais o cristianismo é, até onde sabemos, a forma mais apropriada. Ora, o cristianismo, tal como se encontra na Bíblia, é composto de duas partes heterogêneas /, uma das quais contém o cânon e, a outra, o órganon ou o veículo da religião. A primeira pode ser chamada de *fé religiosa* pura (sem estatutos, fundada na mera razão); a outra, de *fé eclesial*, que repousa inteiramente em estatutos que necessitariam de uma revelação, caso devessem valer como doutrina sagrada e preceitos de vida. – Entretanto, como também é dever utilizar este guia para aquele fim, se ele puder ser admitido como revelação divina, então pode-se, a partir disto, explicar por que a fé eclesial, que se funda na Escritura, é comumente compreendida sob a denominação de fé religiosa.

37

Diz o teólogo bíblico: procurai na Escritura, onde pensais encontrar a vida eterna[xxxv]. Mas já que a condição desta não é outra que o melhoramento moral do homem, nenhum homem a pode encontrar em Escritura alguma, a não ser que ele mesmo a tenha posto lá, pois os conceitos e princípios requeridos para tanto não podem ser realmente ensinados por outrem, mas devem se desenvolver apenas por ocasião de uma exposição daquele que ensina a partir de sua própria razão. Mas, a Escritura contém ainda mais do que é em si mesmo exigido para a vida eterna; contém o que pertence à fé histórica e, mesmo que isto possa, no que toca à fé religiosa, ser pertinente como mero veículo sensível (para esta ou aquela pessoa, para esta ou aquela época), não pertence necessariamente a ela. A faculdade bíblico-teológica insiste que se tome como revelação divina esta fé histórica, com tanta força, como se a crença na mesma pertencesse à religião. A Faculdade de Filosofia, entretanto, se põe em conflito com aquela no tocante a esta mistura e quanto àquilo que a autêntica religião contém em si de verdadeiro.

Pertence também a este veículo (i.e., àquilo que ainda pode ser adicionado à doutrina religiosa) ainda um *método de ensino*, que não pode ser considerado como revelação divina, mas sim como algo concedido aos apóstolos, podendo ser admitido como válido em relação à maneira de pensar daqueles tempos (χατ' ἄνθρωπον), mas não como parte do ensinamento em si mesmo (χατ' ἀλήθειαν)[xxxvi] e, de fato, quer de modo negativo, como simples concessão de certas opiniões, em si equivocadas, mas dominantes à época, para não atentarem contra a ilusão então dominante (p. ex., aquela dos possuídos[xxxvii]), mas que não conflita essencialmente com a religião, quer mesmo positivamente, servindo-se da predileção de um povo pela sua antiga fé eclesial, a qual deveria ter agora um término, para introduzir a nova (p. ex., a interpretação da história da antiga aliança como prefiguração[xxxviii] / do que ocorreu na nova – a qual, como o judaísmo, se for admitida como parte da doutrina da fé de modo equivocado, pode bem arrancar de nós um suspiro: *nunc istae reliquiae nos exercent* – Cícero[xxxix]).

Por isso, uma erudição da Cristandade sobre as escrituras está sujeita a muitas dificuldades na arte da exegese, sobre a qual e sobre seu princípio, a faculdade superior (o teólogo bíblico) deve entrar em conflito com a inferior, na medida em que a primeira, como aquela que se ocupa principalmente do conhecimento bíblico teórico, lança sobre a última a suspeita de excluir, mediante a filosofia, todos os ensinamentos que deveriam ser admitidos propriamente, portanto, literalmente como doutrina da revelação, e de introduzir um sentido arbitrário sob os mesmos. A faculdade inferior, porém, se atendo mais ao prático, i.e., mais à religião do que à fé eclesial, acusa, por seu lado, a superior de perder de vista através deste meio o fim último que, enquanto religião interior, repousa na razão e deve ser moral. A partir disto, a faculdade inferior, que tem como fim a verdade, portanto a filosofia, reivindica para si, no caso de um conflito sobre o sentido de alguma parte da Escritura, a prerrogativa de determiná-lo. Em seguida temos os princípios filosóficos da exegese[xl] da Escritura, através dos quais não se pretende entender que a exegese deva ser filosófica (orientada para o alargamento da Filosofia), mas que somente os seus *princípios* devem ser assim constituídos: porque todos os princípios, concernam eles a uma exegese histórico-crítica ou gramático-crítica, devem ser igualmente ditados pela razão e, aqui em particular, por serem investigadas as passagens da Escritura para a *religião* (que pode ser simplesmente um objeto da razão)[xli].

II. Princípios filosóficos da exegese da Escritura para a conciliação do conflito

I. Passagens da Escritura que contêm certas doutrinas *teóricas* proclamadas como sagradas, mas que *ultrapassam* todo conceito da razão (mesmo o moral), *podem* ser interpretadas para proveito da razão prática, mas assim o *devem* ser aquelas que contêm proposições contrárias à última. – Quanto a isto, o que se segue contém alguns exemplos.

a) Da doutrina da Trindade, tomada literalmente, absolutamente *nada se deixa estabelecer para o prático*, ainda que se acreditasse entendê-la, e ainda menos, caso se atente para o fato de que ela ultrapassa todos os nossos conceitos /. – Se temos que adorar três ou dez pessoas na divindade, o aprendiz admitirá a palavra com a mesma facilidade, pois ele não tem conceito algum de um Deus em várias pessoas (hipóstases) e, ainda mais, porque ele não pode extrair dessa diversidade quaisquer regras diferentes para a sua conduta de vida. Ao contrário, caso se introduza nos artigos de fé um sentido moral (como tentei fazer em *A religião nos limites* etc.), ele conteria não uma fé inconsequente, mas uma fé inteligível que é referida à nossa destinação moral. O mesmo ocorre com a doutrina da encarnação de uma pessoa da divindade. Pois se representarmos esse homem-deus, não como a ideia de humanidade que reside em Deus desde a eternidade[xlii] em toda a sua perfeição moral a Ele aprazível[47] (ibid. p. 73[xliii]), mas como a divin-

39

---

47. Sobre este ponto, o fanatismo de *Postellus* no século XVI em Veneza é de tipo bastante original, e serve muito bem como exemplo de em quais aberrações se pode incorrer quando, certamente devaneando com *a razão*, se transforma a sensibilização de uma ideia pura da razão na representação de um objeto dos sentidos. Com efeito, quando sob tal ideia é entendido não o abstrato da humanidade, mas um homem, este deve ser de um sexo qualquer. Se este que foi gerado por Deus é do sexo masculino (um filho), suportou as fraquezas dos homens e tomou para si sua culpa, então as fraquezas bem como as transgressões do outro sexo são especificamente diferentes daquelas do masculino. Desse modo, ficar-se-ia, não sem razão, tentado a admitir que o sexo feminino também deverá ter recebido seu

dade "residindo corporeamente" em um homem efetivo e atuando nele como segunda natureza: assim não temos neste mistério coisa alguma de prático para nós, porque não podemos, de maneira alguma, exigir de nós mesmos que devamos agir como um deus e, nesta medida, Ele não pode ser um exemplo para nós; sem insistir novamente na dificuldade de por que, se tal união é alguma vez possível, a divindade não deixou todos os homens participarem dela, a qual teria tornado então todos eles inevitavelmente aprazíveis a Ele. – Algo semelhante pode ser dito das histórias da ressureição e da subida aos céus deste mesmo homem-deus.

/ No tocante ao desígnio prático, pode ser inteiramente indiferente para nós se, no futuro, viveremos apenas segundo a alma, ou se a mesma matéria na qual nosso corpo agora consiste é requerida para a identidade da nossa pessoa no outro mundo, de modo que a alma não seja uma substância particular e nosso próprio corpo deva ressuscitar. Pois quem amaria tanto o seu corpo de modo a querer arrastá-lo consigo para a eternidade, se pode deixá-lo para trás? Assim a conclusão do apóstolo: "Se Cristo não ressuscitou (tendo se tornado vivo segundo o corpo), também nós não ressuscitaremos (depois da morte não viveremos mais)"[xliv], é inexata. Também pode, porém, nem ser uma conclusão (pois não se fundamentará o argumentar também em uma inspiração). Assim, com isso ele teria querido apenas dizer que temos uma causa para crer que Cristo ainda viva, e que nossa fé seria vazia se mesmo um homem tão perfeito não vivesse após a morte (corpórea); esta fé, que lhe foi (assim como a todos os homens) introduzida pela razão, o levou à fé histórica em um assunto público, que ele tomou, de boa-fé, por verdadeiro e que empregou como fundamento da prova para uma fé moral na vida vindoura, sem se dar conta de que, sem esta última, ele dificilmente teria creditado fé a esta lenda. Com isto, o desígnio moral teria sido alcançado, mesmo se o modo de representação portasse em si a nota característica do conceito escolar no qual ele fora educado. – De resto, opõem-se importantes objeções àquele tema: a instituição da Ceia (um triste colóquio) em sua comemoração assemelha-se a uma despedida

---

representante particular (uma filha divina, por assim dizer) como reconciliadora. E Postell acreditava tê-la encontrado na pessoa de uma jovem devota em Veneza.

cerimoniosa (não apenas para um breve reencontro). As palavras lamentosas na cruz[xlv] expressam o fracasso de uma intenção (trazer, ainda em sua vida, os judeus à verdadeira religião), quando deveria antes ser esperada a alegria com uma intenção realizada. Finalmente, a expressão dos discípulos em Lucas: "pensávamos que ele redimiria Israel"[xlvi], também não deixa depreender que eles estavam preparados para um reencontro em três dias e, ainda menos, que algo sobre a sua ressurreição tenha chegado aos seus ouvidos. Mas por que deveríamos nos enredar em tantas investigações e conflitos eruditos devido a uma narrativa histórica que sempre devemos deixar em seu lugar (como adiáfora), se quando se trata da religião, para a qual, no que concerne ao prático, a fé que a razão nos instila já é por si suficiente.

b) Os teólogos bíblicos já transformaram há muito tempo em uma regra que, na exegese de partes da Escritura nas quais a expressão contradiz nosso conceito racional da natureza divina e de sua vontade, aquilo o que é expresso em termos humanos (ἀνθρωποπαθῶς) deva *ter sua exegese* segundo um sentido digno de Deus (θεοπρεπῶς)[xlvii]; mediante isto, eles professam muito claramente que, em assuntos religiosos, a razão é a principal exegeta da Escritura. – Porém, mesmo que não se consiga atribuir ao autor sagrado nenhum outro sentido que ele efetivamente vinculou às suas expressões, a não ser aquele que está em contradição com nossa razão, a razão se sente, entretanto, autorizada a interpretar as partes da Escritura tal como ela entende que sejam conformes aos seus princípios, e não o deve fazer literalmente, caso não queira culpá-las de um erro, o que parece certamente infringir as principais regras da interpretação e, no entanto, sempre ocorreu assim, com a aprovação dos mais aclamados teólogos. – Assim se passou com a doutrina da predestinação de São Paulo[xlviii], a partir da qual se mostra, de maneira claríssima, que sua opinião privada deve ter sido a da predestinação no sentido mais estrito da palavra; doutrina que, portanto, fora também admitida por uma grande igreja protestante[xlix] em sua fé. Em seguida, porém, foi novamente abandonada por uma grande parte da mesma igreja[l] ou, na medida do possível, seu sentido foi modificado, pois a razão a acha irreconciliável com a doutrina da liberdade, com a responsabilidade pelas ações e, assim, com toda a moral. – Também onde a fé na Escritura não incorre em infração de certos ensinamentos de princípios éticos, mas apenas das máximas da razão no ajuizamento de fenômenos físicos, exegetas expuseram, com aprovação quase universal, muitas narrativas bíblicas como, p. ex., aquela dos possuídos (pessoas demoníacas), ainda que elas tivessem sido narradas historicamente da mesma maneira que o restante da história sagrada; e é quase indubitável que seu autor as considerasse literalmente verdadeiras, de modo que a razão resistisse (para não proporcionar livre-acesso a toda superstição e engodo), sem lhes ter impugnado esta autorização.

II. A fé em doutrinas da Escritura, que devem propriamente ter sido reveladas, se devemos tê-las conhecido, não tem em si nenhum *mérito* e a ausência dela, e até mesmo a dúvida que se lhe opõem, não é em si *culpa* alguma, já que tudo na religião tem a ver com os atos; e deve ser atribuído a toda a doutrina bíblica da fé este propósito último, por conseguinte, um sentido conforme a ele.

Por proposições de fé não se entende aquilo que deve ser acreditado (pois a fé não permite nenhum imperativo), mas aquilo que é possível e conveniente admitir no propósito prático (moral), portanto, embora não seja exatamente demonstrável, pode apenas ser acreditado. Caso eu tome a fé sem esta consideração moral, meramente no sentido de um assentimento teórico, p. ex., daquilo que se funda historicamente no testemunho de outrem, ou também porque não posso explicar para mim certos fenômenos de outro modo que sob esta ou aquela pressuposição tornada um princípio, assim tal fé não é parte da *religião*, pois ela não faz um homem melhor, nem dá prova disso; se ela, porém, surge artificialmente na alma apenas enquanto é imposta através do temor e da esperança, ela é contrária à sinceridade, por conseguinte, também à religião. – Se certas passagens soam como se considerassem a fé em uma doutrina da revelação não só como em si meritória, mas mesmo a elevassem acima das obras moralmente boas, então elas devem ser interpretadas como se fizessem referência apenas à fé moral, que melhora e eleva a alma mediante a razão; mesmo posto que o sentido literal, p. ex., "aquele que crê e foi batizado será bem-aventurado etc.", soasse contrário a esta exegese. A dúvida sobre aqueles dogmas estatutários e sobre a sua autenticidade não pode, desse modo, perturbar uma alma moralmente bem-disposta. – Essas mesmas proposições podem, de todo modo, ser consideradas como exigências essenciais para a *exposição* de uma certa *fé eclesial*, a qual, porém, por ser apenas veículo da fé religiosa, por conseguinte, em si mutável e dever permanecer apta a uma purificação progressiva até a congruência com a última, não pode se tornar artigo de fé, embora não possa ser publicamente atacada na igreja ou mesmo passar-se por ela sem molhar os pés, pois está sob a custódia do governo, que providencia a concórdia e a paz públicas. No entanto, é assunto do professor advertir para que não se atribua à fé eclesial uma santidade por si mesma existente, mas para que se passe sem demora para a fé religiosa assim introduzida.

III. As ações devem ser representadas como provenientes do próprio uso que o homem faz de suas forças morais, e não como efeito da influência de uma causa eficiente externa / superior, em relação à qual o homem se portou como paciente. A exegese de partes da Escritura que parecem conter literalmente o último sentido deve ser retificada intencionalmente para a concordância com o primeiro princípio.

Se por natureza se entende o princípio predominante no homem da promoção de sua *felicidade*, porém por graça a disposição moral incompreensível que reside em nós, i.e., o princípio da *pura moralidade*, então natureza e graça não são somente diferentes uma da outra, mas também estão frequentemente em contradição entre si. Entretanto, caso se entenda por natureza (em significado prático) a capacidade de se orientar por certos fins a partir das próprias forças em geral, então graça não é outra coisa que natureza do homem, na medida em que ele, mediante o seu próprio princípio interior, porém suprassensível (a representação de seu dever), é determinado a ações. Por querermos explicar este princípio, ainda que não saibamos quanto a isso de nenhum fundamento ulterior, o representamos como graça, portanto, como o impulso ao bem produzido em nós pela divindade, cuja disposição não foi fundada em nós, por nós mesmos. – O próprio pecado (a malignidade na natureza humana) tornou necessária a lei penal (do mesmo modo como para servos), mas a graça (i.e., a esperança do desenvolvimento do bem, que se torna viva através da fé na disposição originária em nós para o bem e do exemplo da humanidade aprazível a Deus no filho de Deus) pode e deve tornar-se ainda mais forte em nós (enquanto livres), se apenas a deixarmos que se efetue em nós, i.e., deixarmos que se tornem atuantes os pendores para uma conduta de vida semelhante àquele exemplo sagrado. – Assim, as passagens da Escritura que parecem conter uma resignação meramente passiva a um poder exterior que produz santidade em nós devem ser interpretadas de tal modo que daí se esclareça que nós *próprios* devemos *trabalhar* no desenvolvimento daquela disposição moral em nós, ainda que ela mesma prove a divindade de uma origem que é superior a toda a razão (na investigação teórica das causas); por conseguinte, possuí-la não é mérito, mas graça.

IV. Onde as próprias ações não bastam para a justificação do homem perante a sua própria consciência moral (que julga severamente), a razão está autorizada, se preciso for, a admitir piamente um complemento sobrenatural de sua justiça falível (mesmo sem que lhe seja permitido determinar no que ele consiste).

Esta autorização é clara por si mesma, pois aquilo que o homem, segundo sua destinação, deve ser (conforme a lei sagrada), ele / também tem de poder tornar-se; e se isso não lhe é possível de modo natural mediante forças próprias, então lhe é lícito esperar que o mesmo aconteça através de colaboração divina externa (seja de que modo for). – Pode-se ainda acrescentar que a fé neste complemento torna bem-aventurado, pois somente por esse meio o homem pode obter a coragem e a firme intenção para a conduta de vida aprazível a Deus (como única condição da esperança da beatitude), de modo que ele não desespere do êxito do seu propósito último (tornar-se aprazível a Deus). – Porém, nem mesmo é necessário que ele deva poder indicar com ciência e de modo determinado *em que* consiste o meio desta compensação (que, no fim, é exorbitante[li] e, apesar de tudo aquilo que o próprio Deus poderia nos dizer sobre isso, nos é incompreensível), mais ainda, é mesmo desmedido apenas pretender este conhecimento. – Assim, as partes da Escritura que parecem conter tal revelação específica devem ser de tal modo interpretadas, não como concernentes à fé religiosa (para todos os homens), mas apenas ao veículo daquela fé moral para um povo, segundo as doutrinas da fé que nele estiveram em voga até agora, por conseguinte, dizendo respeito apenas à fé eclesial (p. ex., para os judaico-cristãos), que exige provas históricas das quais nem todo mundo pode tomar parte; ao passo que a religião (enquanto fundada em conceitos morais) deve ser por si completa e indubitável.

* * *

Mas ouço, contra a própria ideia de uma exegese filosófica da Escritura, se elevar a voz uníssona dos teólogos bíblicos[lii]: ela tem, assim se diz, como desígnio primariamente uma religião naturalista, não a Cristandade. *Resposta*: a Cristandade é a ideia da religião que deve, em geral, se fundar na razão e, nesta medida, ser natural. Ela contém, porém, um meio para a sua introdução entre os homens, a Bíblia, cuja origem é tida como sobrenatural. Na medida em que a mesma (seja qual for sua origem) promove as prescrições morais da razão com vistas à sua difusão pública e à vivificação interior, ela pode ser contada como veículo para a religião e, enquanto tal, pode até ser aceita como revelação sobrenatural. Ora, só se pode denominar uma religião de *naturalista* se ela tem como princípio não admitir nenhuma tal revelação. Portanto, a Cristandade não é uma religião naturalista, / ainda que seja uma religião meramente natural, pois não se está discordando de que a Bíblia possa ser um meio sobrenatural para a introdução desta última e para a instituição de uma igreja que a ensina e professa publicamente, mas, quando importa a doutrina da religião, não toma em consideração somente esta origem.

III. Objeções e as suas respostas, referentes aos princípios da exegese das Escrituras

Ouço clamar contra estas regras de *exegese: em primeiro lugar*, que elas são mesmo, em seu conjunto, juízos da Faculdade de

Filosofia, a qual se permite intervir no negócio dos teólogos bíblicos. – *Resposta*: para a fé eclesial exige-se erudição histórica, para a fé religiosa, a simples razão. Interpretar a primeira como veículo para a exegese da segunda é certamente uma exigência da razão, mas onde reside maior legitimidade, do que quando algo só tem um valor como meio para outro algo, que é um fim derradeiro (como é a religião), e existe algum princípio superior de decisão do que a razão, quando se está em conflito sobre a verdade? Também de forma alguma causam-se danos à Faculdade de Teologia, quando a Faculdade de Filosofia se serve dos estatutos dela, para reforçar sua própria doutrina através da concordância com estes estatutos; pode-se muito mais pensar que, através disto, ela estaria sendo honrada. Mas, no entanto, se é mesmo para ter um profundo conflito entre as duas, no que tange à exegese das Escrituras, então não conheço nenhum outro acordo que não seja este: *quando o teólogo bíblico cessar de se servir da razão para seu proveito, o teólogo filosófico também cessa de usar a Bíblia para confirmar suas proposições.* Mas eu duvido muito que o primeiro possa aderir a este contrato. – *Em segundo lugar*: aquelas exegeses são místico-alegóricas e, portanto, nem bíblicas e nem filosóficas. *Resposta*: é exatamente o contrário, ou seja, quando o teólogo bíblico toma o invólucro da religião como sendo a própria religião, ele deve, p. ex., explicar todo o velho testamento como uma *alegoria* contínua (de prefigurações[liii] e representações simbólicas) de uma situação religiosa ainda por vir, se não quiser assumir que houvera uma religião verdadeira (que não pode ser mais verdadeira do que a verdadeira), o que teria tornado o novo testamento / descartável. Mas, no que se refere à suposta mística das exegeses racionais, quando a filosofia detecta um sentido moral em passagens das Escrituras, ou até mesmo o impõe ao texto, é exatamente por este ser o único meio para afastar o misticismo (de um Swedenborg[liv], p. ex.). Pois a fantasia nas coisas da religião descamba inevitavelmente para o exorbitante[lv], quando não conecta o suprassensível (que deve ser pensado em tudo o que se chame de religião) com conceitos determinados da razão, como são os morais, e leva para um iluminatismo[lvi] das revelações internas, das quais cada um tem suas próprias, e não pode mais ser encontrada nenhuma pedra de toque pública da verdade.

Mas ainda há objeções que a razão faz a si própria contra a exegese racional da Bíblia, as quais nós, a partir da lista das regras de exegese apresentadas acima, queremos brevemente destacar e procurar resolver. a) *Objeção*: enquanto revelação a Bíblia tem que ser interpretada a partir de si mesma e não através da razão; pois a própria fonte do conhecimento está situada alhures e não na razão. *Resposta*: Justamente por ser aquele livro considerado revelação divina, a Bíblia não deve ser interpretada apenas teoricamente, por princípios das doutrinas históricas (para estar em concordância consigo própria), mas praticamente, a partir de conceitos da razão; pois, nunca pode ser discernido que uma revelação seja divina a partir de sinais dados pela experiência. Seu caráter (ao menos como condição *sine qua non*) é sempre a concordância com o que a razão declara ser apropriado a Deus. – b) *Objeção*: Tudo o que é prático deve sempre, certamente, ser precedido por uma teoria e, já que esta, como doutrina da revelação, poderia conter talvez propósitos da vontade de Deus, nos quais não podemos penetrar, mas que estaríamos obrigados a promover, então a fé neste tipo de proposições teóricas parece, por si mesma, conter uma obrigação e, portanto, duvidar delas parece carregar uma culpa. *Resposta*: Pode-se conceder isto quando se trata da fé eclesial, na qual nenhuma outra prática é considerada que não seja a do uso ordenado, onde, daqueles que professam uma igreja, nada mais é requerido para a anuência, senão que a doutrina não seja impossível; ao contrário, para a fé religiosa é exigido a *convicção* da verdade, a qual, no entanto, não pode ser certificada através de estatutos (que eles sejam sentenças divinas), porque se assim fosse, teríamos sempre que novamente provar isto através da história, a qual não está autorizada a fazer passar a *si mesma* por revelação / divina. Por isso, para esta fé religiosa, que é orientada inteiramente à moralidade da conduta de vida, ao agir, o assentimento de doutrinas históricas, ainda que bíblicas, não tem, em si, nenhum valor ou desvalor, pertence à adiáfora[lvii]. – c) *Objeção*: Como se pode, para alguém espiritualmente morto, dar a voz de comando: "Levanta-te e anda!"[lviii], se este comando não for ao mesmo tempo acompanhado de um poder sobrenatural, que lhe restabeleça a vida? *Resposta*: O comando ocorre no homem através de sua própria razão, na medida em que ela tem em si mesma o princípio suprassensível da vida moral. Através deste o homem, na verdade, talvez não possa imediatamente voltar à vida e levantar-se por si mesmo, mas pode sim mobilizar-se e ser despertado para o esforço por uma boa conduta de vida (como alguém em que as forças estão apenas adormecidas, mas nem por isso extintas), e isso já é um agir que não precisa de nenhuma influência externa e pode, se levado adiante, causar a conduta intencionada. – d) *Objeção*: A fé em um tipo de reparação, por nós desconhecido, de uma falta de nossa própria justiça, portanto, como boa ação de um Outro, é uma causa assumida gratuitamente (*petitio principii*) para satisfazer necessidades que nós sentimos. Pois, não podemos assumir, como se fosse evidente, que nos caberá o que nós esperamos da graça de um Superior, mas somente se isso foi realmente prometido, e somente através da aceitação de uma promessa determinada, a nós feita, como através de um contrato formal. Portanto, pelo que parece, só podemos ter esperança e pressupor aquela reparação, na medida em que foi efetivamente prometida pela *revelação divina* e não por boa ventura. *Resposta*: uma revelação divina imediata contida no pronunciamento consolador: "Teus pecados estão perdoados"[lix], seria uma experiência suprassensível, a qual é impossível. Mas esta também não é necessária, em relação àquilo que (como a religião) está baseado em fundamentos racionais morais e, por isso, *a priori*, pelo menos no sentido prático. Mas, em relação a criaturas frágeis, mas todas esforçadas em seguir com toda a sua capacidade aquilo que reconhecem como dever, não se pode pensar de outra forma sobre os decretos de um santo e bondoso legislador, e até mesmo a fé racional e a confiança nesta tal reparação, sem que deva ocorrer empiricamente uma promessa concedida determinada, comprova mais, do que uma fé empírica consegue fazer, a *autêntica* intenção moral e, com isso, a receptividade para aquela esperada manifestação da graça.

* * *

/ Deste modo, todas as exegeses das Escrituras, *enquanto se referem à religião*, devem ser feitas a partir do princípio da moralidade delineado na revelação[lx], e sem isso, ou são vazias do ponto de vista prático, ou mesmo obstáculos para o bem. – Também é só assim que elas são propriamente *autênticas*, ou seja, o Deus em nós é, Ele próprio, o exegeta, porque nós não compreendemos ninguém a não ser aquele que nos fala através de nosso próprio entendimento e de *nossa* própria razão, portanto, a divindade de uma doutrina que nos foi passada não pode ser conhecida por nada a não ser através de conceitos da nossa razão, na medida em que eles sejam moralmente puros e, dessa forma, infalíveis

Observação geral

Das seitas religiosas

No que propriamente merece ser chamado de religião não pode haver nenhuma diferença sectária (pois ela é única, universal e necessária, portanto, imutável) mas, isso pode sim ocorrer no que se refere à fé eclesial, quer seja fundamentada meramente na Bíblia ou também na tradição: na medida em que a fé naquilo que é mero veículo da religião é tomada como um artigo seu.

Seria um trabalho hercúleo e além disso ingrato simplesmente enumerar todas as seitas da Cristandade, se a entendemos como fé *messiânica*; Pois, ela é meramente uma seita[48] da última, de modo que ela é oposta ao *judaísmo* em sentido estrito (no último período de sua dominação integral sobre o povo), onde se pergunta: "És Tu aquele que deve vir, ou devemos / esperar por um Outro?"[lxi]; foi assim também, a princípio, como os romanos a consideraram. Mas neste sentido, a Cristandade seria uma certa fé do povo fundada em regulamentos e Escrituras, sobre a qual

---

48. É uma peculiaridade do uso (ou abuso) da língua alemã que os adeptos de nossa religião sejam denominados *cristos*, como se houvesse mais do que um Cristo e todo fiel fosse um Cristo. Dever-se-iam chamar *cristãos*. – Porém esse nome logo seria considerado como o de uma seita de pessoas, das quais (como acontece em Peregrinus Proteus) muito se poderia maldizer: o que não acontece quando consideramos cristos. – Assim também um crítico do Jornal erudito de Halle exigia que o nome de Jehovah fosse pronunciado como *Jahwoh*. Mas esta mudança parece denotar uma simples divindade nacional e não o Senhor do Mundo.

não se pode saber se seria válida para todos os homens, ou seria a última revelação de fé que deveria, de agora em diante, permanecer, ou ainda, se haveríamos de esperar por outros estatutos divinos futuros, que estariam ainda mais próximos dos fins.

Portanto, para se ter um esquema determinado da divisão de uma doutrina da fé em seitas, não podemos começar a partir de dados empíricos, mas sim, a partir das diferenças que podem ser pensadas *a priori* pela razão, a fim de estabelecer, na série de camadas de diferenças do modo de pensar nas coisas da fé, aquela camada em cuja diversidade primeiramente se fundamentaria a diferença sectária.

Segundo o modo de pensar *adotado*, o princípio da divisão nas coisas da fé é ou *religião* ou *paganismo* (que se opõe entre si como A e não A). Os que professam a primeira são costumeiramente chamados de *fiéis*; os que professam a segunda, de *infiéis*. Religião é aquela fé que põe o essencial de toda a adoração a Deus na moralidade dos homens. Paganismo é o que não o coloca nisso; ou porque lhe falta o conceito de um ser sobrenatural e moral (*ethnicismus brutus*), ou porque assume uma outra coisa que não a intenção de uma conduta de vida moral bem conduzida, tornando, portanto, parte da religião o não-essencial da religião (*ethnicismus speciosus*)[lxii].

Proposições de fé, as quais devem ao mesmo tempo ser pensadas como mandamentos divinos, ou são puramente *estatutárias*, portanto, para nós doutrinas contingentes e reveladas, ou são *morais*, portanto, ligadas à consciência de sua necessidade e cognoscíveis *a priori*, i.e., *doutrinas racionais* da fé. O conceito mais geral das primeiras doutrinas constitui a *fé eclesial*, o das outras, porém, constitui a *fé religiosa* pura[49].

Exigir *universalidade* para uma fé eclesial (*catholicismus hierarchicus*) é uma contradição, porque universalidade incondicionada pressupõe necessidade, o que só pode acontecer quando a própria razão fundamenta suficientemente as proposições da fé, por isso

---

[49]. Não apresento esta divisão como precisa e nem conforme o uso habitual da linguagem, mas pode ser válida aqui temporariamente.

estas não são meros / estatutos. Ao contrário, a fé religiosa pura tem uma pretensão legítima à validade universal (*catholicismus racionalis*). Nesta última nunca ocorre um sectarismo, e onde ela é encontrada, surge sempre a partir de uma falha da fé eclesial: tomar seus estatutos (mesmo as revelações divinas) como partes essenciais da religião, portanto, sujeitando, nas coisas da fé, o racionalismo ao empirismo, e desta forma, fazendo passar o puramente contingente por necessário em si. Ora, como nas doutrinas contingentes pode haver muitas contradições, tanto entre proposições como entre exegeses de proposições: então é fácil discernir que a mera fé eclesial, sem ser purificada pela fé religiosa pura, será, nas coisas da fé, uma rica e inesgotável fonte de muitas seitas.

Para indicar, de modo determinado, em que consiste esta purificação, a pedra de toque mais adequada ao uso me parece ser a proposição: toda fé eclesial, na medida em que faz as doutrinas meramente estatutárias passar por doutrinas religiosas essenciais, tem uma certa *mistura de paganismo*; pois este consiste em fazer o exterior (inessencial) da religião passar por essencial. Gradualmente, esta mistura pode ir tão longe que transforma toda a religião em uma simples fé eclesial, fazendo usos passar por leis e tornando-se desta forma simplesmente paganismo[50], nome vexaminoso contra o qual de nada adianta dizer que aquelas doutrinas sejam revelações divinas; pois o que permite aplicar a tal modo de fé, com justiça, o nome de paganismo não são aquelas doutrinas estatutárias e os próprios deveres da Igreja, mas sim o valor incondicional que lhe é atribuído (de não ser algo como simples veículo, mas as próprias partes da religião, mesmo que elas não tragam consigo qualquer teor moral interno, portanto, não a matéria da revelação, mas forma de seu acolhimento em sua intenção prática). A autoridade da Igreja de, segundo uma tal fé, pronunciar a beatificação ou condenar, seria denominada clericalismo[lxiii],

---

50. *Paganismo* (Paganismus), segundo a análise da palavra, é a superstição religiosa dos povos da floresta (pagãos), i.e., de um grupo cuja fé religiosa ainda é sem qualquer constituição eclesial e, por conseguinte, sem lei pública. Porém, os judeus, os maometanos e os hindus não consideram como lei aquela que não seja a sua própria, e denominam os outros povos, que não têm as mesmas observâncias eclesiásticas, com um título de reprovação (Goi, Dschaur etc.), a saber, infiéis.

de cujo nome honorífico não podem ser excluídos os que assim se denominam protestantes, se eles estão decididos a estabelecer / o essencial de suas doutrinas de fé na crença em proposições e observâncias; sobre as quais a razão nada lhes diz e às quais o homem mais vil e indigno é apto no mesmo grau que o melhor para atentamente professar e observar: mesmo que, como sempre querem, eles se adornassem com uma retaguarda de virtudes tão grande como aquela que surgiria da força milagrosa das primeiras (portanto, não têm sua raiz própria).

Portanto, partindo do ponto em que a fé eclesial começa por si mesma a falar com autoridade, sem respeitar sua retificação através da *fé religiosa* pura, também se inicia o sectarismo; pois, já que a fé religiosa pura (enquanto fé racional prática) não pode perder sua influência, vinculada com a consciência da liberdade, sobre a alma humana, enquanto aquela da fé eclesial exerce violência sobre a consciência moral: então cada qual procura acrescentar ou retirar algo da fé eclesial em prol da sua própria opinião.

Esta violência ocasiona ou uma mera separação da Igreja (separatismo), i.e., uma abstenção da sociedade pública com ela; ou uma cisão pública dos que pensam diferente quanto à forma da Igreja, embora de fato se professem a ela quanto a matéria (cismáticos); ou uma congregação dos dissidentes, em relação a certas doutrinas da fé, em sociedades particulares, nem sempre secretas mas, todavia, não sancionadas pelo Estado (sectários), algumas das quais vão buscar doutrinas secretas ainda mais particulares, não pertinentes ao grande público, exatamente neste mesmo tesouro (por assim dizer, clubistas da piedade); finalmente, também os falsos pacificadores que julgam satisfazer a todos mediante a fusão conjunta de diversos tipos de fé (sincretistas). Estes são ainda piores que os sectários porque se fundamentam na indiferença em relação à religião em geral, e como deve haver, ao cabo, uma fé eclesial para o povo, uma é tão boa quanto a outra desde que ela possa ser bem manejada pelo governo para seus fins; um princípio que na boca do governante enquanto tal é de fato inteiramente correto e até sábio, mas que no juízo do próprio súdito, que deve ponderar este assunto a partir de seu interesse próprio e, a bem dizer, moral, revelaria o mais extremo desdém pela religião; porquanto como é constituído o próprio veículo da religião que alguém adota em sua fé eclesial, não é nenhum assunto indiferente para a religião.

Em relação ao sectarismo (que bem se avulta até / a multiplicação das igrejas, tal como ocorreu com os protestantes) costuma-se, de fato, dizer: é bom que haja várias religiões (propriamente, tipos de fé eclesial em um Estado), e isto é tanto correto como também um bom sinal: a saber, de que a liberdade de crença foi deixada ao povo; mas isto é, propriamente, apenas um louvor ao governo. Entretanto, não é em si boa tal situação pública da religião, cujo princípio é de tal modo constituído que ele não traz consigo universalidade e unidade das máximas essenciais da fé, tal como exige o conceito de uma religião, e não se dissocia deste conceito o conflito que se origina do que é inessencial. A diferença de opiniões quanto à maior ou menor adequação ou inadequação do veículo da religião para ela própria, enquanto propósito último (a saber, melhorar moralmente o homem), bem pode, em todo caso, produzir uma diversidade de seitas da Igreja, mas não é permitido que produza uma diversidade de seitas religiosas, as quais são diretamente opostas à unidade e universalidade da religião (portanto, da igreja invisível). Católicos e protestantes esclarecidos poderão ver um ao outro como irmão de fé, sem que misturem ambos na expectativa (e no trabalho para este fim) de que: sob a benesse do governo, o tempo pouco a pouco aproximará as formalidades da fé (que certamente não tem, então, que ser uma fé para tornar Deus favorável ou se reconciliar com Ele através de outra coisa que a intenção moral pura) da dignidade de seus fins, a saber, da própria religião. – Mesmo em relação aos judeus, sem o delírio de sua conversão universal[51] (à Cristandade, como uma fé *messiânica*), isto é possível se dentre eles, como agora acontece,

52

---

51. Moses Mendelssohn rejeitou esta demanda de um modo que honra a sua *sagacidade* (através de uma argumentatio ad hominem). Enquanto (diz ele) Deus, no monte Sinai, não ab-rogar nossa lei tão solenemente como foi dada a nós (sob raios e trovões), i.e., lá pelas calendas gregas, estamos a ela vinculados; com isso ele provavelmente quis dizer: cristos, removei antes o judaísmo de *vossa* própria fé, e assim também eliminaremos o nosso. – Porém, que ele, através deste duro desafio, sufoque a esperança de seus próprios correligionários de uma mitigação mínima das cargas que os oprimem, ainda que de fato ele provavelmente considerasse o mínimo destas cargas pertencentes a sua fé como essenciais; se isto honra sua boa *vontade*, é o que eles próprios podem decidir.

despertarem conceitos religiosos purificados e se, de agora em diante, eles rejeitarem as vestes de seu antigo culto, a qual para nada serve; mas, isto sim, / suplanta toda verdadeira intenção religiosa. Como eles tiveram por tanto tempo *as vestes sem o homem* (Igreja sem religião) mas, em todo caso, o *homem sem as vestes* (religião sem Igreja) também não está bem protegido, assim eles precisaram de certas formalidades de uma Igreja que, em sua situação atual, seria a mais apropriada ao seu fim derradeiro: desse modo, pode-se considerar não só como muito afortunado o pensamento de uma cabeça muito boa desta nação, a de *Bendavid*[lxiv], de adotar publicamente a religião de Jesus (presumivelmente com seu veículo, o *Evangelho*), mas também como a única proposta cuja execução logo tornaria este povo notável, sem se imiscuir em outros assuntos de fé, como um povo erudito, de bons costumes e apto a todos os direitos da condição civil, e cuja fé também poderia ser sancionada pelo governo; com isso certamente lhes teria de ser liberada a exegese (da Torá ou do Evangelho) para distinguirem o modo com que Jesus, enquanto judeu, falava aos judeus, da maneira como Ele, enquanto professor moral, falava aos homens em geral. – A eutanásia do judaísmo é a religião moral pura com a dissolução de todas as antigas doutrinas estatutárias, das quais algumas, entretanto, devem ainda continuar sendo mantidas na Cristandade (enquanto fé messiânica): diferença de seitas que finalmente tem mesmo também de desaparecer e, assim, encaminhar, ao menos no espírito, aquilo que se denomina de encerramento do grande drama da mudança religiosa sobre a Terra (a restauração de todas as coisas[lxv]), já que haverá apenas um pastor e um rebanho[lxvi].

* * *

Mas, se é perguntado: não só o que seja a Cristandade, mas também como aquele que a ensina deva introduzi-la, para que ela seja efetivamente encontrada no coração dos homens (o que se identifica à tarefa: o que fazer para que a fé religiosa torne, ao mesmo tempo, os homens melhores?), então o fim é certamente idêntico e não pode ocasionar qualquer diferença de seitas; no entanto, a escolha dos meios para este fim pode, de fato, conduzir a isto porque se pode pensar mais do que *uma causa* para um e mesmo efeito e, nesta medida, pode produzir a diversidade e o conflito de opiniões sobre se um ou outro destes meios é apropriado ou divino, por conseguinte, uma divisão sobre os princípios que, / eles próprios, concernem ao essencial (em sentido subjetivo) da religião em geral. 54

Já que os meios para este fim não podem ser empíricos – porque estes, em todo caso, agem de fato sobre os atos, mas não sobre a intenção –, então para aquele que considera todo o *suprassensível* como *sobrenatural*, a tarefa acima tem de se transformar na pergunta: como é possível a renascença (como consequência da conversão pela qual alguém se torna um outro, novo homem[lxvii]) através da influência divina imediata, e o que o homem há de fazer para atraí-la? Declaro que sem tomar conselhos da história (como aquela que certamente torna as opiniões representáveis, mas não sua necessidade) se pode predizer *a priori* que esta simples tarefa ocasionará uma inevitável diferença de seitas naqueles para os quais é uma trivialidade convocar, para um efeito natural, causas sobrenaturais, e declaro, mais ainda, que esta cisma também seja a única para a qual é justificada a denominação de duas seitas religiosas diversas; pois as outras, as quais são erroneamente assim denominadas, são apenas seitas da Igreja e não concernem ao íntimo da religião. – Porém, todo o problema consiste primeiramente na *questão* da tarefa, em segundo lugar, na *solução* e, em terceiro, na *prova* de que o que é exigido foi, pela última, satisfeito. Portanto:

1) A tarefa (que o valente Spener[lxviii] proclamou, com fervor, a todos os professores da igreja) é: a exposição da religião deve ter por fim tornar-nos homens *outros*, e não apenas melhores (tal como se já fôssemos bons, mas apenas negligentes quanto ao grau). Esta proposição foi lançada no caminho dos *ortodoxos* (um nome não malconcebido), os quais puseram o modo de torna-se, na fé, aprazível a Deus na doutrina pura da revelação e nas observâncias prescritas pela Igreja (a oração, a ida à igreja e os sacramentos), ao lado da conduta de vida honrável (misturada, de

fato, a transgressões, mas que sempre podem ser compensadas por aquelas). – A tarefa é, portanto, totalmente fundada na razão.

2) A solução, porém, revelou-se complemente *mística*: tal como se poderia esperar do supranaturalismo em princípios da religião, o qual, como o homem está por natureza morto nos pecados, não lhe deixa ter esperança em qualquer melhoramento a partir de forças próprias, nem mesmo a partir da infalsificável disposição moral originária em sua natureza, a qual, ainda que seja *suprassensível*, é, no entanto, denominada carne porque seu efeito não é ao mesmo tempo / *sobrenatural*, caso no qual sua causa imediata seria unicamente o espírito (de Deus). – Ora, a solução mística desta tarefa divide os fiéis em duas seitas do *sentimento* das influências sobrenaturais: uma na qual o sentimento tem de ser de tipo *que despedaça o coração* (constritiva), a outra *que funde o coração* (que se dissolve na venturosa comunhão com Deus), de sorte que a solução do problema (de maus fazer bons homens) parte de dois pontos de vista contrapostos ("Onde a vontade é certamente boa, mas a consecução falha"[lxix]). Em uma destas seitas importa unicamente *livrar-se* do domínio do mal em si, a partir do que o princípio bom então apresentar-se-ia por si; na outra, importa acolher o princípio bom em sua intenção, a partir do que, mediante uma influência sobrenatural, o mal não encontraria mais qualquer lugar para si e o bem dominaria só.

A ideia de uma metamorfose moral do homem, mas possível apenas através de influência sobrenatural, bem pode, já há muito tempo, ter *rumorejado* nas cabeças dos fiéis: mas apenas recentemente foi, pela primeira vez, precisamente formulada e gerou a diferença de seitas, na doutrina da conversão, entre a seita de *Spener-Francke*[lxx] e a seita morávia de *Zizendorf*[lxxi] (o pietismo e o moravianismo).

Segundo a *primeira* hipótese, a separação do bem do mal (com os quais a natureza humana está amalgamada) ocorre através de uma operação sobrenatural, a contrição e o despedaçamento do coração na *expiação*, enquanto uma aflição (*maeror animi*[lxxii]) que beira o desespero, mas que, entretanto, só é alcançável em seu grau necessário através da influência de um espírito celestial, ao qual o próprio homem deve implorar na medida em que, ele mesmo, se aflija por não conseguir se afligir suficientemente (por conseguinte, o sofrimento não lhe pode, então, vir inteiramente do coração). Como disse o falecido Hamann, esta "viagem aos infernos do autoconhecimento pavimenta, assim, o caminho à apoteose"[lxxiii]. Justamente após este ardor da expiação ter atingido seu ponto culminante abre-se a *brecha* e o régulo[lxxiv] dos *renascidos* brilha dentre as escórias que, de fato, os envolvem, mas que não os contaminam, prontos para o uso aprazível a Deus em uma boa conduta de vida. – Esta mudança radical inicia, assim, com um *milagre* e termina com aquilo que usualmente costuma-se reputar como natural, pois prescrito pela *razão*, a saber, uma conduta de vida moralmente boa. Porém, como não se pode /, mesmo no voo mais alto de uma imaginação misticamente entoada, absolver o homem de toda sua atividade própria, sem fazer completamente dele uma máquina, então a instada *prece* veemente é aquilo que ainda se lhe incumbe fazer (desde que ela possa, em geral, valer como uma ação) e, unicamente a partir disto, prometer a si mesmo aquele efeito sobrenatural; com isso, no entanto, também entra em cena o escrúpulo: de que a prece, como se diz, não pode ser atendida a não ser que aconteça na fé, mas a própria fé é um efeito da graça, i.e., algo ao qual o homem não é capaz de chegar pelas suas próprias forças, sendo levado a cair em um círculo com seus meios para a graça e, ao final, não sabe propriamente como haveria de abordar a coisa.

De acordo com a opinião da *segunda* seita, o primeiro passo que o homem, o qual se torna consciente de sua constituição pecaminosa, dá para o melhor ocorre mesmo naturalmente, através da *razão*, a qual, ao confrontá-lo, na lei moral, com o espelho no qual ele nota sua torpeza, utiliza a disposição moral para o bem a fim de levá-lo à resolução de, doravante, fazer dela a sua máxima: mas a realização deste intento é um *milagre*. Ele desvia-se, com efeito, da bandeira do mau espírito e endorsa a do bom, o que é uma coisa fácil. Ora, mas permanecer nesta, não cair outra vez no mal e sim progredir sempre mais no bem, eis aí uma coisa para a qual ele não está capacitado de maneira natural, mais ainda, nada menos é exigido do que o sentimento de uma comunidade sobrenatural, e até mesmo a consciência de um contato contínuo com um espírito celestial; com isso, entre ele e o último não pode certamente faltar, de um lado, o degredo e, de outro, o pedido de perdão; no entanto, sem que haja de se recear de uma dissociação ou recaída (para fora da graça): se ele apenas tiver cautela em cultivar ininterruptamente este contato, que é, ele próprio, uma prece contínua.

Ora, aqui está proposta uma dupla teoria mística do sentimento como chave para a tarefa de tornar-se um novo homem, a qual não tem a ver com o *objeto* e com os fins de toda religião (a conduta de vida aprazível a Deus, pois com isto concordam ambas as partes), mas com as condições *subjetivas* sob as quais unicamente adquirimos força para levar, em nós, aquela teoria à realização; com isso, então, não pode se tratar de virtude (que seria um nome vazio), mas apenas da *graça*, pois ambos partidos se unem em que / desse modo, isso não pode ocorrer naturalmente, mas se separam novamente um do outro, pois uma parte tem de travar um combate *terrível* com o espírito mau para se livrar de sua violência, porém a outra parte considera que isso é desnecessário e até mesmo torpe, enquanto sacralização mediante obras, já que, isto sim, ela conclui diretamente uma aliança com o espírito bom, porque a aliança anterior com o mau (enquanto *pactum turpe*) não pode gerar, em contrapartida, qualquer interpelação; assim, a partir de sentimentos tão contrastantes entre os dois partidos, a renascença, enquanto uma revolução radical no estado da alma que, de uma vez por todas, se processa sobrenaturalmente, bem haveria de tornar exteriormente discernível uma diferença de seitas[52].

3) *A prova*: de que, se ocorrer o que é exigido no n. 2, a tarefa do n. 1 será resolvida. – Esta prova é impossível. Pois o homem

---

52. Qual fisionomia nacional poderia ter um povo inteiro que (se tal fosse possível) tivesse sido educado em uma dessas seitas? Pois não é de se duvidar que alguma se apresentaria: porque impressões sobre o ânimo frequentemente repetidas e contra sua natureza, expressas em gestos e no tom da linguagem, deixam o semblante, ao final, com marcas faciais permanentes. Faces beatas ou abençoadas, como as designaria o Sr. Nikolai, devem ser diferenciadas das de outros povos civilizados e inteligentes (não que lhes seja uma vantagem), pois são uma caricatura da piedade. Mas não foi o desprezo pela piedade que fez o nome de pietista ser denominação de uma seita (à qual sempre se vincula um certo desprezo) mas sim sua fantástica e orgulhosa pretensão, apesar da aparência de humildade, de autodenominar-se filhos do céu sobrenaturalmente favorecidos, embora a sua conduta, tanto quanto se possa ver, não indica nenhuma melhora moral em comparação com os que chamam de filhos do mundo.

teria que provar que nele tenha se processado uma experiência sobrenatural, a qual é uma contradição em si mesma. Poderia, em todo caso, ser admitido que o homem tivesse feito em si uma experiência (p. ex., de uma nova e melhor determinação da vontade) de uma mudança que ele não saberia explicar de outro modo a não ser através de um milagre, portanto, uma experiência de algo sobrenatural. Mas uma experiência da qual jamais se poderia convencer que de fato é experiência, porque ela (enquanto sobrenatural) não pode ser remetida a nenhuma regra da natureza de nosso entendimento e ser, assim, comprovada, é uma interpretação de certas sensações das quais não se sabe o que se deveria fazer, se elas, enquanto pertencentes ao conhecimento possuirão um objeto efetivo, ou se serão meros delírios. Querer / *sentir* a influência imediata da divindade como tal é uma pretensão que contradiz a si mesma, porque sua ideia reside apenas na razão. – Eis aqui, portanto, uma tarefa, junto com sua solução, sem qualquer prova possível; também a partir disso nunca algo de racional poderá ser feito.

Ora, importa ainda inquirir se a Bíblia não contém um outro princípio, que não os aduzidos pelas duas seitas, para a solução daquele problema de Spener; princípio que possa substituir a infertilidade do princípio eclesial da mera ortodoxia. De fato, não somente salta aos olhos que ele há de ser encontrado na Bíblia, mas também é conclusivamente certo que apenas através deste princípio, e da Cristandade nele contida, este livro pôde ter adquirido uma esfera eficiente tão ampliada e uma influência duradoura sobre o mundo; um efeito que nenhuma doutrina da revelação (como tal), nenhuma fé no milagre, nenhuma voz uníssona de muitos adeptos teria produzido, porque ele não teria sido criado a partir da alma do próprio homem e sempre teria de lhe permanecer estranho.

Há mesmo algo em nós com o qual nunca deixaremos de nos maravilhar se o tivermos uma vez diante dos olhos, e isto é ao mesmo tempo aquilo o que, na ideia, eleva a *humanidade* a uma dignidade que não haveria de se presumir no *homem* enquanto objeto da experiência. Não é de se admirar que nós sejamos seres submetidos às leis morais e determinados pela nossa razão a sua observação, mesmo com o sacrifício de todas as comodidades da vida com ela conflitantes, porque reside objetivamente na ordem natural das coisas, enquanto objetos da razão pura, obedecer àquelas leis: sem que ocorra, sequer uma vez, ao entendimento comum e sadio, questionar de onde nos haveriam de vir essas leis, para talvez postergar seu cumprimento até que saibamos sua origem, ou até mesmo duvidar de sua verdade. – Mas que também tenhamos a *capacidade* de fazer, com nossa natureza sensível, grandes sacrifícios à moral, e que igualmente *possamos* aquilo que fácil e claramente concebemos que *devemos*, esta supremacia do homem *suprassensível* em nós sobre o *sensível*, aquele contra o qual o último (quando se chega ao conflito) *nada* é, ainda que este seja, aos seus próprios olhos, *tudo*, esta disposição moral em nós, indissociável da humanidade, é um objeto do mais alto *maravilhamento*, que / tanto mais alto se eleva quanto mais longamente considere-se este verdadeiro (não ficcionado) ideal: de sorte que deve-se mesmo desculpar aqueles que, desorientados pela sua incompreensibilidade, tomam este *suprassensível* em nós, justamente por ser prático, por *sobrenatural*, i.e., por algo que sequer está em nosso poder e que não nos pertence propriamente, mas o tomam, muito mais, pela influência de um espírito outro e superior; nisto erram grandemente: porque, desse modo, o efeito desta capacidade não seria feito nosso, por conseguinte, não nos poderia ser imputado e, assim, a capacidade para tanto não seria a nossa. – A utilização da ideia desta capacidade, que habita em nós de maneira incompreensível, e sua implantação no coração desde a mais tenra juventude, e ulteriormente em exposições públicas, contém a genuína solução daquele problema (do novo homem), e mesmo a Bíblia parece não ter tido outra coisa em vista, a saber, aludir não a experiências sobrenaturais e a sentimentos fanáticos que deveriam, em vez da razão, efetuar esta revolução: mas ao espírito de Cristo para que, tal como Ele mostrou em doutrinas e exemplos, o fizéssemos o nosso ou, mais ainda, para apenas lhe providenciar espaço, uma vez que ele já reside em nós com a disposição moral originária. E, assim, entre o *ortodoxismo*[cxxv] desalmado e o *misticismo* que mata a razão, a doutrina bíblica da fé, tal como pode ser desenvolvida a partir de nós mesmos mediante a razão, que com força divina atua no coração de todos os homens para seu melhoramento fundamental, e que os une em uma Igreja universal (embora invisível), é a verdadeira doutrina da religião, fundada no *criticismo* da razão prática.

* * *

O que, porém, propriamente importa nesta observação é a resposta à pergunta: se o governo pode bem conceder a uma seita de fé sentimental a sanção de uma Igreja; ou, não honrando, no entanto, esta prerrogativa, se ele pode tolerá-la e protegê-la, sem que aja contra seu próprio propósito.

Caso seja permitido admitir (como se pode fazer com razão) que não é assunto do governo preocupar-se com a beatitude futura dos súditos e lhes assinalar o caminho para tanto (pois isto ele deve certamente deixar aos próprios súditos, tal como, aliás, mesmo o regente habitualmente retira sua / própria religião do povo e de seus professores): então seu propósito só pode ser, também através deste meio (a fé eclesial), ter súditos condutíveis e moralmente bons.

Para este fim, primeiramente, não será sancionado *Naturalismo*[lxxvi] (fé eclesial sem Bíblia) algum, porque com ele não haveria qualquer forma eclesial submetida à influência do governo, o que contradiz o pressuposto. – A ortodoxia bíblica seria, portanto, aquela à qual o governo vincularia os professores públicos do povo, a respeito da qual, por seu turno, eles ficariam subordinados ao ajuizamento das faculdades das quais procedem, porque, de outro modo, surgiria um clericalismo, i.e., um domínio dos operários[lxxvii] da fé eclesial, a comandar o povo segundo seus propósitos. Mas pela sua autoridade não se corroboraria o *ortodoxismo*, i.e., a opinião de que a fé eclesial é suficiente para a religião: porque esta opinião faz dos princípios naturais da moralidade coisas secundárias, mesmo ela sendo o esteio principal com o qual o governo tem de poder contar, caso ele deva depositar confiança em seu povo[53]. Finalmente, o que o governo menos pode é elevar

---

53. O que apenas deveria interessar para o Estado, em assuntos de religião, é: como garantir que com os professores desta ele tenha cidadãos úteis, bons soldados e súditos no

o misticismo, enquanto opinião do povo de poder tornar-se partícipe da própria inspiração sobrenatural, ao grau de fé pública da Igreja, porque ele não tem nada de público e, portanto, se elude inteiramente da influência do governo.

61 / *Conclusão de paz e conciliação do conflito das faculdades*

Em situações de conflito, que concernem simplesmente à razão pura, mas prática, a Faculdade de Filosofia tem a prerrogativa, sem contestação, de fazer a exposição e, no que se refere ao aspecto formal, *instruir* o processo; mas no que tange ao aspecto material é a de Teologia que está em posse de ocupar a cátedra, a qual designa a precedência, não porque ela possa, nas coisas da razão, reclamar algo com maior discernimento do que as demais, mas sim porque se refere ao mais importante dos assuntos humanos e leva, por isso, o título de faculdade *suprema* (ainda que apenas prima inter pares). – Porém, ela não fala segundo leis da religião racional, pura e cognoscível *a priori* (pois, então, ela se rebaixaria e descenderia à bancada filosófica), mas segundo prescrições de fé *estatutárias*, contidas em um livro preferencialmente denominado *Bíblia*, i.e., em um Codex da revelação de uma antiga e nova aliança, concluída há muitas centenas de anos, dos homens com Deus; cuja autenticidade, enquanto uma fé histórica (não exatamente a da fé moral; pois esta poderia ser também extraída da Filosofia), há de ser esperada certamente mais do efeito que a leitura da Bíblia pode ter no coração dos homens do que das provas estabelecidas mediante exame crítico das doutrinas e narrativas

---

geral confiáveis. Ora, se optar pela imposição da ortodoxia de doutrinas estatutárias da fé e mesmo de sacramentos correspondentes, ele pode se dar mal. Pois a adoção destes estatutos é uma coisa fácil, mais fácil ainda para o homem de pensamento mais perverso do que para o bom; ao contrário, a melhora moral da intenção exige um longo esforço, ele no entanto, ensinado a esperar sua beatitude pelos primeiros meios, não deveria ter lá grande preocupação se transgredir seu dever (mas com cuidado), porque teria à mão um meio infalível de escapar da justiça punitiva divina (desde que não se atrase muito) através da fé rigorosa em todos os segredos e uso insistente dos sacramentos. Ao contrário, se aquela doutrina da Igreja já estivesse precisamente orientada para a moralidade, o juízo de sua consciência moral seria totalmente outro, a saber: tudo de mal que ele fizesse e não conseguisse reparar, teria que responder perante um futuro juiz e nenhum meio eclesiástico, nenhuma fé extraída pela angústia, nem tais orações, poderiam mudar esse destino (*desine fata deum, flecti sperare precando*). Ora, com qual tipo de fé estará o Estado mais seguro?

ali contidas, e cuja *exegese* também não é cedida à razão natural dos laicos, mas somente à perspicácia dos eruditos da Escritura[54].

/ A fé bíblica é uma fé histórica *messiânica*, à qual subjaz um livro da aliança de Deus com Abraão[lxxviii], e que consiste em uma fé eclesial *mosaísta*-messiânica e uma *evangélico*-messiânica, que conta tão completamente a origem e o destino do povo de Deus que parte daquilo que na história do mundo em geral é primevo, e ao qual nenhum homem compareceu, ou seja, o começo do mundo (no Gênesis), e persegue esta história até o fim de todas as coisas (no Apocalipse) – o que de certo não seria de se esperar de nenhum outro, que não um autor divinamente inspirado; – com isso, no entanto, se apresenta uma dúbia cabala de números em relação às épocas mais importantes da cronologia sagrada, o que haveria de enfraquecer bastante a fé na autenticidade desta *narrativa histórica* bíblica[55].

---

54. Para a fé eclesial, no sistema católico romano, este ponto (a leitura bíblica) traz mais consequências do que para os protestantes. O pregador reformado La Coste diz aos seus correligionários: "Bebei na própria fonte (a Bíblia) a palavra divina, onde a podeis tomá-la pura e sem falsificações; mas vós não podeis nela encontrar algo diferente ao que nós nela encontramos. Ora, caros amigos, dizei-nos logo o que encontrais na Bíblia, para evitar que o que nós mesmos encontramos nela seja, ao final, esclarecido por vós como uma exegese errada". A Igreja Católica, também quando diz a frase: "Fora da Igreja (a católica) não há salvação", é mais consequente do que a protestante, quando esta diz: mesmo o católico pode ser salvo. Bom, se é assim (como diz Bossuet) uma escolha mais segura é a primeira. Pois nenhum homem pode esperar ser mais salvo do que salvo.
55. São 70 meses apocalípticos (que são 4 neste ciclo), cada um com 29 anos e meio, o que dá 2065 anos. Destes deduzimos todo o quadragésimo nono ano, como ano do grande repouso (que neste período são 42): restam exatamente 2023, como ano em que Abraão sai da Terra de Canaã, para onde havia sido enviado por Deus, e vai em direção ao Egito. A partir deste ponto até a tomada daquela Terra se passam 70 semanas apocalípticas (= 490 anos) que são totalizadas, multiplicadas por 4 (1960), e somadas com 2023 dão, de acordo com o cálculo do ano do nascimento de Cristo de P. Petau (= 3983) um valor tão exato que não lhe falta mesmo nenhum ano. 70 anos a partir desta data, ocorre a destruição de Jerusalém (outra época mística). Mas Bengel, *in ordine temporum*, p. 9, p. 218s., chega a 3939 como o número para o nascimento de Cristo? Bem, mas isto não altera nada da santidade dos *nummerus septenarios*. Pois o número de anos que vai do chamado de Deus para Abraão até o nascimento de Cristo é 1960, o que inclui 4 períodos apocalípticos, cada um com 490 anos ou também 40 períodos apocalípticos, cada um com 7 vezes 7 = 49 anos. Ora, extraindo de cada 49 anos um ano de repouso e de cada 490 um ano do maior repouso (no total 44) restam exatamente 3939. Portanto as contagens 3983 e 3939, dos anos do nascimento de Cristo são diferentes e assim se diferenciam: que a última é resultado da primeira com a dedução dos anos de repouso, contidos nas 4 grandes épocas. Segundo Bengel a tábua da história sagrada seria a seguinte:
2023 Promessa a Abraão da posse sobre Canaã
2502 A própria posse

63 / Um código da vontade divina *estatutária* (por conseguinte, proveniente de uma revelação), não extraído da razão humana, mas com ela, como razão moral-prática, completamente unissonante quanto ao fim derradeiro, a Bíblia, seria o órgão mais poderoso para a condução do homem e do cidadão ao bem temporal e eterno, caso ela pudesse apenas ser credenciada como palavra de Deus e ter sua autenticidade documentada. – Entretanto, a esta situação opõem-se muitas dificuldades.

Pois se Deus efetivamente falasse ao homem, este de fato jamais poderia *saber* que é Deus quem a ele fala. É absolutamente impossível que o homem abarque o infinito através de seus sentidos, lhe distinga dos seres sensíveis e, através disto, *reconheça*-o. – Que, entretanto, possa *não* ser Deus aquele cuja voz ele acredita ouvir, disto ele bem pode, em alguns casos, se convencer; pois quando aquilo que lhe é proibido por esta voz é contrário à lei moral, então, por mais majestático que se lhe afigure o fenômeno, ultrapassando toda a natureza: ele deve, no entanto, tomá-lo por ilusão[56].

A credenciação da Bíblia, enquanto fé evangélico-messiânica que serve como norma na doutrina e no exemplo, não pode ser extraída da erudição divina de seus autores (pois sempre foi um homem exposto ao erro possível), mas tem de se considerar que é extraída do efeito de seu conteúdo sobre a moralidade do povo, mediante professores que vêm do próprio povo, enquanto em si idiotas (em coisas científicas), portanto, como extraída da fonte

---

2981 Consagração do primeiro templo
3460 Ordem para erigir o segundo templo
3939 Nascimento de Cristo

O ano do dilúvio também pode ser calculado a priori. A saber: 4 épocas de 490 (= 70 x 7) anos o que perfaz 1960. Subtrai-se daí todo o sétimo ano (= 280) e restam 1680. Destes 1680 subtraímos os períodos de 70 considerados (= 26) e fica 1656 como o ano do dilúvio. E deste para a chamada de Abraão por Deus se contam 366 anos completos, sendo um deles bissexto. O que podemos dizer a partir disto? Os números sagrados, de alguma forma, determinaram o curso do mundo? – O *Cyclus iobilaeus* de Frank se move também no entorno deste ponto central da cronologia mística.

56. O mito do sacrifício de Abraão pode ser usado como exemplo, sob o comando de Deus ele deveria abater e queimar seu próprio filho (e a pobre criança trouxe, sem saber, até mesmo a lenha para isto). Abraão deveria ter respondido a esta presumida voz divina: "É totalmente certo que eu não deveria matar meu bom filho; mas que tu, que me apareces sejas Deus, não é certo e nem pode vir a ser", mesmo que esta voz viesse (visível) através de raios do céu.

pura da religião racional universal, que habita em todo homem comum, a qual justamente através desta simplicidade, / deverá ter a mais ampla e poderosa influência sobre seu coração. – A Bíblia foi veículo dela que deu, por meio de certas prescrições estatutárias, uma *forma* ao exercício da religião na sociedade civil, como a de um governo, e a autenticidade deste código como divina (do conceito mais geral de todos os nossos deveres como mandamentos divinos) credencia-se, assim, e documenta-se a si mesma no que concerne ao seu espírito (o moral); mas, no que tange sua letra (o estatutário), os estatutos deste livro não requerem qualquer credenciação, porque eles não pertencem ao essencial (principale), mas somente ao que lhe é contíguo (*accessorium*). – Fundar, porém, a origem deste livro na inspiração de seus autores (*deus ex machina*), a fim de também santificar seus estatutos inessenciais, deve antes enfraquecer a confiança em seu valor moral do que fortalecê-la. 64

    A certificação de um tal escrito como divino não pode ser derivada de qualquer narrativa histórica, mas apenas de sua força comprovada de fundar a religião no coração dos homens e, caso ela se corrompesse por vários estatutos (antigos ou novos), de a reestabelecer em sua pureza através de sua própria simplicidade, obra esta que não cessa, portanto, de ser um efeito da *natureza* e uma consequência da cultura moral em progressão no curso universal da *providência* e, como tal, demanda ser explicada, para que a existência deste livro não seja atribuída *incredulamente* ao mero acaso ou, *supersticiosamente*, a um *milagre*, deixando, em ambos os casos, a razão a ver navios.

    A conclusão disto é apenas esta:

    A Bíblia contém em si mesma um fundamento de credenciação, suficiente no propósito prático, de sua divindade (moral) através da influência que desde sempre ela, como texto de uma doutrina sistemática da fé, exerce sobre o coração dos homens, tanto na exposição catequética como na homilética, para a conservar como órgão não somente da universal e íntima religião racional, mas também como legado (Novo Testamento) de uma doutrina estatutária da fé, que serve de fio condutor por tempos imensuráveis: mesmo que, sob uma consideração teórica, bem lhe possa faltar muito ou pouco em fundamentos comprobatórios para eruditos que inquirem teórica e historicamente sua origem, e para o tratamento crítico de sua história. – A *divindade* de seu conteúdo moral / recompensa suficientemente a razão pela humanidade da narrativa histórica que, aqui e acolá ilegível como um velho pergaminho, tem de tornar-se compreensível através de acomodações e conjecturas na concatenação com o todo, e justifica bem, com isso, a proposição: de que a Bíblia, *tal como se fosse uma revelação divina*, mereça ser conservada, utilizada moralmente e subordinada à religião como seu veículo.

A petulância dos grandes gênios que já agora se imaginam acima destas cordas condutoras da fé eclesial, quer fanatizem como teofilantropos em igrejas públicas para tanto construídas, quer como místicos pela lâmpada das revelações internas, logo faria o governo se arrepender pela sua indulgência em ter negligenciado este grande meio de instituição e condução da ordem e da tranquilidade civil, tendo-o deixado em mãos imprudentes. – Também não é de se esperar que, caso a Bíblia que temos venha perder o crédito, uma outra emergisse em seu lugar; pois milagres públicos não se realizam uma segunda vez na mesma coisa: porque o fracasso do anterior, a propósito da duração, dirime toda a fé no posterior; – no entanto, por outro lado, não há de se acatar o alarido dos *alarmistas* (o reino está em perigo) se, em certos estatutos da Bíblia que concernem mais às formalidades do que ao teor interno da fé, alguma coisa devesse mesmo ser repreendida aos seus autores: porque a proibição do exame de uma doutrina é contrária à liberdade de crença. – Que uma fé histórica seja, porém, um dever e que pertença à beatitude, tal é uma superstição[57].

---

57. Superstição é a tendência de ter mais confiança em uma forma não natural de pensar as coisas do que permitir a sua explicação a partir das leis da natureza – sejam físicas ou morais. Pode-se então lançar a pergunta: se é a fé na Bíblia (como empírica), ou ao contrário à moral (razão pura como fé religiosa), que deve servir como fio condutor para o professor; com outras palavras: é a doutrina de Deus porque ela está na Bíblia, ou ela está na Bíblia porque é de Deus? A primeira proposição é visivelmente inconsequente: porque para provar o caráter divino da doutrina tem que ser pressuposto que o livro é visto como divino. Portanto apenas a segunda proposição pode ser aceita, no entanto realmente não é passível de nenhum tipo de prova (*Supernaturalium non datur scientia*). Aqui temos um exemplo. Os discípulos da fé mosaico-messiânica viram suas esperanças com a aliança entre Deus e Abraão se dissiparem totalmente a partir da morte de Cristo (esperávamos que Ele libertasse Israel); pois só os filhos de Abraão tinham a salvação prometida em sua Bíblia. Ora, aconteceu que, quando os discípulos estavam

/ Da *arte exegética* bíblica (hermeneutica sacra), já que não pode ser abandonada aos laicos (pois ela concerne a um sistema científico), somente é permitido, em relação àquilo que é estatutário na religião, que se exija: que o exegeta declare se sua sentença deve ser entendida como *autêntica* ou como *doutrinal*. – No primeiro caso, a exegese tem de ser literalmente (filologicamente) conforme ao sentido do autor; no segundo, porém, o escritor[lxxix] tem a liberdade de imputar à passagem (filosoficamente) aquele sentido que, com propósito moral-prático (para a edificação do discípulo), ela assume na exegese[lxxx]; pois a fé em uma proposição meramente histórica está, em si mesma, morta. – Ora, o primeiro caso bem pode ser suficientemente importante, segundo certo propósito pragmático, para os eruditos da Escritura e, indiretamente, também para o povo, mas o fim próprio da doutrina da religião, formar homens moralmente melhores, pode com isso não apenas falhar, como até mesmo ser inibido. – Pois os escritores sagrados podem, como homens, também ter errado (caso não se admita um milagre que continua incessantemente ao longo da Bíblia) como, p. ex., São Paulo com sua escolha pela graça, a qual ele transpõe, ingenuamente, da doutrina mosaísta-messiânica da Escritura para a evangélica, ainda que ele se encontre em um grande embaraço devido à incompreensibilidade da condenação de certos homens mesmo ainda antes de terem nascido; e, desse modo, caso se admita a hermenêutica dos eruditos da Escritura como revelação da qual o / exegeta participa continuamente, tem-se que constantemente prejudicar a divindade da religião. – Portanto, a exegese *doutrinal*, a qual não demanda (empiricamente) saber qual sentido o autor divino poderia ter ligado às suas pala-

---

reunidos na Festa de Pentecostes, um deles teve uma feliz ideia, bem coerente com a sutil arte exegética judaica, de que os pagãos (gregos e romanos) também poderiam ser considerados como admitidos nesta aliança, desde que acreditassem no sacrifício que Abraão faria, com seu único filho, por Deus (como símbolo do sacrifício feito pelo próprio salvador da terra), pois assim seriam filhos de Abraão na fé (primeiramente com a circuncisão e depois mesmo sem ela). Não é de se admirar que esta descoberta, que em meio a uma grande assembleia abriu uma grande perspectiva, tenha sido recebida com muito júbilo, vista como ação direta do Espírito Santo, e considerada como um milagre, sendo assim incluída na história bíblica (Apóstolos); mas crer nisso como um fato da fé e impor esta fé como razão natural humana não pertence à religião. Portanto o que, através do medo, impõe a obediência, nesta perspectiva de fé eclesial, como necessária para a beatitude, é uma superstição.

vras, mas sim qual doutrina a razão (*a priori*), sob consideração moral, pode imputar como texto da Bíblia, por ocasião de um versículo, é o único método evangélico-bíblico para o ensinamento do povo na religião verdadeira, interior e universal, a qual se distingue da fé particular da Igreja como fé histórica; com isso, então, tudo se passa com honestidade e abertamente, sem ilusão, já que, inversamente, o povo, *iludido* em seu propósito (que tem de ter) com uma fé histórica que nenhum de seus membros é capaz de demonstrar, em vez da fé moral (a única beatificante), que todos compreendem, pode acusar seu professor.

A propósito da religião de um povo que foi ensinado a honrar uma Escritura Sagrada, sua exegese doutrinal, a qual se refere ao seu (do povo) interesse moral – da edificação, melhoria moral e, assim, da beatificação –, é igualmente autêntica: i.e., Deus quer ver assim compreendida sua vontade revelada na Bíblia. Pois aqui não se trata de um governo civil, que mantém o povo sob disciplina (politicamente), mas de um governo que tem por fim o íntimo da intenção moral (por conseguinte, divino). O Deus que fala mediante nossa própria razão (moralmente-prática) é um exegeta infalível, universalmente compreensível, desta sua palavra, e também não pode haver, em absoluto, qualquer outro exegeta credenciado de sua palavra: porque religião é um puro assunto da razão.

* * *

E, assim, os teólogos da faculdade têm sobre si o dever, portanto, também a competência, de manter de pé a fé bíblica: a despeito, porém, da liberdade dos filósofos de submetê-la, a todo momento, à crítica da razão, os quais, no caso de uma ditadura (do Édito de Religião) ser concedida, por pouco tempo, àquela faculdade superior, melhor se salvaguardam através da fórmula solene: *Provideant consules, ne quid respublica detrimenti capiat* [lxxxi].

/ *Apêndice a questões histórico-bíblicas sobre a utilização prática e o tempo presumível de perpetuação deste livro sagrado*

68

Que, em toda mudança das opiniões, este livro sagrado permanecerá por muito tempo bem reputado, é o que a sabedoria do governo afiança, como aquele cujo interesse está estreitamente vinculado com o que concerne à concórdia e à tranquilidade do povo em um Estado. Porém, garantir-lhe a eternidade ou mesmo, quiliasticamente[lxxxii], deixá-lo sobrevir a um novo Reino de Deus na Terra, ultrapassa toda a nossa capacidade de prognosticar. – O que aconteceria, desse modo, se a fé eclesial tivesse que prescindir deste grande meio da condução do povo?

Quem é o redator dos livros bíblicos (do Antigo e do Novo Testamento), e em que tempo o cânon foi constituído?

Serão os conhecimentos de filologia antiga sempre imprescindíveis para a conservação de uma norma de fé que já foi uma vez admitida, ou estará a razão algum dia em posição de orientar, por si mesma, o uso desta norma para a religião, com consenso universal?

Tem-se documentos suficientes da autenticidade da Bíblia, segundo a assim chamada septuaginta[lxxxiii], e de que tempo pode-se datá-la com certeza? etc.

O uso prático, principalmente público, deste livro em pregações é, sem dúvida, aquele que contribui para o melhoramento do homem e para a vivificação de seus móbiles morais (para a edificação). Todo outro propósito deve ficar de lado, caso eles entrem em colisão. – É de se admirar de esta máxima poder ainda ter sido posta em dúvida, e de que um tratamento *parafrásico*, mesmo que não preferido ao *parenético*[lxxxiv], devesse, não obstante, tê-lo ao menos obscurecido. O que deve prover a orientação para a exposição ao povo não é a erudição na Escritura, e o que mediante ela se pode *retirar* da Bíblia através de conhecimentos filológicos, os quais são frequentemente apenas conjecturas malogradas, mas sim aquilo que se *insere* nela com um modo moral de pensamento (portanto, segundo o espírito de Deus) e com doutrinas que nunca podem enganar, nem deixar de ter um efeito salutar: ou seja,

69 tratar / o texto *apenas* (ao menos *principalmente*) como ocasião para tudo o que, podendo ser aí pensado, melhora os costumes, sem que se permita investigar o que os próprios autores sagrados poderiam ter aí em mente. – Uma pregação (como todas devem ser) orientada, como fim derradeiro, para a edificação deve desenvolver os ensinamentos a partir dos *corações* dos ouvintes, ou seja, a partir da disposição moral natural, mesmo do homem mais ignorante, caso a intenção que assim se efetiva deva ser pura. Os *testemunhos* da Escritura que se vinculam com isto também não devem ser argumentos históricos que confirmem a verdade dessas doutrinas (pois a razão moralmente ativa não necessita deles para tanto e o conhecimento empírico não é capaz disso), mas meramente exemplos da aplicação dos princípios práticos da razão a fatos da história sagrada, para tornar a sua verdade mais intuitiva; o que, porém, também é uma vantagem muito apreciável para o povo e para o Estado em toda a Terra.

* * *

Apêndice [lxxxv] sobre uma mística pura na religião[58]

Aprendi, a partir da *Crítica da razão pura*, que Filosofia não é algo como uma ciência das representações, conceitos e ideias, nem uma ciência de todas as ciências, ou mesmo algo semelhante; mas uma ciência do homem, do seu representar, pensar e agir; – ela deve apresentar o homem de acordo com todas as suas partes constituintes, como ele é e como deve ser, i.e., tanto segundo suas determinações naturais como também segundo as suas relações de moralidade e de liberdade. Ora, aqui a Filosofia Antiga atribuiu ao homem um ponto de vista totalmente incorreto no mundo, no

---

58. Em uma carta de Carol. Arnold. Willmans, adicionada a sua dissertação (De similitudine inter Mysticismum purum et Kantianam religionis doctrinam. Auctore Carol. Arnold. Willmans, Bielefelda-Guestphalo, Halis Saxonum 1799), que eu apresento aqui com sua permissão, omitindo as colocações cortesãs de introdução e de conclusão, a qual caracteriza este jovem homem, que agora se dedica à ciência médica, como alguém de quem se pode esperar muito também em outros ramos da ciência. Ao fazê-lo, contudo, não quero dizer que admito incondicionalmente a semelhança do meu modo de representação com o seu.

qual fez dele neste mesmo mundo uma máquina que, como tal, deveria ser inteiramente dependente do mundo ou das coisas exteriores e das circunstâncias; ela fez do homem, portanto, quase uma / parte meramente passiva do mundo. – Agora a *Crítica da Razão* foi publicada e determinou para o homem uma existência inteiramente *ativa*. O próprio homem é originariamente criador de todas as suas representações e conceitos, e deve ser o único autor de todas as suas ações. Aquele "é" e este "*deve*" conduzem a duas destinações totalmente diferentes do homem. A partir daí notamos também duas partes por completo heterogêneas no homem, quais sejam, de um lado sensibilidade e entendimento e, de outro, razão e vontade livre; partes que se diferenciam muito essencialmente uma da outra. Na natureza tudo *é* – nela não se trata de nenhum *deve*; mas sensibilidade e entendimento sempre intencionam apenas determinar o que é e como é; assim, eles devem ser destinados para a natureza, para este mundo terreno, e, portanto, pertencem a ele. A razão quer incessantemente adentrar o suprassensível, para ver como ele *poderia ser* constituído bem além da natureza sensível: desse modo, ainda que uma capacidade teórica, ela parece, contudo, não ser de modo algum destinada para essa sensibilidade. A vontade livre, porém, de fato consiste em uma independência das coisas exteriores, as quais não devem ser para o homem móbiles do agir; assim, menos ainda ele pode pertencer à natureza. Mas onde, então? O homem deve ser destinado para dois mundos completamente diferentes: primeiramente para o reino dos sentidos e do entendimento, portanto para este mundo terreno; mas, então, também para um outro mundo que não conhecemos, para um reino da moral.

No que concerne ao entendimento, este já está por si restringido, mediante sua forma, a este mundo terreno, pois ele consiste meramente em categorias, i.e., modos de exteriorização que podem se referir somente a coisas sensíveis. Suas fronteiras lhe são precisamente fixadas, portanto. Onde as categorias terminam, aí termina também o entendimento, porque são elas que primeiro o formam e o compõem. (Uma prova para a destinação meramente terrena ou natural do entendimento parece-me ser também esta: que encontramos, tomando em consideração os poderes do entendimento, uma gradação na natureza, do homem mais esperto à besta mais burra – já que podemos, isto sim, ver o instinto também como um tipo de entendimento, na medida em que a vontade livre não pertence ao mero entendimento.) Mas este não é o caso na consideração da moralidade, a qual termina ali onde a humanidade termina, e que é originariamente a mesma coisa em todos os homens. Assim, o entendimento deve pertencer somente à natureza e, se o homem tivesse apenas entendimento, sem razão e sem vontade livre ou moralidade, ele não se distinguiria em nada das bestas e talvez ficasse meramente no topo da escala / delas; mas, ao contrário, em posse da moralidade enquanto ser livre ele é inteira e essencialmente diferente das bestas, mesmo da mais esperta (cujo instinto atua frequentemente de modo mais claro e determinado do que o entendimento do homem). – Este entendimento, entretanto, é uma capacidade completamente ativa do homem; todas as suas representações e seus conceitos são apenas *suas* criações: o homem pensa originariamente com o seu entendimento e, assim, cria para si *seu* mundo. Coisas externas são apenas causas ocasionais da atuação do entendimento: incitam-no à ação e o produto desta ação são representações e conceitos. Portanto, as coisas às quais estas representações e estes conceitos se referem não podem ser aquilo que nosso entendimento representa, pois ele apenas pode criar representações e seus objetos, mas não coisas efetivas, i.e., as coisas são impossíveis de serem conhecidas, através de representações e conceitos do entendimento como tal, como poderiam ser em si. As coisas que nossos sentidos e nosso entendimento apresentam são nelas mesmas, antes, apenas fenômenos, i.e., objetos dos nossos sentidos e do nosso entendimento que são o produto da convergência das causas ocasionais e da atuação do entendimento; coisas que, entretanto, não são por isso mera aparência, mas que podemos considerar para nós, na vida prática, como coisas efetivas e como objetos das nossas representações, precisamente porque devem supor as coisas efetivas como aquelas causas ocasionais. A ciência da natureza fornece um exemplo. Coisas externas atuam sobre um corpo capaz de ação e incitam-no, por este meio, à ação – o produto disso é a vida. – Mas o que é a vida? Reconhecimento físico de sua existência no mundo e de sua relação com as coisas externas; o corpo vive na medida em que ele reage às coisas externas, considera-as como seu mundo e utiliza-as para o seu fim, sem que se aflija ulteriormente com sua essência. Sem coisas externas este corpo não seria um corpo vivente, e sem a capacidade para a ação do corpo as coisas externas não seriam seu mundo. O mesmo ocorre com o entendimento. Somente através de sua convergência com as coisas externas surge este seu mundo; sem elas, ele estaria morto – sem entendimento, porém, não haveria representações, sem representações não haveria quaisquer objetos e, sem estes, não haveria este seu mundo; do mesmo modo, com outro entendimento existiria também outro mundo, o que se torna claro com o exemplo dos loucos. Portanto, o entendimento é criador de seus objetos e do mundo que neles consiste; mas de tal modo / que coisas efetivas são as causas ocasionais de sua ação e, desse modo, das representações.

Ora, com isto estes poderes naturais do homem se distinguem essencialmente da razão e da vontade livre. Certamente, ambas também constituem capacidades ativas, mas as causas ocasionais de sua ação não devem ser tomadas deste mundo dos sentidos. A razão, enquanto capacidade teórica, não pode, dessa maneira, ter nenhum objeto aqui; seus efeitos podem ser apenas ideias, i.e., representações da razão, às quais não correspondem quaisquer objetos, pois as causas ocasionais de sua ação não são coisas externas, mas apenas algo como um jogo do entendimento. Portanto, enquanto capacidade teórica especulativa, a razão não pode, de modo algum, ser utilizada aqui neste mundo sensível (e, consequentemente, porque mesmo que ela esteja como tal neste, deve ser destinada para um outro mundo), mas apenas como capacidade prática em prol da vontade livre. Ora, esta é mera e unicamente prática; o essencial da mesma consiste em que sua ação não deve ser reação, mas uma atividade pura objetiva, ou em que os móbiles de sua ação não devem coincidir com seus objetos; em que deve, desse modo, agir independentemente das representações do entendimento, porque tal dependência ocasionaria um tipo de operação pervertido e corrompido da mesma, como também deve agir independentemente das ideias da razão especulativa, pois estas, já que nada de efetivo lhes corresponde, poderiam facilmente provocar uma determinação da vontade falsa e infundada. Portanto, o móbil da ação da vontade livre deve ser algo que é fundado no ser interior do próprio homem e é inseparável da própria liberdade da vontade. Ora, essa é a lei moral, que nos arranca tão completamente da natureza e nos eleva sobre ela que nós, enquanto seres morais, não precisamos das coisas naturais para causas e móbiles da ação da vontade, nem as podemos considerar como objetos do nosso querer, em cujo lugar entra, antes, apenas a pessoa moral da humanidade. Aquela lei assegura-nos, desse modo, uma característica própria apenas ao homem e que o distingue de todas as demais partes da natureza, a moralidade, em virtude da qual somos seres independentes e livres, e a qual, por seu turno, é ela própria fundada mediante esta liberdade. – Esta moralidade, e não o entendimento, é o que primeiro faz do homem, homem, portanto. Não obstante o entendimento seja uma capacidade completamente ativa e, nesta medida, autossuficiente, ele precisa, entretanto, de coisas externas para a sua ação e, dessa maneira, / está ao mesmo tempo restringido a elas. Em sentido contrário, a vontade livre é completamente independente e deve ser determinada unicamente através da lei interior: i.e., apenas através do homem ele mesmo, enquanto se elevou à sua dignidade originária e à independência de tudo aquilo o que não é a lei. Se sem estas suas coisas externas este nosso entendimento nada seria, ou ao menos não seria *este* entendimento, a razão e a vontade livre permanecem as mesmas, seja qual for sua esfera de atuação. (Dever-se-ia poder aqui, com alguma verossimilhança, tirar a conclusão certamente hiperfísica: "que com a morte do corpo humano também este seu entendimento, com todas as suas representações terrenas, seus conceitos e conhecimentos, morre e desaparece, pois este entendimento só é utilizável para coisas terrenas e sensíveis e, tão logo o homem queira se alçar ao suprassensível, cessa imediatamente todo uso do entendimento e ingressa, por outro lado, o uso da razão"? Esta é uma ideia que mais tarde encontrei também nos místicos, mas pensada apenas obscuramente, não asseverada, e que com certeza contribuiria para a consolação e, talvez, também para o melhoramento moral de muitos homens. O entendimento depende tão pouco do próprio homem quanto o corpo. Consola-se com uma compleição corporal defeituosa porque se sabe que ela não é nada de essencial – um corpo bem-constituído só tem prerrogativas aqui na Terra. Supondo que a ideia de que isso também ocorresse com o entendimento fosse universal, tal não seria benéfico para a moralidade dos homens? A mais nova doutrina da natureza do homem se harmoniza muito bem com essa ideia, já que ela considera o entendimento meramente como algo dependente do corpo e como um produto da atuação cerebral. Veja-se os escritos fisiológicos de *Reil* [lxxxvi]. Mesmo as opiniões antigas sobre a materialidade da alma poderiam, deste modo, ser reconduzidas a algo de real.)

O decurso subsequente da investigação crítica das capacidades da alma humana coloca a questão natural: a ideia da razão, inevitável e irreprimível, de um autor do universo e, portanto, de nós mesmos e da lei moral, tem porventura um fundamento válido, já que todo fundamento teórico é, segundo sua natureza, inapto para a consolidação e asseguramento dessa ideia? Daqui surge a tão bela prova moral para a existência de Deus, que para cada qual, mesmo que não quisesse, deve ser secretamente clara e suficientemente comprobatória. A partir da ideia de um criador do mundo estabelecida mediante ela proveio, por fim, a ideia prática de um legislador / moral universal para todos os nossos deveres, como autor da lei moral que habita em nós. Esta ideia oferece ao homem um mundo inteiramente novo. Ele se sente criado para um outro reino que aquele dos sentidos e do entendimento – a saber, para um reino moral, para um reino de Deus. Agora ele reconhece seus deveres simultaneamente como mandamentos divinos, e surge nele um novo conhecimento, um novo sentimento, qual seja, a religião. – Eu chegara, venerável pai, até este ponto no estudo de vossos escritos quando conheci uma classe de homens que se denomina separatistas, mas que a si mesmos denominam *místicos*, nos quais encontrei vossa doutrina quase literalmente posta em exercício. No início foi, sem dúvida, difícil reencontrá-la na linguagem mística dessas pessoas; mas obtive sucesso após uma busca perseverante. Chamou-me atenção que estes homens viviam sem nenhum culto divino; rejeitavam tudo aquilo que se chama *culto divino* e que não consiste no cumprimento de seus deveres; que se julgavam homens religiosos, mesmo cristãos, e, entretanto, não consideravam a Bíblia como seu código, mas falavam apenas de uma cristandade interior, que habita em nós desde a eternidade. – Pesquisei a conduta de vida dessas pessoas e encontrei (excetuando as ovelhas sarnentas que se encontram em todo rebanho, devido à sua jactância) neles posturas morais puras e uma consequência quase estoica em suas ações. Investiguei sua doutrina e seus princípios e reencontrei, no essencial, toda a vossa moral e vossa doutrina da religião, contudo, sempre com a diferença que tomam a lei interior, como eles a chamam, por uma revelação interna e, desse modo, tomam determinantemente Deus como o autor da mesma. É verdade que consideram a Bíblia um livro que, de algum modo com o qual não se ocupam ulteriormente, é de origem divina; mas, quando se pesquisa mais precisamente, encontra-se que eles concluem esta origem da Bíblia somente a partir da concordância da mesma, das doutrinas nela contidas, com a sua lei interior. Caso lhes pergunte, p. ex., por quê?, eis, então, a sua resposta: ela se legitima no meu íntimo, e do mesmo modo vós a encontrareis, se acatardes o preceito da vossa lei interior ou as doutrinas da Bíblia. Justamente por isso não a consideram como seu código, mas apenas como uma confirmação histórica em que eles reencontram aquilo que neles mesmos está originariamente fundado. Em uma palavra, se essas pessoas fossem filósofos, seriam (perdoai-me a expressão) verdadeiros kantianos. / Porém, eles são, na maior parte, da classe dos comerciantes, artesãos e lavradores, não obstante eu tenha encontrado alguns aqui e acolá também nos estratos superiores e entre os eruditos; mas jamais entre os teólogos, para os quais essas pessoas são um verdadeiro cisco no olho, pois não as veem apoiar o seu culto e, todavia, devido a sua conduta de vida exemplar e submissão a todo ordenamento civil, não se pode lhes imputar coisa alguma. Estes separatistas, em seus *princípios* religiosos, não se diferenciam dos Quakers, mas sim na aplicação dos mesmos na vida comum, pois se vestem, p. ex., precisamente como é costume e pagam tanto todos os tributos do Estado como os da Igreja. Entre os seus membros educados nunca encontrei fanatismo[lxxxvii], mas um raciocinar e um juízo livres de preconceitos sobre objetos religiosos.

SEGUNDA SEÇÃO
O CONFLITO DA FACULDADE DE FILOSOFIA COM A FACULDADE DE DIREITO

/ *Questão renovada*[lxxxviii]
Estaria a espécie humana em constante progressão para o melhor?

1. O que se *quer* saber aqui?

Busca-se uma parte da história da humanidade, e realmente não do passado, mas do tempo futuro, portanto uma história *preditiva*[lxxxix], a qual, se não for regida por leis naturais conhecidas (como eclipses do Sol e da Lua), designa-se *prognóstica*, mas ainda natural, porém, se puder ser obtida somente através de comunicação sobrenatural e da ampliação da visão do tempo futuro, designa-se como aquela que *profetiza* (profética)[59]. – Além disso, não se trata aqui da História Natural do homem (se algo como novas raças poderão surgir futuramente), mas da *História Moral* e certamente não do ponto de vista do *conceito genérico* (*singulorum*), mas tem a ver com a totalidade dos homens (*universorum*) reunidos em sociedade sobre a Terra e divididos em povos, quando é feita a pergunta: se a *espécie* humana (como um todo) progrediria constantemente para o melhor.

---

59. De quem trapaceia no prognosticar (feito sem conhecimento ou honestidade) diz-se que: ele *adivinha*; incluindo desde a pitonisa até a cigana.

2. Como se pode sabê-lo?

Como uma narrativa prognóstica histórica do que é iminente no tempo futuro: portanto, como uma exibição possível *a priori* dos acontecimentos que devem advir. – Mas como é / possível uma história *a priori*? – Resposta: se o próprio prognosticador *produz* e organiza os acontecimentos que ele, anteriormente, anuncia.

Os profetas judeus bem fizeram profecias de que era iminente não apenas a decadência a curto ou longo prazo, mas a completa destruição do seu Estado; afinal eles foram os próprios autores deste seu destino. – Como líderes de seu povo sobrecarregaram a sua constituição com tantas cargas eclesiásticas e civis daí decorrentes[xc], que o seu estado se tornou totalmente incapaz de manter, por si mesmo, sua integridade, principalmente entre os vizinhos próximos, e por isto as jeremíades de seu clero tiveram que naturalmente se perder no ar, sem sucesso: porque estes insistiram teimosamente na sua resolução sobre uma constituição insustentável que eles mesmos fizeram, e assim sendo o resultado pôde ser previsto, por eles mesmos, com infalibilidade.

Nossos políticos, até onde a sua influência chega, fazem a mesma coisa e têm a mesma sorte com seus prognósticos. – Eles dizem que os homens devem ser considerados como eles são, e não como eles deveriam ser, como sonham os pedantes que não conhecem o mundo e os fantasistas bem-intencionados. Mas este *como eles são* deveria significar: como nós *os fizemos* empedernidos e inclinados à revolta, através de coerção injusta e de ataques traiçoeiros sugeridos ao governo; a partir daí, claramente, se o governo solta um pouco as rédeas, tristes consequências ocorrem, o que torna verdadeiras as profecias destes estadistas pretensamente sábios.

Também os eclesiásticos, ocasionalmente, profetizam a total decadência da religião e o surgimento próximo do anticristo, enquanto fazem exatamente o que é necessário para sua introdução: na medida em que não se preocupam em implantar no coração de sua comunidade os princípios morais que conduzam precisamente para o melhor, impõe ao invés disso como dever essencial uma submissão a observâncias e a uma fé histórica, o que deveria ter efeito indireto; a partir disso certamente só pode se desenvolver uma unanimidade mecânica, como em uma constituição civil[xci], mas nenhuma na intenção moral; enquanto isso, porém, se queixam da irreligiosidade que eles mesmos produziram, a qual puderam, portanto, prenunciar sem nenhum talento prognóstico especial.

3. Divisão do conceito do que se quer saber previamente sobre o futuro /

São três os casos[xcii] que poderiam conter uma predição. Ou a espécie humana está em contínua *regressão* para o pior, ou está numa *progressão* constante para o melhor em sua destinação moral, ou está em *imobilidade* eterna no estado atual de seu valor moral, como membro da criação (o que equivale a circular eternamente em volta do mesmo ponto).

A *primeira* consideração pode-se designar como *terrorismo* moral, a *segunda* como *eudemonismo* (que também se pode designar como *quiliasmo*, se for adotada uma perspectiva mais ampla para o objetivo da progressão), já a *terceira* pode ser designada como *abderitismo*[xciii]; pois, como no campo moral é impossível uma verdadeira imobilidade, uma constante elevação mutável, acompanhada de uma recaída frequente e profunda (semelhante a um eterno claudicar), nada mais seria do que a manutenção do sujeito no mesmo lugar e imóvel.

a. Do tipo de representação terrorista da história da humanidade

O declínio da espécie humana para o pior não pode perdurar constantemente, pois, a partir de um certo grau, ela destruiria a si própria. Daí, a partir do crescimento das grandes atrocidades e do mal a elas correspondente, que se acumulam como montanhas, se afirmar: agora não se pode mais piorar, o juízo final bate à porta. E o piedoso fanático já sonha com o renascimento de todas as coisas e com um mundo renovado, depois deste ter perecido nas chamas.

b. Do tipo de representação eudemonística da história da humanidade[xciv]

Sempre pode ser concedido que a massa de bem e de mal, inerente em nossa natureza, permaneça sempre a mesma em sua disposição e que não possa aumentar ou diminuir no mesmo / indivíduo; – e como poderia aumentar a quantidade de bem em sua disposição, se isso só poderia ocorrer através da liberdade do sujeito, que, por sua vez, precisaria de uma reserva de bem maior do que a que jamais possuiu? – Os efeitos não podem exceder a capacidade da causa eficiente, e, portanto, não se pode ultrapassar uma certa medida na quantidade de bem misturado com o mal no homem, acima da qual ele se elevaria pelo próprio esforço e estaria sempre em progressão para o melhor. O eudemonismo, com suas exaltadas esperanças, parece ser insustentável e prometer pouco em prol de uma história profética da humanidade, na perspectiva de uma progressão continuada e perpétua no caminho do bem.

c. Da hipótese do abderitismo da espécie humana para a predeterminação de sua história[xcv]

Esta opinião até poderia ter a maioria dos votos para o seu lado. A insensatez laboriosa é o caráter do nosso gênero: entramos rapidamente no caminho do bem, não para persistir nele, mas para não se prender apenas a um único fim, invertemos nosso plano de progresso, mesmo que apenas para variar, e construímos apenas para poder destruir, e numa autoimposição de esforços sem esperanças, rolamos a pedra de Sísifo montanha acima apenas para deixá-la escorregar de novo. – Portanto, a partir disto parece que na disposição natural da espécie humana o princípio do mal não tanto está amalgamado (fundido) com o do bem mas, muito mais, que se neutralizam entre si; o que teria como consequência esta inação (que aqui é chamada de imobilidade): uma ocupação vazia, de deixar que o bem e o mal variem com avanços e recuos, fazendo com que todo o jogo das trocas do nosso gênero consigo mesmo neste globo deva ser encarado como uma mera farsa, o que não lhe confere nenhum valor maior aos olhos da razão, do que as outras espécies animais já têm, os quais praticam esse jogo com menos custos e sem esforço do entendimento.

/ 4. O problema da progressão não se resolve imediatamente pela experiência

Se tivesse sido constatado que a espécie humana, tratada como um todo, avançou por um tempo bem longo e permaneceu em progressão, ninguém poderia afirmar a partir disso, que exatamente agora, em virtude da disposição física de nosso gênero, este entraria na época de sua regressão; e no sentido contrário, se ele recua e vai para o pior em queda acelerada, não se deve desesperar, pois poderia estar próximo um ponto de inflexão (*punctum flexus contrarii*), a partir do qual, em virtude da disposição moral da nossa espécie, voltaria a trilhar o caminho para o melhor. Afinal, estamos lidando com seres que agem livremente, para os quais certamente se pode *ditar* de antemão o que *devem* fazer, mas não se pode *predizer* o que *irão* fazer, e que, a partir do sentimento do mal que eles infligiram a si próprios, sabem adotar, quando o mal é verdadeiro, um móbil reforçado para proceder ainda melhor do que antes desta situação. – Mas, (diz o abade Coyer): "pobres mortais, para vós nada é constante a não ser a inconstância!"[xcvi].

Talvez esteja em nossa escolha errada do ponto de observação, a partir do qual observamos o curso das coisas humanas, que este nos pareça tão sem sentido. Os planetas, vistos da Terra, estão ora em regressão, ora imóveis, ora em progressão. Mas se tomarmos o Sol como ponto de observação, o que só a razão pode fazer, eles se deslocam segundo a hipótese copernicana constantemente em sua trajetória regular. Mas agrada a alguns, e não são tolos, aferrar-se ao seu tipo de explicação dos fenômenos e ao ponto de observação que uma vez já adotaram: bem poderiam estes também, agindo desta forma, se enredar nos ciclos e epiciclos de Tycho[xcvii] até o absurdo. – Mas é mesmo um infortúnio que nós não tenhamos a capacidade de nos colocar neste ponto de observação, quando se lida com a previsão de ações livres, pois este seria o ponto de observação da *Providência*, que está acima de toda a sabedoria humana e se estende às ações *livres* do homem, o qual só pode certamente *vê-las*, mas não *prevê-las* com certeza / (para o olhar divino não há neste caso nenhuma diferença), porque o homem nesse último caso necessita de uma conexão segundo leis naturais, mas em vista das ações *livres* futuras esta direção ou indicação deve ser descartada.

Se fosse atribuída ao homem uma vontade que, apesar de limitada, fosse inata e imutavelmente boa, ele poderia predizer a progressão do seu gênero para melhor com segurança, porque encontraria um acontecimento que ele mesmo pode produzir. Mas pela mistura do mal com o bem na disposição, cuja medida não conhece, ele mesmo não sabe qual efeito daí poderia ser esperado.

5. Mesmo assim a história prognóstica da espécie humana deve ser conectada a alguma experiência

Alguma experiência deve ocorrer com a espécie humana como um acontecimento que aponte para um caráter e uma capacidade de ser *causa* de sua própria progressão para o melhor e de ser (como deve acontecer no caso de um ser dotado de liberdade) o seu próprio *autor*; mas, a partir de uma causa dada podemos prever um acontecimento como efeito, se ocorrerem as circunstâncias que estão atuando em conjunto com esse efeito. Que estas circunstâncias devam ocorrer pelo menos uma vez, pode, como no caso do cálculo de probabilidades nos jogos, ser previsto em geral, mas não pode ser determinado se isso ocorrerá em minha vida ou se terei a experiência que possa confirmar esta previsão. – Portanto, deve ser investigado um acontecimento que aponte para a existência de tal causa, indeterminada no aspecto temporal, e também para o ato de sua causalidade na espécie humana, e que permita inferir a progressão para melhor como consequência infalível, inferência esta então que poderia também ser estendida para a história do tempo passado (que ela tenha estado sempre em progresso), de tal forma que o acontecimento deveria ser entendido, não propriamente como causa do progresso, mas como algo indicativo, como *signos da história* (signum rememorativum, demonstrativum, prognostikon[xcviii]), e sendo assim pode ser comprovada a *tendência* da espécie humana como um *todo*, ou seja, não tratado como indivíduo (o que levaria a infindáveis enumerações e cálculos), mas como ele se encontra dividido pela terra em povos e estados.

/ 6. De um acontecimento do nosso tempo que prova esta tendência moral da espécie humana

Este acontecimento não consiste em ações e crimes importantes cometidos pelos homens, que transformaram o que era grande entre os homens em pequeno, ou o que era pequeno em grande e como, parecendo um passe de mágica, velhos e resplandecentes edifícios políticos desaparecem e outros surgem em seu lugar, como que brotando das profundezas da terra. Não: nada disso. Trata-se simplesmente do modo de pensar dos espectadores, que se revela *publicamente* neste jogo de grandes transformações e de uma tão universal e, apesar disso, desinteressada participação dos jogadores de um lado, contra a posição dos que estão do outro lado, mesmo com o perigo de que esta tomada de partido possa lhes trazer pesadas desvantagens para si, mas isso então nos permite provar (pela universalidade) um caráter da espécie humana em sua totalidade e, ao mesmo tempo (devido ao desinteresse) um caráter moral, pelo menos na disposição, e que a progressão para melhor não apenas pode ser esperada mas, na medida em que a capacidade para isto já é suficiente, ele já existe como tal.

A revolução de um povo rico de espírito, que temos visto se desenrolar em nossos dias, pode ter sucesso ou fracassar; pode estar tão cheia de misérias e atrocidades, que um bom pensador, se tivesse que empreendê-la pela segunda vez, até poderia ter esperança de ser bem-sucedido, mas com estes custos tão altos nunca decidiria realizar este experimento – esta revolução, digo eu, encontra no ânimo de todos os espectadores (eles próprios não envolvidos neste jogo) uma *participação* segundo o desejo, que beira o entusiasmo[xcix] e cuja própria expressão estava ligada a um perigo, que portanto não pode ter nenhuma outra causa a não ser a disposição moral da espécie humana.

Esta causa moral interveniente é dupla: em primeiro lugar a do *direito* de que um povo não seja impedido por outras potências de dar a si mesmo sua constituição civil como melhor lhe aprouver; em segundo lugar a do *fim* (que também é dever) de que esta constituição de um povo seja em si mesma *jurídica* e moralmente boa, e cuja natureza deva ser provida de tal forma que o delito de agressão seja evitado como princípio fundamental, constituição que não pode ser outra senão a republicana[60], / pelo menos quanto à ideia; portanto, ela introduz a condição do impedimento da guerra (fonte de todo o mal e da corrupção dos costumes), e desta forma, a espécie humana, mesmo com sua fragilidade, tem o progresso para o melhor assegurado de uma forma negativa, pelo menos para não perturbar a progressão.

Isto, portanto, somado à participação no bem com *afeto*, o *entusiasmo*, embora este, de fato, não possa ser totalmente aprovado, pois todo afeto como tal merece repreensão, nos dá realmente a oportunidade, através desta história, para uma importante observação sobre a Antropologia: que o verdadeiro entusiasmo sempre se refere apenas àquilo que é *ideal* e mesmo puramente moral, como acontece com o conceito de Direito, e não pode ser enxertado num interesse egoísta. Os opositores dos revolucionários não conseguiram, com recompensas pecuniárias, atingir seu fervor e grandeza de alma, fruto do simples conceito de direito produzido neles, e o próprio conceito de honra da antiga nobreza guerreira (um análogo do entusiasmo) desapareceu perante as armas dos que tinham nos olhos[61] o *direito* do povo a que perten-

---

60. Não se quer dizer aqui que um povo que tem uma constituição monárquica se sinta no direito e até mantenha um desejo secreto de modificar a sua constituição; pois talvez, pela sua própria posição difundida pela Europa, tenha essa constituição como única recomendação para lhe permitir manter-se entre vizinhos poderosos. As queixas dos súditos não se devem a questões internas do governo, mas ao seu comportamento externo, quando este de alguma forma cria obstáculos para avanços dos movimentos republicanos e não devem ser encaradas como uma prova da insatisfação do povo contra a sua própria constituição, ao contrário, indicam seu amor pela constituição. Afinal esta estará em menor perigo quanto mais avance o processo republicano dos outros povos. Mesmo assim sicofantas caluniadores, para demonstrar importância, tentam passar palavras ocas como se fossem novidades, dizendo que o jacobinismo e a agitação das turbas ameaçam perigosamente o estado, no entanto, essas afirmações não têm nenhum fundamento, ainda mais se considerarmos um país que está a mais de cem milhas do teatro da revolução.

61. De tal entusiasmo com a importância do direito para o gênero humano pode-se dizer: postquam ad arma Vulcania ventum est, – mortalis mucro glacies ceu futilis ictu dissiluit. ["depois que se utilizaram as armaduras de Vulcano a espada mortal quebrou-se como gelo, num só golpe"]. – Por que um governante até agora nunca declarou abertamente que não reconhece nenhum direito dos povos contra si; que estes dependem para sua felicidade apenas dos *bons atos* de um governo ao qual devem agradecer e, além disso, que toda a pretensão dos súditos por um direito que contestasse o governo (por que este conceito contém em si a permissão de uma resistência) seria inadequada e até mesmo passível de punição? – A causa disto é: uma afirmação pública deste tipo revoltaria os súditos contra o governo, mesmo que estes, como ovelhas dóceis, conduzidas por um senhor bondoso e compreensivo, estejam bem alimentados e fortemente protegidos, e nada tenham a recla-

ciam e do qual se consideravam como defensores; esta exaltação / causou simpatia no público espectador externo, mesmo sem o menor propósito de participar da ação.

7. História prognóstica da humanidade

Deve haver algo *moral* no princípio que a razão apresenta como puro, mas que ao mesmo tempo, devido à influência grande e forjadora de época, põe também diante dos olhos algo como o dever reconhecido na alma do homem, que tem a ver com a espécie humana no todo da sua união (*non singulorum, sed universorum*), e cujo esperado sucesso e tentativas para consegui-lo são aclamados com uma participação tão universal e desinteressada. – Este acontecimento é fenômeno não de uma revolução, mas (como afirma o Sr. Erhard[c]) da *evolução* de uma constituição de *direito natural*, que certamente não pode ser conquistada apenas por lutas ferozes – com uma guerra / interna e externa que destrua os *estatutos* até agora vigentes –, mas que realmente conduz a um esforço na direção de uma constituição, que não pode ser obcecada pela guerra, a saber, a republicana; a qual pode ocorrer ou pela própria *forma do estado*, ou também apenas por um *tipo de governo* que permita a administração do estado pela unidade dos governantes (do monarca) análoga às leis que o próprio povo daria a si mesmo, segundo princípios universais do direito.

---

mar quanto ao seu bem-estar. – Pois seres dotados de liberdade não se satisfazem apenas com a fruição dos confortos da vida, propiciados por outrem (neste caso pelo governo) e dos quais podem participar; mas o que está em jogo é o *princípio* sob o qual se providenciam as coisas. Mas o bem-estar não tem nenhum princípio, nem para os que o recebem, nem para os que o concedem (pois alguns os colocam aqui, outros ali), o que está em jogo é o *material* da vontade, que é empírica e, portanto, não admite nenhuma regra universal. Um ser dotado de liberdade, consciente de sua superioridade em relação aos animais, não pode e não deve exigir nenhum governo, para o povo ao qual pertença, que não se baseie no princípio formal de seu arbítrio e que não tenha o povo também como legislador. O direito dos homens, que deve ele obedecer, deve necessariamente preceder qualquer orientação ao bem-estar e isto é sagrado, está acima de qualquer preço (da utilidade) e não pode ser tocado por nenhum governo, por mais que este promova sempre o bem-estar. – Mas este direito é mesmo apenas uma ideia, cuja realização é restrita à condição de um acordo entre os *meios* e a moralidade que não pode ser ultrapassado pelo povo; isso não pode acontecer através de uma revolução, que sempre é injusta. – *Comandar* autocraticamente e ao mesmo tempo *governar* de forma republicana, ou seja, no espírito republicano e em analogia com este, é o que pode fazer um povo ficar satisfeito com a sua constituição.

Ora, sem ser um visionário, eu afirmo, pelos aspectos e sinais de nossos dias, que se pode prever o atingimento deste fim para a espécie humana e, ao mesmo tempo, que a partir disto a progressão para o melhor não poderá mais ser totalmente regressiva. Pois tal fenômeno na história humana *não se esquece mais*, porque revelou uma disposição e uma capacidade da natureza humana para o melhor, de uma forma que nenhum político teria extraído sabiamente do desenrolar das coisas, e a qual somente a natureza e a liberdade, reunidas na espécie humana por princípios internos do direito, puderam prometer; mas, como indeterminado e o acontecimento como contingente em relação ao tempo.

Mas, se o fim pretendido deste acontecimento não tivesse se realizado neste momento, se a revolução ou reforma da constituição de um povo terminasse com fracasso ou que apenas durasse por pouco tempo e retornasse outra vez ao caminho anterior (como agora adivinham os políticos), mesmo assim a referida previsão filosófica realmente não perde nada da sua força. – Pois esse acontecimento é tão grande, tão interligado com o interesse da humanidade e a sua influência em todas as partes do mundo é tão disseminada, que os povos não teriam, na ocasião de alguma circunstância favorável, de trazê-lo à memória nem ser despertados para repetir novas tentativas deste tipo, já que uma oportunidade tão importante para a espécie humana como esta deve em algum momento, finalmente, propiciar estabilidade à pretendida constituição, o próprio aprendizado decorrente da experiência frequente não deixaria de afetar os ânimos de todos.

Portanto não é apenas bem-intencionada e recomendável no propósito prático, mas, apesar de todos os incrédulos, também sustentável na mais rigorosa teoria, a proposição: que a espécie humana tenha sempre estado em progressão para o melhor e que procederá assim de agora em diante, / progressão que, quando não se considera apenas o que pode acontecer em algum povo, mas o que se espalhe por todos os povos da terra que pouco a pouco deveriam participar, abre a perspectiva de um tempo interminável; mas desde que algo, como a primeira época de uma revolução da natureza, que (segundo Camper e Blumenbach[ci]), ainda antes da existência dos homens, sepultou o reino animal e vegetal, não aconteça uma segunda vez e faça o mesmo com a espécie humana, para permitir que outras criaturas entrem em cena etc. Pois para a omnipotência da natureza, ou mais ainda para sua causa superior, para nós inacessível, o homem é sempre apenas insignificante. Mas que ele seja assim também considerado pelos soberanos de seu próprio gênero, e o tratem como tal, em parte sobrecarregando-o como um animal, como simples ferramenta para seus propósitos, em parte colocando os homens em conflito entre si para levá-los a um massacre – isto não é algo insignificante, mas a própria reversão do *fim último* da criação.

8. Da dificuldade das máximas empregadas na progressão para o melhor mundo, tendo em vista sua publicidade[cii]

Esclarecimento de um povo é o ensinamento público de seus deveres e direitos, em relação ao Estado a que pertence. Por tratar-se aqui apenas do direito natural proveniente do entendimento humano comum, então seus divulgadores e exegetas naturais em meio ao povo não podem ser pessoas oficialmente colocadas como funcionários do estado, e sim livres professores de direito, i.e., os filósofos, que precisamente pelo bem desta liberdade que permitem a si mesmos, são ofensivos para aquele Estado que sempre quer dominar, e são, sob o nome de *iluministas*, difamados como pessoas perigosas para tal Estado; embora sua voz não se dirija *confidencialmente* ao povo (o qual, a respeito disso e dos seus escritos nota pouco ou quase nada), mas sim *veneravelmente* ao Estado, implorando para que este acolha sua necessidade jurídica; o que não pode ocorrer, a não ser pela publicidade, se um povo inteiro deseja que suas queixas (*gravamen*) sejam apresentadas. Portanto, a *proibição* da publicidade bloqueia o progresso de um povo para o melhor, e justamente naquilo que se refere a uma de suas menores reivindicações: ou seja, simplesmente seu direito natural.

/ Uma outra dissimulação, até fácil de revelar, mas de um povo que é comandado conforme uma lei, é aquela do verdadeiro caráter de sua constituição. Seria ferir a majestade do povo da Grã-Bretanha atribuir-lhe uma *monarquia irrestrita*: mas sim pretende-se que seja uma constituição restritiva da vontade do monarca, através das duas casas do parlamento, como representantes do povo; mas todos sabem muito bem que a influência do monarca sobre esses representantes é tão grande e tão infalível, que nada é decidido pelas referidas casas a não ser o que ele quer e é proposto através de seus ministros; até mesmo chega a propor, pelo menos uma vez, resoluções que sabe que serão contraditadas (p. ex., devido ao tráfico de negros[ciii]), apenas para dar uma prova aparente da liberdade do parlamento. – Uma tal representação do caráter das coisas tem o engano em si de que a verdadeira constituição, firmada no direito, quase não seja mais procurada; porque se pretende que tenha sido encontrada no exemplo já disponível, e uma publicidade mentirosa ilude o povo com a simulação de uma *monarquia restrita*[62] que partiu de sua própria lei, ao passo que seus representantes, conquistados pelo suborno, submeteram-no secretamente a um *monarca absoluto*.

* * *

A ideia de uma constituição em acordo com o direito natural dos homens: isto é, que aqueles que obedecem à lei devem ser ao mesmo tempo também /, unidos, os seus legisladores, subjaz a todas as formas de Estado, e a comunidade, conforme elas, pensada através de conceitos puros da razão, designada *ideal* platônico[civ] (respublica noumenon), não é uma quimera vazia, mas sim a norma eterna para toda constituição civil em geral e afasta toda guerra. Uma sociedade civil organizada conforme esta ideia

---

62. Uma causa, cuja natureza não pode ser imediatamente discernida, revela-se pelo efeito a ela inevitavelmente conectado. – O que é um monarca *absoluto*? É aquele que quando diz, sob seu comando, que uma guerra deve ser feita, ela logo acontece. – Por outro lado, o que é um monarca *restrito*? É aquele que antes consulta o povo se deve ou não haver uma guerra, e se este diz que não deve haver uma guerra, ela não acontecerá. – Pois a guerra é uma situação em que todas as forças do estado estão sob o comando do soberano. O monarca da Grã-Bretanha tem travado várias guerras sem pedir para isto nenhum consentimento. Portanto este rei é um monarca absoluto, o que pela constituição não deveria ser, mas sempre procura deixá-la de lado, já que ele, com toda a força do Estado, distribuindo cargos e honrarias, mantém seu poder e pode ficar seguro do apoio dos representantes do povo. Este sistema de corrupção logicamente não pode ter publicidade para que consiga funcionar. Permanece envolto em segredo num véu muito transparente.

é a sua apresentação segundo leis da liberdade, através de um exemplo da experiência (respublica phaenomenon) e só pode ser obtida penosamente a partir de múltiplas hostilidades e guerras; a sua constituição, no entanto, se foi conseguida em larga escala, se qualifica como a melhor entre todas ao manter distante a guerra, destruidora de todo o bem; introduzi-la é portanto um dever provisório (pois não se realiza tão cedo) no caso do monarca, que, mesmo que comande *autocraticamente*, pelo menos governe *republicanamente* (não democraticamente), isto é, tratando o povo segundo princípios que estejam em conformidade com o espírito das leis da liberdade (como um povo com a razão amadurecida teria ele mesmo prescrito), mesmo que este não tenha sido consultado para dar seu consentimento ao texto da lei.

9. Qual contribuição o progresso para o melhor trará para a espécie humana humano?

Não trará uma quantidade sempre crescente de moralidade na intenção, mas um aumento dos produtos de sua legalidade em ações conformes ao dever, quaisquer que possam ser os móbiles que também levaram a essas ações; ou seja, é pelos bons atos praticados pelo homem, que serão sempre mais numerosos e melhores, portanto, pelos fenômenos do caráter moral da espécie humana, que se pode unicamente estabelecer a contribuição (resultado) do esforço da espécie humana para o melhor. – Pois nós temos apenas dados empíricos (experiências) nos quais fundamentamos esta predição: a saber, na causa física de nossas ações, na medida em que acontecem, que elas próprias são fenômenos, mas não na causa moral que contém o conceito do dever, daquilo que deve acontecer, conceito que só pode ser estabelecido de forma pura e *a priori*.

Gradualmente se reduzirão os atos de violência do lado dos poderosos e aumentará o acatamento relacionado às leis. Haverá um pouco mais de benevolência e menos de hostilidade nos processos, mais confiança / na palavra dada etc., o que ocorrerá, em parte devido ao amor à honra, em parte pela boa compreensão das vantagens próprias possibilitadas pela comunidade, e isso deve finalmente se estender para os povos, desde o comportamento externo entre si até chegar a uma sociedade cosmopolita[cv], sem que para tanto seja necessário um alargamento do fundamento moral da espécie humana, o que requereria um tipo de nova criação (influência sobrenatural). – Afinal não podemos prometer demais a nós mesmos sobre a progressão do homem para o melhor para não cairmos, com razão, no escárnio do político, que de bom grado tomaria esta esperança como delírio de cérebros exaltados[63].

10. Em que ordem unicamente deve ser esperado o progresso para melhor?

A resposta é: não através da marcha das coisas de *baixo para cima*, mas de *cima para baixo*. – Esperar que através da formação da juventude com instrução doméstica e, em seguida, nas escolas, desde as inferiores até as superiores, na cultura intelectual e moral reforçada pelo ensino religioso, se chegue finalmente a educar não apenas bons cidadãos, mas educar para o bem, o que sempre pode progredir ulteriormente e se manter, é um plano cujo resultado desejado dificilmente se poderia esperar. Com efeito, além do povo considerar que os custos da educação de seus jovens não deve ser uma / carga sua, mas do Estado, este, por sua vez, não tem mais dinheiro (como se queixa Büsching[cvi]) para remunerar seus professores, competentes e prazerosamente dedicados ao ofício, pois usou tudo para a guerra: mas também todo o mecanismo dessa formação não tem nenhuma concatenação se não for pensado como um plano refletido do poder soberano do Estado e desenvolvido e colocado em operação de acordo com seus propósitos, e a partir daí também sempre mantido com uniformidade; no

---

63. É até doce ficar pensando em constituições que contemplem as aspirações da razão (do ponto de vista do direito), mas propugná-las é arriscado e incitar o povo para abolir as que estão vigentes é punível.
A Atlântica de *Platão*, a Utopia de *More*, a Oceana de *Harrington* e a Severambia de *Allais* foram ocasionalmente trazidas à cena, mas (com exceção da abortada república despótica de *Cromwell*) nunca foram experimentadas. – Pode-se dizer que com esta criação de um estado ocorre o mesmo que se dá na criação do mundo: nesta nenhum homem estava presente e nem poderia estar, só o seu criador teria que estar presente. Esperar um tal produto político, como aqui está sendo colocado, mesmo que demore muito para sua concretização é um doce sonho, no entanto não só pensá-lo, mas sempre dele se aproximar é um *dever*, desde que se coadune com as leis morais, mas não do cidadão e sim do soberano.

que bem deveria ser incluído, que de tempos em tempos o próprio Estado reforme-se a si mesmo buscando, não por revolução mas por evolução, progredindo constantemente para o melhor. Já que realmente também são *homens* os que deveriam operar essa educação, eles mesmos, portanto, deveriam ter sido educados para tanto: assim, diante desta fragilidade da natureza humana e da contingência da circunstância que favorece tal efeito, a esperança em sua progressão deve estar apenas em uma sabedoria de cima para baixo (a qual, quando é invisível para nós, se chama Providência) enquanto condição positiva, mas para aquilo que aqui pode ser esperado e exigido dos homens, apenas se espera uma sabedoria negativa para a consecução deste fim; a saber, que façam sempre refluir este que é o maior obstáculo para a moral, a guerra, primeiramente tornando-a pouco a pouco mais humana, daí cada vez mais rara e finalmente que o delito de agressão possa desaparecer, deixando inteiramente de ser visto como necessário, para que uma constituição seja instaurada, a qual, segundo sua natureza, seja fundada, sem se enfraquecer, em princípios genuínos do direito, para poder obstinadamente progredir para o melhor.

Conclusão

Um paciente a quem um médico dava esperança de cura rápida, dia após dia, e prometia, no primeiro, que o pulso bateria melhor, no segundo, que a expectoração melhoraria e, no terceiro, que o mesmo ocorreria com o suor etc., recebeu uma visita de um de seus amigos. "Como vai, amigo, com a sua doença?", foi a primeira pergunta. "Como deveria ir? *Morro, com tanta melhora!*" – Não posso censurar ninguém por, em relação aos males do Estado, se desesperançar com a salvação da espécie humana e de sua progressão para o melhor, apenas prefiro confiar no remédio heroico proposto por Hume que poderia resultar em uma cura rápida: "Quando agora vejo (diz ele) as nações empenhadas em guerras entre si, é como se visse dois bêbados / armados de porretes se arrebentando numa loja de porcelanas. Pois estes, além de um longo tempo para recuperação dos ferimentos reciprocamente infligidos, ainda teriam que pagar por todos os prejuízos que eles

94

causaram"[cvii]. Sero sapiunt Phryges[cviii]. As consequências dolorosas da guerra atual podem forçar os políticos que prognosticam a admitir a proximidade de uma mudança iminente da espécie humana para melhor, que já está agora em perspectiva.

TERCEIRA SEÇÃO
O CONFLITO DA FACULDADE DE FILOSOFIA COM A FACULDADE DE MEDICINA[CIX]

/ *Do poder do ânimo de ser mestre de seus sentimentos doentios através da simples resolução*
Um escrito em resposta ao Sr. Conselheiro da corte e Prof. Hufeland [cx]

Que os meus agradecimentos pelo presente a mim enviado em 12 de dezembro de 1796, seu instrutivo e agradável livro, "Sobre a arte de prolongar a vida humana", deveriam ser, eles mesmos, estimados para uma longa vida, pode o senhor talvez ter motivos para concluir, pela data de minha resposta de janeiro *deste* ano; como se o envelhecimento já não trouxesse por si mesmo o mais frequente *adiamento* (procrastinatio) de decisões importantes, como ocorre sobretudo com a própria morte, que sempre se nos anuncia muito cedo e a qual deixamos à espera com inesgotáveis subterfúgios.

O senhor me solicita "um juízo sobre seu esforço para tratar moralmente o físico no homem; apresentando o homem todo, inclusive o físico, como ser orientado à moralidade e indicando a cultura moral como indispensável para a completude física da natureza do homem, que em geral só é dada como uma disposição", e acrescenta: "Pelo menos posso garantir que não se trata de uma opinião preconcebida, mas que fui levado a estes tipos de tratamentos, aqui apresentados, irresistivelmente, pelo próprio trabalho e investigação"[cxi]. – Uma tal visão das coisas não revela um simples artista da razão[cxii], mas um filósofo; um homem que sabe prescrever habilmente em sua arte médica com sabedoria, não somente como o faz um membro do Diretório da Convenção francesa[cxiii], os *meios* de atuação (técnicos) prescritos pela razão, como são oferecidos pela experiência, como também, na condição de membro legislador do corpo médico, prescreve com habilidade a partir da razão pura, o que não só *ajuda* /, mas ao mesmo tempo é em si um *dever*: de modo que a filosofia prático-moral fornece igualmente uma medicina universal que certamente não cura tudo para todos, mas que não pode, entretanto, faltar em nenhuma receita.

Mas este meio universal se refere apenas a uma *Dietética*[cxiv], i.e., tem efeito apenas *negativo*, como arte para *evitar* doenças. Esta mesma arte pressupõe uma capacidade, que só pode ser dada pela filosofia, ou por seu espírito, o qual devemos simplesmente pressupor. A este se refere a tarefa dietética suprema, a qual está contida no tema:

Sobre o poder do ânimo do homem de ser mestre de seus sentimentos doentios através de uma simples e firme resolução.

Os exemplos que confirmam a possibilidade desta sentença não podem ser extraídos da experiência dos *outros*, mas, primeiramente, apenas daquela que ocorreu em mim mesmo; porque eles provêm da autoconsciência e só posteriormente pode-se perguntar aos outros: se não perceberam o mesmo em si. – Eu me sinto forçado a deixar que o meu *Eu* se *expresse*; o que em uma apresentação dogmática[64] revelaria uma falta de modéstia, mas merece perdão quando não se refere à experiência comum, mas a uma observação ou experimento interno, o qual deve ter primeiramente se realizado em mim mesmo, sobre algo que não ocorre por si mesmo para todos e não lhes será colocado para ajuizamento, se para isso não forem orientados. – Seria uma reprovável arrogância querer entreter os outros com a história interna do jogo de meus pensamentos, que teria certamente importância subjetiva (para mim) mas nenhuma objetiva (que valha para todos). No entanto, se esta atenção a si mesmo e a percepção daí resultante não é tão comum, mas sim uma coisa necessária e proveitosa, para a qual

---

64. Nas exposições prático-dogmáticas, p. ex., naquelas da observação de si mesmo com relação aos deveres que se referem a todos os homens, o orador não fala através do "Eu", mas do "Nós". No entanto, quando está relatando suas sensações privadas (a confissão que o paciente faz a seu médico) ou a experiência realizada em si próprio, ele deve falar através do "Eu".

todos são incitados, então o mal-estar de entreter os outros com suas sensações privadas pode, no mínimo, ser perdoado.

Antes de me arriscar a apresentar os resultados da minha auto-observação, / colocados a propósito da Dietética, necessito mais uma vez me referir ao modo com que o Sr. Hufeland coloca a tarefa da *Dietética*, ou seja, a arte de *evitar* doenças, em oposição à *Terapêutica*[cxv], arte de curá-las.

O Sr. Hufeland a denomina "a arte de prolongar a vida humana".

Ele extrai sua denominação daquilo que os homens desejam mais ardentemente, apesar de que talvez deveríamos dar menos valor a esse desejo. Na verdade, os homens gostariam de realizar simultaneamente dois desejos: o de *viver longamente* e, na vida, *ser saudável*; no entanto, o primeiro desejo não tem o segundo como condição necessária: mas é incondicionado. Deixe um doente por anos em seu leito hospitalar com sofrimento e privação, e o ouvirá frequentemente desejar que a morte, o mais cedo possível, o possa livrar desta calamidade; não acredite nele, não está sendo sincero. Sua razão certamente lhe dita isto, mas seu instinto natural quer outra coisa. Mesmo que acene para a morte como sua libertadora (Jovi liberatori[cxvi]), ainda assim sempre procurará estender um pouco mais o prazo, sempre tendo algum pretexto para um *adiamento* (procrastinatio) de seu decreto peremptório. A decisão do suicida, tomada em furiosa indignação, de pôr fim a sua vida, não constitui aí nenhuma exceção: pois trata-se do efeito de um afeto que se exalta até a loucura. – Das duas promessas para o cumprimento do dever filial ("de que passarás bem e viverás longamente sobre a terra"[cxvii]), a segunda traz o móbil mais forte, mesmo no juízo da razão, ou seja, como um dever cuja observação é ao mesmo tempo *meritória*.

O dever de *honrar a velhice* não se fundamenta no simples cuidado que se exige dos mais jovens para com a fraqueza dos mais velhos: pois isto não é fundamento algum para o *respeito* que lhes é devido. A idade quer mesmo ser vista como algo *meritório*, por lhe ser concedida uma *honraria*. Portanto, não é, por exemplo, porque os anos de Nestor trazem consigo ao mesmo tempo, através de muita e longa experiência, uma *sabedoria* adquirida para conduzir o mundo jovem, mas simplesmente, desde que não a tenha maculado por nenhuma desonra, porque o homem que se conservou por tão longo tempo, i.e., tão longamente afastou a mortalidade como a mais humilhante sentença que pode ser proferida sobre um ser racional ("tu és pó e pó te tornarás"[cxviii]) e pôde conquistar, por assim dizer, a imortalidade, porque um tal homem, digo eu, se manteve vivo por tanto tempo e se estabeleceu como exemplo.

100 / Com a saúde como segundo desejo natural as coisas se passam, ao contrário, de modo desagradável. Alguém pode se *sentir* saudável (a partir de um sentimento reconfortante ao julgar sua vida) mas nunca *saber* que está sadio. – Toda causa da morte natural é doença: seja ela sentida ou não. – Há muitos dos quais se diz, mesmo sem querer ridicularizá-los, que estão sempre *adoentados*, sem que jamais possam tornar-se *doentes*; a sua dieta é um desviar e um retornar sempre cambiante do seu modo de viver, e isso suportam longamente nesta vida, ainda que não quanto a intensidade, pelo menos quanto a duração. Mas a quantos dos meus amigos e conhecidos eu não sobrevivi, os quais se vangloriavam de uma saúde total, com uma maneira de vida ordenada e adotada de uma vez por todas: ao passo que o germe da morte (a doença), prestes a se desenvolver, residia desapercebido neles, e aquele que se *sentia* saudável não *sabia* que estava doente; pois a *causa* de uma morte natural não pode, de fato, ser denominada de outro modo que doença. No entanto, a *causalidade* não pode ser sentida, pois isto pertence ao entendimento, cujo juízo pode estar errado; ao passo que o sentimento não é enganador, mas só pode ter esse nome quando alguém se *sente* doente; mas mesmo que alguém não *sinta* a doença, ela pode, contudo, ainda assim residir ocultamente no homem, pronta para um iminente desenvolvimento; portanto, a ausência deste sentimento nenhum outro significado pode ter em relação ao seu bem-estar, a não ser o de estar *aparentemente* saudável. Portanto, se fizermos um retrospecto, só a vida longa pode testemunhar a saúde *fruída*, e a Dietética terá, antes de mais nada, que demonstrar sua habilidade e ciência na arte de prolongar a vida (não de *fruí-la*): como também o teria dito o Sr. Hufeland.

Princípio da Dietética

A Dietética não pode ser avaliada pela *comodidade*; pois este cuidado das suas forças e sentimentos seria frouxidão, i.e., levaria à fraqueza e perda de força e à extinção gradual da força vital[cxix] por falta de exercício; assim como um uso demasiadamente forte e frequente desta levaria a sua exaustão. O *estoicismo* como princípio da Dietética (sustine et abstine[cxx]), portanto, pertence à *filosofia* prática, não apenas como *doutrina da virtude*, mas também como *arte médica*[cxxi] – Esta somente é *filosófica* quando apenas o poder / da razão no homem de ser mestre dos sentimentos sensíveis determina, através de um princípio dado a ele mesmo, um modo de vida. Ao contrário, quando buscam, para excitar ou repelir estas sensações, a ajuda externa a si mesmos em meios corpóreos (farmacêuticos ou a cirúrgicos), ela é meramente empírica e mecânica.

O *calor*, o *sono*, o *tratamento* cuidadoso dos que não estão doentes são tais afagos da comodidade.

1) Conforme a experiência feita em mim mesmo, não posso concordar com a prescrição: "deve-se manter a cabeça e os pés aquecidos". Ao contrário, acho mais aconselhável manter ambos frios (e os russos incluem também o peito) justamente devido ao cuidado *de não me resfriar*. – Naturalmente é mais cômodo lavar os pés com água morna do que, no inverno, usar água quase gélida; mas com esta, no entanto, evita-se o mal da perda de tonicidade das artérias em partes tão afastadas do coração, o que com a idade frequentemente provoca uma doença incurável nos pés. – Manter o ventre quente, especialmente num tempo frio, deve pertencer mais à prescrição dietética do que à comodidade, porque nele estão os intestinos, os quais devem impelir, através de um longo trecho, uma matéria não líquida; para tanto se usa a chamada cinta (uma faixa larga que segura o baixo-ventre e sustenta seus músculos) nos velhos, mas não propriamente por causa do calor.

2) *Dormir longamente* ou *muito* (repetidamente na pausa do meio-dia) é certamente, no mesmo grau, uma poupança de adversidades que a vida em geral, inevitavelmente, traz consigo quando estamos acordados, e é bastante estranho desejar uma vida longa

para passar a sua maior parte dormindo. Mas, e é o que propriamente nos interessa aqui, a comodidade, esse suposto meio de prolongamento da vida, entra em contradição com seu próprio propósito. Pois acordar e adormecer de novo, alternadamente, em longas noites de inverno, paralisa, danifica e, com um repouso enganoso, exaure energias de todo o sistema nervoso: portanto, a comodidade aqui é uma causa do encurtamento da vida. – O leito é o ninho de um conjunto de doenças.

3) *Cuidar* de si na velhice ou permitir que outros o façam, apenas para *poupar* as próprias forças ao evitar a incomodidade (p. ex.: sair em tempo ruim) ou, em geral, na transferência do trabalho, que se poderia executar por si, para assim prolongar a vida, é uma cautela que tem exatamente o efeito contrário, ou seja, o envelhecimento precoce e / o encurtamento da vida. – Também seria difícil de provar que a *maior parte* das pessoas que ficaram bem velhas eram *casadas*. Em algumas famílias a longevidade é hereditária e o acasalamento em tais famílias pode certamente fundar uma estirpe deste tipo. Também não é um mau princípio político para o incentivo dos casamentos enaltecer a vida matrimonial como uma longa vida; apesar de que a experiência sempre nos forneça relativamente poucos exemplos dos que lado a lado se tornaram especialmente velhos. Mas a questão aqui é somente a do fundamento fisiológico do envelhecimento – como isso ocorre na natureza, e não no fundamento político, como conveniência para o Estado, quando requer que a opinião pública seja conforme os seus propósitos. – Além disto, o *filosofar*, mesmo sem ser um filósofo, é também um meio de repelir muitos sentimentos desagradáveis e, ao mesmo tempo, uma *agitação* do ânimo que, em sua ocupação, traz um interesse que não depende de contingências externas e que justamente por isso, mesmo que apenas como jogo, é, porém, poderoso e íntimo, e não permite uma estagnação da força vital. Ao contrário, a *filosofia*, que tem interesse no todo do fim derradeiro da razão (o qual é uma unidade absoluta), traz consigo um sentimento de força que pode, em certa medida, até compensar o enfraquecimento corporal dos idosos através de uma avaliação racional do valor da vida. – Mas novas perspectivas que se abrem para a ampliação de seu conhecimento, mesmo que não

pertençam exatamente à filosofia, realizam, no entanto, a mesma coisa ou algo semelhante; e na medida em que o matemático toma um interesse *imediato* por isto (não como uma ferramenta para outro propósito), ele é, em certa medida, também filósofo e frui os benefícios de tal forma de estimulação de suas forças em uma vida prolongada e rejuvenescida, sem esgotamento.

Mas puras futilidades em uma situação despreocupada também produzem, como substitutos, quase o mesmo para cabeças limitadas, e os que sempre estão inteiramente ocupados em nada fazer, comumente também ficam velhos. – Um homem muito idoso tomou grande interesse em que os vários relógios de mesa em seu quarto devessem bater sempre um após o outro, e nunca simultaneamente; isso o ocupou, junto com um relojoeiro, por um dia inteiro, o que foi lucrativo para o relojoeiro. Um outro achou como ocupação suficiente alimentar e cuidar de seus pássaros canoros /, para preencher o tempo entre sua própria alimentação e seu sono. Uma velha senhora abastada encontrou este preenchimento do tempo na roda de fiar, em meio a conversas sem importância e, por isso, em sua idade já muito avançada, ela se queixava, como se tivesse perdido uma boa companhia, porque não conseguia mais sentir o fio entre os dedos e corria o risco de morrer de tédio.

Entretanto, para que meu discurso sobre a vida longa também não cause tédio aos senhores e se torne, por isso, perigoso, quero pôr limite à verbosidade, da qual se ri como um defeito dos velhos, mesmo que não se costume censurá-la.

1. Da hipocondria[cxxii]

A fraqueza de se entregar covardemente, sem um objeto determinado, a sentimentos doentios em geral (portanto, sem a tentativa de tornar-se seu mestre mediante a razão), – a *hipocondria* (*hypochondria vaga*)[65], a qual não se estabelece realmente em nenhum local determinado do corpo e é uma criação da imaginação e por isso poderia ser chamada de doença *fictícia* – em que o paciente acredita observar em si mesmo todas as doenças que lê

---

65. Para diferenciar da localizada (*hypocondria intestinalis*).

nos livros, é exatamente o contrário daquela faculdade do ânimo de ser mestre de seus sentimentos doentios, é precisamente o desânimo de ficar remoendo sobre o mal que *poderia* acometer os homens, sem oferecer resistência se ele ocorrer; é um tipo de loucura que até pode ser baseada em algum agente patogênico (gases intestinais ou constipação), mas não ser sentida pela afecção imediata dos sentidos, e sim, simulada pela imaginação que ficciona, como um mal iminente; onde o atormentado por si mesmo (heautontimorumenos[cxxiii]), ao invés de se recompor, recorre à ajuda de um médico sem resultado: porque só ele mesmo, através da Dietética, pode superar suas representações dos jogos de pensamento que o molestam e ocorrem involuntariamente, e mesmo superar o mal contra o qual nada poderia ser realizado se ele efetivamente fosse acometido.– Daquele que está acometido por esta doença e enquanto ela durar, não se pode exigir que deva ser mestre de seus sentimentos doentios através de uma simples resolução. Pois / se ele pudesse agir desta forma não seria um hipocondríaco. Em um homem racional não se *estabelece* nenhuma hipocondria deste tipo: mas se ele é atingido por pensamentos angustiantes que querem se transformar em hipocondríacos, ou seja, um mal concebido por ele mesmo, pergunta a si próprio se há realmente algum objeto para esse mal. Se ele constata que não há nenhuma causa fundamentada para sua angústia, ou percebe que, mesmo que tal causa fosse real, mas nada fosse possível fazer para evitá-la, então, com esse veredito do seu sentido interno, volta-se para as tarefas do dia, ou seja, deixa a opressão (que é puramente localizada) ficar em seu lugar (como se não fosse acometido) e dirige sua atenção para as atividades que tem que desempenhar.

Devido a meu peito pouco profundo e estreito, que deixa pouco espaço ativo para o movimento do meu coração e de meus pulmões, eu tenho uma disposição natural para a hipocondria, a qual, em anos mais jovens, beirou o tédio de viver[cxxiv]. Mas a reflexão, de que a causa desta opressão no coração fosse talvez puramente mecânica e não pudesse ser superada, logo me fez não voltar mais a essa causa e durante os sentimentos dessa opressão no peito, deixo que a calma e a jovialidade se imponham em minha cabeça, o que não me afasta, por não ter o humor instável (habitual nos hipocondríacos), de participar da sociedade intencionalmente e com naturalidade. E já que a vida fica mais alegre através daquilo que nela *fazemos* em seu uso livre do que daquilo que nela *fruímos*, então os trabalhos do espírito podem contrapor, aos transtornos que basicamente só acometem o corpo, um outro tipo de estímulo ao sentimento vital. A opressão permaneceu em mim, pois sua causa reside em minha compleição corporal. Mas, com relação a sua influência em meus pensamentos e ações, consegui tornar-me mestre através do desvio de minha atenção destes sentimentos, como se eles nem me acometessem.

2. Do sono

Sobre a moderação, os turcos, a partir de seus princípios de predestinação, afirmam que: no começo do mundo seria destinada a cada homem uma porção correspondente a quanto ele iria comer em sua vida e, se dissipasse a sua quota em grandes porções, teria um tempo menor para *comer*, portanto / para *viver*: isto pode também funcionar como regra em uma dietética, como em uma *doutrina para crianças* (já que muitas vezes, no fruir da vida, os homens são tratados pelos médicos como crianças): ou seja, pode-se dizer que a cada homem é destinada, desde o princípio, a sua porção de *sono* e aquele que se entregar ao sono por demasiados anos da vida (mais de um terço) não poderá prometer que terá mais um longo tempo para dormir, ou seja, para viver e ficar velho. – Quem passa muito mais do que um terço de sua vida com sonecas agradáveis após o almoço (a *siesta* dos espanhóis) ou matando o tempo (em longas noites de inverno), ou também fragmentando seu sono (com interrupções) e não em um só período por dia, está muito errado nos cálculos de sua *quantidade de vida*, tanto em grau como em duração. – Ora, um homem dificilmente poderá desejar que o sono não lhe seja totalmente necessário (o que só esclarece que ele considera a vida como um longo martírio e tanto quanto dormisse, tanto poderia se poupar dessa carga), portanto é mais aconselhável, tanto para o sentimento como para a razão, deixar de lado este terço sem atividade e sem fruição da vida, relegando-o a uma inevitável restauração da natureza: certamente com um ajuste preciso do tempo, a partir de quando deve começar e quanto deve durar.

Não dormir no tempo determinado e habitual ou não conseguir ficar acordado fazem parte dos sentimentos doentios; principalmente no primeiro caso, quando, mesmo deitando-se com o propósito de dormir, permanece a insônia. – Expulsar os *pensamentos* da cabeça é o conselho habitual dado pelo médico: mas eles, ou outros em seu lugar, sempre voltam e mantém a vigília. Não há outro conselho dietético que não seja, partindo de sua percepção interna ou tomada de consciência, interromper imediatamente a atenção para qualquer que seja o pensamento vigente (como se, com os olhos fechados, os movimentássemos para um outro lado): neste momento com a interrupção de todos os pensamentos, que ocorre internamente, surge uma gradual confusão das representações, através da qual é suprimida a consciência da situação corporal (externa) e é instaurada uma ordem totalmente diferente, propriamente dizendo, um jogo involuntário da imaginação[cxxv] (que em situação saudável é o *sonho*), o qual, através de um admirável mecanismo da organização animal, / *amortece* os movimentos animais, mas *agita* os movimentos vitais internos, através dos *sonhos*, que mesmo que não sejam lembrados por nós quando acordamos, não podem ter deixado de existir. Isto porque em uma ausência total de sonhos a força nervosa, que provém do cérebro, centro das representações, não estaria em harmonia com a força muscular visceral e a vida não se manteria nem por um instante. Devido a isto presume-se que todos os animais sonham quando dormem.

No entanto, todos nós, estando na cama e preparados para dormir, às vezes, mesmo tendo desviado o pensamento como mencionado, não conseguimos adormecer. Neste caso aparece o sentimento de algo *espasmódico* (do tipo convulsivo), o qual combina bem com a observação: que um homem logo após acordar é meia polegada mais alto, do que se tivesse ficado na cama deitado, mas em vigília. – Sendo a insônia uma falha do enfraquecimento pela idade e o lado esquerdo[66] sendo, em geral, o mais fraco, tive eu, há

---

66. É totalmente errada a pretensão que refere a força no uso dos membros externos apenas ao seu exercício e que os nossos hábitos anteriores determinam qual dos dois lados do corpo é o mais forte ou o mais fraco; se na esgrima devo usar o sabre no lado esquerdo

mais ou menos um ano, acessos convulsivos e uma sensação excitada deste tipo (no entanto sem um real ou visível movimento das partes afetadas como o de uma convulsão), que considerei como um ataque *de gota*, pela descrição de outras pessoas, e devia, portanto, procurar um médico. Mas com a impaciência de sentir o sono impedido, logo lancei mão do meu remédio estoico, forçando o meu pensamento / a se concentrar num objeto qualquer escolhido arbitrariamente por mim (por exemplo nas várias representações secundárias que contêm o nome Cícero), portanto, desviando minha atenção daquela sensação, através disso, e foi muito rápido, a sonolência predominou; e isso eu posso repetir várias vezes, com o mesmo sucesso, nas pequenas interrupções de uma noite de sono. Que não foram apenas dores puramente imaginárias, eu me convenci quando na manhã seguinte apareceram marcas de vermelhidão nos dedos do pé esquerdo. – Estou convicto de que vários ataques *de gota*, quando apenas a dieta alimentar não é suficiente para impedi-los, *convulsões* e os próprios ataques *epiléticos* (não para mulheres e crianças, que não têm a mesma força de resolução), até mesmo a *podagra*[cxxvi], difamada como incurável, podem ser contidos e pouco a pouco até curados, através desta firmeza da resolução para todo novo caso de acesso.

3. Do comer e beber

Quando se é saudável e jovem o mais aconselhável, em relação ao tempo e quantidade do consumo de alimentos e bebidas, é simplesmente consultar o *apetite* (fome e sede); mas pelas fraquezas que se encontram na velhice, um certo *hábito* de um modo de vida encontrado, comprovado e saudável, ou seja, como ele foi

---

ou no lado direito; se o cavaleiro usando o estribo deve montar o cavalo pelo lado direito ou pelo lado esquerdo; além de outros exemplos. A experiência prova que se tivermos o nosso sapato feito sob a medida do pé esquerdo, ele ficará muito apertado para o pé direito e não podemos jogar a culpa nos pais, por não terem esclarecido melhor seus filhos; a vantagem do pé direito sobre o esquerdo pode ser também observada quando queremos atravessar um fosso: começamos apoiando o pé esquerdo para depois ultrapassá-lo com o pé direito, no caso contrário estaríamos arriscados a cair no fosso. Que o soldado da infantaria prussiana seja treinado a começar com o pé esquerdo não contradiz esta afirmação; ao contrário, a confirma ainda mais, pois ele usa o pé esquerdo como uma alavanca que permite ao pé direito o ímpeto no ataque.

um dia adotado, e então adotá-lo todos os dias, é um princípio dietético que é o mais benéfico para uma longa vida; mas sob a condição de que neste regime alimentar sejam feitas as exceções pertinentes quanto às recusas do apetite. – Nos velhos o apetite realmente restringe a quantidade de líquidos (sopas ou tomar muita água), especialmente do sexo masculino; por outro lado demanda comida mais pesada e bebidas excitantes (vinho, p. ex.), tanto para estimular o movimento vermicular[cxxvii] dos intestinos (que, quando comparado com outras vísceras, parece ter uma vida própria, porque, quando ainda quentes e cortados em pedaços, se movimentam como vermes; o trabalho do intestino não é apenas sentido mas ouvido) como para trazer alguns elementos para a circulação sanguínea, / os quais pela excitação fomentam o funcionamento do seu maquinismo.

Mas nas pessoas idosas a água, absorvida no sangue, precisa de mais tempo para percorrer a longa trajetória de sua separação da massa sanguínea, através dos rins, até a bexiga, pois nela não está intrinsecamente contida, na parte assimilada no sangue, o que conduz a uma estimulação para a circulação nos vasos sanguíneos (tal como o vinho); no entanto, neste caso o vinho teria um uso medicinal e este uso artificial não pertence adequadamente à Dietética. Não capitular aos ataques do apetite para tomar água, de uma só vez (a sede), o que na maioria das vezes é apenas um hábito, e ter nestes casos uma *firme resolução*, leva a excitação a ser conforme a uma necessidade natural da mistura da comida sólida com líquidos, cujo consumo excessivo até mesmo o instinto natural recusa na velhice. Também não se dorme bem e nem profundamente com estes abusos da água, porque através desta se reduz o aquecimento do sangue.

Perguntou-se muitas vezes: se, assim como em 24 horas temos apenas um sono, deveríamos ter também, a partir de uma regra dietética, apenas uma grande refeição[cxxviii] no mesmo número de horas, ou se não seria *melhor* (mais saudável), de certa forma, conter um pouco o apetite no almoço, para permitir que se coma algo à noite. Para passar o tempo esta última resposta é melhor. – Também a considero adequada nos chamados melhores anos (meia-idade), mas para os mais idosos a primeira resposta é adequada. Pois as etapas da operação do intestino, no processo de digestão, são sem dúvida mais demoradas na velhice do que nos anos anteriores, pode-se acreditar que adicionar uma nova carga (de uma refeição ao final da tarde) à natureza, sendo que a primeira etapa da digestão anterior ainda não foi concluída, poderia ser desvantajoso para a saúde. – Deste modo pode-se considerar que a excitação por uma refeição ao final da tarde, depois de um meio-dia suficientemente fornido[cxxix], representa um sentimento *doentio*, desses dos quais podemos ser mestres através de uma firme resolução, de tal forma que os referidos acessos deixem gradualmente de ser percebidos.

/ 4. Do sentimento doentio do pensar fora de hora

Para um erudito o pensar é um alimento, sem o qual, quando está acordado e só, ele não consegue viver; este pensar pode consistir em *aprender* (leitura de livros) ou em *excogitar* (ponderação e descoberta). Mas comer ou andar e, ao mesmo tempo, se ocupar com um pensamento determinado é sobrecarregar a cabeça[cxxx] e o estômago, ou a cabeça e os pés, com duas tarefas simultâneas; o primeiro caso origina uma hipocondria e o segundo uma vertigem. Para poder dominar esta situação doentia através de uma dietética nada mais é necessário do que alternar a ocupação mecânica do estômago ou dos pés com a utilização do espírito para pensar e, durante esta alternância (dedicada a uma restauração), evitar pensamentos intencionais e abrir caminho para o jogo livre da imaginação (que parece mecânico); no entanto, para quem está estudando, é necessária uma resolução mais rígida que fomente uma *dieta* do pensar.

Sentimentos doentios instalam-se quando alguém faz uma refeição sem companhia e ao mesmo tempo lê um livro ou medita, porque a força vital é desviada com o trabalho mental, afetando o estômago. O mesmo acontece quando esta meditação se mistura com o trabalho esgotante (numa caminhada)[67] dos pés. (Também

---

67. Os estudiosos dificilmente conseguem deixar de se entreter com seus pensamentos durante suas caminhadas solitárias. Mas eu descobri por mim mesmo e por outros que interroguei que um pensamento forçado, enquanto se caminha, nos deixa extenuados; ao contrário, se permitirmos o livre-jogo da imaginação, o movimento torna-se restaurador.

pode ser dito o mesmo com relação ao *estudo noturno com luz artificial*, a não ser que seja habitual.) Com isso, estes sentimentos doentios a partir deste trabalho mental empreendido fora de hora (invita Minerva[131]), não fazem parte do tipo daqueles que podem ser de imediato superados, em um momento, por uma firme resolução, mas só pouco a pouco através da mudança de hábito em virtude de um princípio contraposto, e só se deve falar aqui do primeiro caso.

/ 5. Da superação e da prevenção de ataques doentios com uma resolução sobre a respiração.

Há alguns anos fui algumas vezes acometido de nariz entupido e tosse, dois ataques que eram ainda mais desagradáveis quando surgiam ocasionalmente na hora de dormir. Indignado com essa perturbação do sono noturno eu resolvi, com relação ao primeiro ataque, fechar firmemente os lábios para forçar o ar a passar pelo nariz; no começo surgia apenas um tênue assobio, mas, como eu não desisti nem relaxei, consegui finalmente um fluxo livre de ar, trazendo o nariz para sua condição normal e com isto dormi imediatamente. – A tosse, que ao mesmo tempo é convulsiva e entrecortada por inspirações (não contínuas como a risada) e por golpes na expiração, se refere principalmente ao que o homem comum na Inglaterra chama de tosse de velho (quando deitado na cama), foi para mim mais desagradável ainda se ocorria quando eu já estava aquecido na cama e retardava meu sono. Para evitar esta tosse, que é causada pela irritação da laringe[68] /, devida ao ar as-

---

Fica ainda pior se ao mesmo tempo, além dos pensamentos, se mantém uma conversação com outra pessoa, pois desta forma a pessoa se sente obrigada a progredir no seu jogo de pensamentos. – Passear livremente tem justamente a intenção de variar os objetos de nossa atenção, afastando-a da fixação em um objeto só.

68. Não deveria o ar atmosférico, quando circula pela trompa de Eustáquio (portanto com os lábios fechados) e fornece oxigênio para a parte do cérebro que está próxima, causar uma sensação refrescante de fortalecimento dos órgãos vitais, parecida com a sensação de estar bebendo o ar; sendo que o ar, mesmo que não produza nenhum cheiro, fortalece os nervos olfativos e os vasos adjacentes na aspiração? Em alguns tipos de clima estas refrescadas fruições do ar não acontecem, em outros é verdadeiramente agradável sorvê-lo em grandes golpes; o que aspirar com a boca aberta não garante. É portanto da maior importância dietética que respirar pelo nariz e com os lábios fechados se transforme num hábito, de tal forma que assim o faça mesmo no sono mais profundo e até fique assustado

pirado com a boca aberta, não é necessário nada mecânico (farmacêutico), mas apenas uma imediata operação do ânimo: trata-se de desviar completamente a *atenção* desta excitação, esforçando-se para orientá-la a um objeto qualquer (como visto acima no caso de ataques convulsivos); com esta operação o choque na saída do ar foi evitado e me trouxe sangue no rosto, como senti distintamente. Ocorreu também que esta mesma irritação gerou uma saliva fluida (saliva), que reduziu o efeito deste choque na saída do ar e provocou o engolimento desta umidade. – Esta operação do ânimo exige, de fato, um alto grau de firmeza em sua resolução, o que a torna ainda mais benéfica.

6. Das consequências deste hábito de respirar com os lábios fechados

A consequência *imediata* é sua extensão para o sono e eu, mesmo dormindo, me assusto quando por acaso dou uma respirada pela boca; daí percebe-se que no sono, e com ele o sonho, / não estamos tão distantes assim de um estado de vigília e nem em uma situação que não permita algum direcionamento de nossa

112

---

e acorde, se respirar alguma vez pela boca, como aconteceu comigo inicialmente, antes de ter o hábito formado de respirar deste jeito. Quando se é forçado a andar em ritmo forte ou em aclive, então é preciso uma força maior na resolução para não se afastar desta regra e adequar os passos, para que não haja exceções; da mesma forma, se um forte movimento tem que ser feito, por exemplo algo que um educador está solicitando aos seus pupilos, esse movimento tem que ser feito preferencialmente em silêncio, para evitar uma frequência maior de respirações com a boca aberta. Meus jovens amigos (ex-alunos) enaltecem esta máxima dietética como comprovada e saudável, e não a desconsideram apenas por ser um remédio caseiro, que torna o médico dispensável. – Também precisa ser observado que: parece que quem fala por um longo período acaba respirando mais frequentemente pela boca e, portanto, pode fugir da regra sem danos, mas na verdade não é isto que ocorre. Pois a respiração ocorre mesmo pelo nariz. Pois quando a voz do locutor está meio tapada dizemos que ele está falando "pelo nariz" (um som muito desagradável) mas na verdade não estaria falando pelo nariz. E ao contrário quando parece que ele não está falando pelo nariz, está efetivamente falando pelo nariz; como o senhor Conselheiro Áulico Lichtenberg observou com humor e corretamente. – É pela mesma razão que pessoas que têm que falar por um longo período e em voz alta (palestrante ou pregador) conseguem aguentar mais de uma hora sem ficarem roucas: precisamente porque aspiram pelo nariz e não pela boca, esta usada apenas para expirar. – Uma vantagem colateral deste hábito de respirar com os lábios fechados, quando se está sozinho e não engajado em uma conversação, é que a saliva, que sempre é secretada e umedece a garganta, funciona também como apoio à digestão (estomacal) e talvez também (engolida) como laxante, quando alguém tem a firme decisão de não a desperdiçar.

atenção: daí pode-se também concluir que alguém que decidiu, na noite anterior, dormir mais cedo do que o habitual (para um passeio) também *acordou* mais cedo; pois pode se presumir que foi acordado pelo relógio da cidade, o qual, portanto, deve ter ouvido no meio do sono e lhe dado atenção. – A consequência *mediata* deste hábito elogiável está na prevenção de uma tosse involuntária e forçada (não para *escarrar* em expectoração intencional) nos dois estados, sono e vigília; portanto uma doença é prevenida apenas através do simples poder de uma resolução. – Eu mesmo uma vez, já com a luz apagada (e já deitado), fui acometido de uma forte sede; para achar a água e resolver a situação teria que ir para outro cômodo e deveria procurar tateando uma vasilha com água, momento no qual tive a ideia de fazer várias e fortes respirações levantando o peito, parecia que eu estava *bebendo* o ar pelo nariz; com isso a sede foi totalmente aplacada em poucos segundos. Foi uma excitação doentia que foi superada através de uma excitação contrária.

Conclusão

São todos do tipo espasmódico (convulsivos) os ataques doentios, em relação à capacidade que possui o ânimo, como um poder superior dos animais racionais, de ser mestre destes sentimentos puramente através da firme vontade humana: mas não se pode afirmar o contrário, de que todos deste tipo possam ser impedidos ou superados através de uma simples, firme resolução. – Pois alguns destes ataques têm como característica que o esforço para os submeter, a partir da força de uma resolução, apenas reforça ainda mais o sofrimento convulsivo; como foi um caso que aconteceu comigo, com essa doença, descrita pelo Jornal de Copenhaguen, há mais ou menos um ano, como "epidêmica, com catarro e *pressão na cabeça*"[69] (para mim veio um ano antes, mas com sensações semelhantes) que me desorganizou alguns trabalhos intelectuais, ou os enfraqueceu e deixou menos aguçados, mas como essa pressão deve ser atribuída ao natural enfraquecimento / dos velhos, não pode ser modificada e irá terminar junto com a própria vida.

---

69. Eu a considero como um tipo de gota que atingiu parcialmente o cérebro.

A característica doentia do paciente, que acompanha e prejudica o pensamento, na medida em que é a retenção de um conceito (a unidade da consciência de representações ligadas), traz o sentimento de um estado espasmódico do órgão do pensar (o cérebro), originando uma pressão, a qual não enfraquece propriamente o pensar ou a meditação, nem a memória do que já foi pensado; mas em uma exposição (oral ou escrita) a própria necessidade de assegurar uma compreensão conjunta das representações, e evitar romper sua ordem temporal, causa um estado espasmódico involuntário no cérebro, uma incapacidade de manter a unidade da consciência das representações devido à troca na sequência de uma para outra. Por isto ocorre comigo: quando eu, e isso acontece sempre em todo discurso, primeiramente preparo antes o que devo dizer (para o ouvinte ou para o leitor), apontando o objeto para o qual pretendo ir na visão geral e de onde estou partindo (sem estas duas indicações nenhum discurso coerente pode ser estabelecido) e devo fazer a conexão deste último com o primeiro, de repente preciso perguntar aos meus espectadores (ou em silêncio a mim mesmo): Onde que eu estava mesmo? De onde eu parti? O que é uma falha, não precisamente do espírito, nem mesmo apenas da memória, mas da *presença de espírito* (em sua conexão), ou seja, uma *distração* involuntária, uma falha penosa, que no texto escrito (especialmente no filosófico, no qual nem sempre é fácil fazer um retrospecto e identificar o ponto de partida) é contornada com muito trabalho, mas mesmo com todo o esforço nunca será totalmente evitada.

Com o matemático, que situa para si conceitos ou os substitutos destes (símbolos de quantidade e número) na intuição e, até onde pode ir, tudo está certo e pode ser assegurado, se passa de outro modo do que com quem trabalha preferencialmente com a filosofia pura (Lógica e Metafísica), cujos objetos pairam no ar a sua frente e têm que ser apresentados e provados, não apenas parcialmente, mas sempre simultaneamente em um todo do sistema (da razão pura). Não é para se surpreender, portanto, que um metafísico fique mais cedo *inválido* do que os estudiosos de outras disciplinas, ou mesmo em relação aos filósofos de ofício; mesmo assim é necessário / que alguém se dedique à metafísica, porque sem ela não pode haver filosofia.

Temos ainda que esclarecer como alguém pode louvar a si próprio por ser saudável *para sua idade*; no entanto, com relação aos negócios que lhe cabem, tenha que ser inscrito na lista dos doentes. Portanto, esta *incapacidade* impede o uso da força vital e provoca seu consumo e esgotamento, e ele fica situado num nível inferior de vida (como um ser que vegeta), podendo apenas comer, andar e dormir, o que é denominado saudável para uma existência animal, mas doente para a existência civil (obrigada aos negócios públicos), i.e., inválido: neste sentido esse candidato à morte não se contradiz.

A arte de prolongar a vida humana nos leva nesta direção: que ao final somos apenas tolerados entre os vivos, o que não é uma situação muito divertida.

Mas nisto eu mesmo tenho culpa. Afinal, por que eu não quero abrir espaço para o mundo mais jovem, que luta para se elevar, e para viver reduzo minha fruição habitual da vida: por que prolongar, com renúncias, uma vida enfraquecida por uma duração incomum e tornar confusa, através do meu exemplo, as listas dos mortos[cxxxii], nas quais o corte é calculado para os fracos por natureza e para seu tempo presumível de vida, e submeter tudo aquilo que, de resto, denomina-se destino (ao qual as pessoas se submetiam humilde e devotamente) à firme resolução própria; a qual, no entanto, dificilmente será adotada como regra dietética universal, segundo a qual a razão exerce imediatamente o poder de cura, e nunca substituirá as fórmulas terapêuticas das farmácias?

Pós-escrito

Eu posso demandar do autor da arte de prolongar a vida humana (e, em particular, a literária) que também com boa vontade cuide da proteção dos *olhos* dos leitores (especialmente do grande número atual de leitoras, que devem sentir ainda mais o desconforto dos óculos) que são atacados por todos os lados pelo rebuscamento deplorável dos livreiros (as letras, se consideradas como pintura, absolutamente não têm nada de belo em si): isto para que não aconteça o que ocorre em Marrocos, onde uma grande parte da população da cidade é cega devido à intensa caiação branca de todas / as casas; antes que esse mal com causa semelhante se propague entre nós devem os livreiros se submeter às leis policiais. – A *moda* atual, ao contrário, vai em outra direção:

1) Não imprimir com tintas mais pretas, mas com tintas *mais cinzas* (porque o contraste fica mais suave e agradável num belo papel branco).

2) Com letras com *tipo Didot*[cxxxiii] de pés estreitos e não com o tipo Breitkopf[cxxxiv], que correspondem melhor ao seu nome de *Buchstaben*[cxxxv] (como hastes de faia para uma sustentação).

3) Com a escrita *latina* (até mesmo a escrita cursiva) em obras com conteúdo em alemão, sobre isso afirma Breitkopf com razão: que ninguém consegue manter uma leitura por longo tempo com caracteres que não sejam alemães[cxxxvi].

4) Com a escrita, a menor possível, o que faz com que as notas de rodapé sejam ainda menores (pior ainda para os olhos).

Para combater este abuso eu sugiro: que o periódico *Mensário Berlinense* (tanto no texto como nas notas) seja tomado como um modelo; pois, em qualquer exemplar que se tome nas mãos, sente-se os olhos, atacados pelas leituras acima mencionadas, se fortalecerem através da visualização deste periódico[70] [cxxxvii].

---

70. Eu tive uma experiência com um ataque mórbido nos olhos (não exatamente uma doença dos olhos) nos meus quarenta anos, mais tarde ocorria com um espaçamento de alguns anos e agora ocorre algumas vezes por ano; esse fenômeno consiste em: ao ler uma página, de uma só vez, todas as letras se confundem, surge um clarão que se espalha e se mistura com as letras, tornando-as totalmente ilegíveis. Este estado, que não dura mais do que seis minutos, pode ser perigoso para um pregador acostumado a ler páginas; para mim, no entanto, como eu no auditório dos cursos de Lógica e Metafísica me preparo para fazer uma apresentação livre (de cabeça), fica apenas a preocupação de que estes ataques sejam um prenúncio de cegueira. Mas já estou mais tranquilo quanto a isto, apesar dos ataques ocorrerem mais frequentemente, não percebo nenhuma perda de acuidade visual no meu olho saudável (pois perdi a visão do olho esquerdo há cerca de cinco anos). – Casualmente, quando esse fenômeno ocorreu, tive uma vez a ideia de fechar os olhos, inclusive colocando as mãos sobre eles para evitar ainda mais a luz externa e aí na escuridão vi uma figura bem clara, como que escrita com fósforo na escuridão em uma folha, que parecia com a representação do último trimestre em um calendário, mas com uma borda recortada no lado convexo, esta figura foi gradualmente perdendo a claridade e sumiu no tempo acima referido. – Gostaria de saber se outras pessoas também fizeram a mesma observação e como se pode esclarecer este fenômeno que não está nos olhos – pois quando movimento os olhos a figura não se move e fica sempre no mesmo lugar – e deve residir no senso comum (*sensorium commune*). Também é estranho que alguém perca um olho e (num tempo que eu avalio de três anos mais ou menos) não sinta falta dele.

ANEXO I
O CONTEXTO HISTÓRICO PRUSSIANO NOS TEMPOS DE KANT

Luiz Gonzaga C. Nascimento

A Prússia no século XVIII

Desde a sua unificação, na segunda metade do século XIX, a Alemanha tem exercido forte influência sobre o cenário europeu e mundial. Nessa história tão rica e turbulenta, a Prússia exerceu um papel significativo, constituindo-se em uma das forças principais desse processo de unificação. Nosso objetivo é apresentar um rápido panorama dos grandes momentos vividos pela Prússia, sem pretender fazer uma análise histórico-sociológica profunda, mas apenas reconhecer algumas possíveis influências e cenários vividos por Immanuel Kant. O intuito é trazer alguns elementos que possam ajudar na leitura desta tradução de *O conflito das faculdades*.

O ponto marcante de todo o movimento político e sociocultural desse momento histórico pode ser revelado pelo conceito do Esclarecimento (*Aufklärung*), cujo epicentro se desenvolve durante o reinado de Frederico II. Comecemos com uma descrição geral do período, citando uma passagem de Habermas:

> As principais tendências que prevaleceram ao final do século XVIII são bem conhecidas. O poder feudal, a Igreja, o príncipe, e a nobreza, que eram os que davam suporte à publicidade representativa, se desintegraram num processo de polarização; ao final se fragmentaram em elementos privados, por um lado, e públicos pelo outro. O *status* da Igreja mudou como resultado da Reforma; a fundamentação na autoridade divina que ela representava – ou seja, a religião – se transformou em assunto privado. A chamada liberdade de religião assegurou a primeira esfera da autonomia priva-

da; a Igreja mesma continuou a existir como uma instituição corporativa entre outras, sob a lei pública. O primeiro sinal visível de uma polarização análoga na autoridade do príncipe foi a separação entre o orçamento público e os interesses privados dos poderes locais[71].

Pela descrição de Habermas temos um quadro do que está acontecendo neste período da Alemanha. Por um lado, o clero e os nobres se enfraquecem; por outro lado, o absolutismo vai se afirmando e afinal dando o tom principal para toda uma época. Neste contexto queremos destacar três elementos que terão grande importância nos temas tratados por Kant, ao final da última década do século XVIII: a **tolerância religiosa**; a **máquina de guerra** e a **centralização administrativa**.

É importante salientar que não está havendo um processo revolucionário na Prússia, nos moldes do processo francês, com quebra radical do sistema feudal e a abertura para um sistema capitalista. No campo político, por exemplo, não ocorre nenhuma experiência parlamentar que possa dividir o poder com a coroa. O que ocorre é uma centralização mediada pelo rei, tentando manter o velho sistema sob uma nova forma. A Prússia se mantém como uma economia voltada para a terra, a população rural, que compunha aproximadamente 80% do total, no início do século, se mantém em torno de 66% ao final do século e, como veremos adiante, a força regional terá ainda grande contribuição na construção da máquina militar.

Entre revolução e reação será buscado um equilíbrio através da racionalidade, como afirma o historiador Julian Swann: "O que o Iluminismo forneceu foi uma crença otimista de que, com a fria utilização da razão nos assuntos de Estado, os governos poderiam se fortalecer e serem mais eficientes"[72]. Um bom exemplo está no eixo da **tolerância religiosa**, explicitada numa citação de Frederico II:

> [...] desde que a prática pacífica de uma religião seja uma parte integral do que o homem concebe como felicidade,

---

71. HABERMAS, 1989, p. 11. Tradução minha em todas as citações.
72. BLANNING, 2000, p. 23.

eu não devo me desviar do firme propósito de proteger os direitos e liberdade de cada religião. As disputas entre os clérigos não são de forma alguma assunto para os príncipes[73].

A posição de Frederico II pode parecer bastante libertária, mas atende aos interesses pragmáticos do Estado. Para dar um exemplo podemos lembrar a conquista da Silésia pela Prússia em 1740, que precisa ser integrada ao reino e traz uma importante região católica. Outro exemplo, citado por Swann, foi a autorização dada por Frederico II para a construção de uma catedral católica em Berlim. Veremos na próxima seção que a tolerância religiosa é uma das bases para a própria criação do reino da Prússia, uma região em que uma dinastia calvinista tem que reinar sobre uma nobreza luterana.

Quanto à **máquina de guerra**, segundo elemento principal que destacamos, também se coloca o aspecto da racionalidade. A Prússia conseguiu montar uma das maiores e mais eficientes estruturas militares de nossa história. O grau de militarização da sociedade foi implantado sob o princípio da racionalidade; buscando o equilíbrio entre os interesses dos nobres que geralmente eram os oficiais, dos trabalhadores rurais (servos ou não) e da crescente população urbana (comerciantes, corporações e manufaturas). Um dos sistemas mais importantes, e que vem sendo cada vez mais pesquisado pelos historiadores, é conhecido como *Kantonsystem* ou *Kantonreglement*. Esta política pública demonstra bem a preocupação em não romper o equilíbrio da economia agrária e suas relações clássicas.

A **centralização administrativa**, que compõe o terceiro elemento principal deste anexo, é uma ferramenta fundamental para o absolutismo, tanto para fortalecer a estrutura militar, com infraestrutura e formação de mão de obra, como para isolar as regiões, diminuindo o poder dos nobres locais. As universidades passam a ser uma necessidade de Estado, a expansão *manu militari* exige grandes contingentes de administradores e cada vez é mais sofisticada a tecnologia utilizada na guerra. Uma universidade foca-

---

73. BLANNING, 2000, p. 26.

lizada na teologia não vai criar bons administradores, médicos, juristas, cientistas. É preciso estabelecer o princípio racional: a crítica da religião, a crítica da alquimia e a crítica da própria filosofia. Afinal não se fabrica um bom canhão apenas com reza ou com passes de mágica, não se administra uma brutal expansão territorial, tentando transformar pedra em ouro e negando a ciência. Pelo menos durante o século XVIII os monarcas absolutistas conseguiram administrar o equilíbrio, permitindo um certo espaço de debate, que Kant soube aproveitar, mas mantendo o poder a partir de uma poderosa estrutura administrativa em simbiose com a máquina de guerra.

As próximas seções serão divididas de acordo com os cinco monarcas que reinaram no século XVIII: Frederico I (1701-1713), Frederico Guilherme I (1713-1740), Frederico II (1740-1786), Frederico Guilherme II (1786-1797) e Frederico Guilherme III (1797-1840). O primeiro representa o marco inicial, o gesto inusitado da autoproclamação. O segundo vai criar a **máquina de guerra** e implantar uma **administração racional centralizada**. O terceiro, apoio importante para Kant, consolida os resultados anteriores, amplia a **tolerância religiosa** e fomenta o Esclarecimento, num longo reinado. O quarto representa uma violenta reação dos setores conservadores tentando romper o Esclarecimento. O quinto, considerando apenas a primeira parte de seu longo reinado, começa com uma retomada do Esclarecimento e vai até as decisivas derrotas militares na guerra contra Napoleão, que quase fulminaram o regime. Kant nasce no reino de Frederico Guilherme I, em 1724, mas é necessário analisar brevemente o reinado de Frederico I, pela sua importância como fundador do reino da Prússia. O falecimento de Kant se dá em 1804, o que requer uma breve análise do período inicial de Frederico Guilherme III.

A coroação de Frederico I – Uma nova era para a Prússia e para a Alemanha

Antes do século XVIII não existia um reino da Prússia, mas apenas uma região subordinada ao sacro Império Romano, designada como Prússia Ducal, e uma região em Brandemburgo, já poderosa, controlada pelos Hohenzollern – nas duas o poder era exercido por um único Eleitor. O império não tinha as características de uma estrutura centralizada, nos moldes do Império Romano, sua fragmentação interessava aos interesses das localidades em manter uma estrutura feudal. É neste sentido que as infindáveis guerras que atingiam a região eram muitas vezes intestinas. A decisão autônoma de um Eleitor de Brandemburgo, de se proclamar rei e designar as duas regiões como Prússia, pode ser considerada como um fato histórico simbólico na conformação do século XVIII, que afetaria toda a história da Europa. A seguir faremos um breve relato desta coroação, a partir do texto de Christopher Clark[74].

Em 18 de janeiro de 1701, Frederico III[75], Eleitor de Brandemburgo e duque da Prússia, foi coroado "Rei na Prússia" na cidade de Königsberg. O esplendor do evento não tem precedentes na história da Casa dos Hohenzollern. De acordo com relatos da época, 30.000 cavalos foram necessários para o transporte da família do Eleitor, seus criados e bagagens, tudo empacotado em 1.800 carruagens, que se dirigiram pela estrada até o local da coroação[76].

O evento foi considerado como o mais caro de toda a história da Prússia. Para ele foi criada uma taxa especial que arrecadou meio milhão de táleres, mas que não foi suficiente nem para pagar as coroas do rei e da rainha. O total das despesas é calculado pelos historiadores em seis milhões de táleres, o que equivale a dois anos de receita da administração real da época. Clark continua sua descrição:

[...] assistido por um grupo de membros da família, da corte e altos funcionários locais, o Eleitor colocou a **coroa em sua própria cabeça**, tomou o cetro em sua mão e recebeu a homenagem dos presentes. Ele então se dirigiu aos aposentos de sua mulher e a coroou na presença de seu círculo doméstico. Depois que os representantes ofi-

---

74. As citações sobre a coroação são todas de SCOTT & SIMMS, 2007.
75. Que passou a designar-se Frederico I.
76. SCOTT & SIMMS, 2007, p. 14.

ciais renderam suas homenagens, o casal real se dirigiu à capela para a unção. Lá foram cumprimentados na porta, por dois bispos, um luterano e um reformado (calvinista), ambos designados especialmente para este propósito – em deferência ao caráter biconfessional do estado Bradenburgo-Prússia (no qual uma dinastia calvinista reinava sobre uma população luterana)[77].

O episódio da unção, que mesmo feita pelo bispo calvinista, ocorreu na presença do bispo luterano, também é marcante para entender as intenções do novo rei. Não só a unção foi feita após a coroação, como a ordem para começar o ritual foi dada pelo próprio rei. Segundo os historiadores foi um recado claro paras as regiões de que o comando sobre as religiões estava com o estado central. Veremos no texto do *Conflito* que os estatutos religiosos têm que ser sancionados pelo regime.

Finalmente, a nova denominação política teve um efeito prático de integração: o território báltico, formalmente conhecido como Prússia Ducal, não era mais um apêndice externo à área central de Brandemburgo, mas um elemento constitutivo em um novo amálgama eleitoral-real, que no começo seria designado como "Brandemburgo-Prússia", mais tarde simplesmente como "Prússia".

Deve ser destacado o papel de Königsberg, que era a capital da Prússia Ducal e foi o local da coroação. A cidade teve, desde o começo, uma certa autonomia e foi palco de um florescimento comercial e de importante atividade econômica regional, sendo um ponto nevrálgico para a Prússia, Polônia, Rússia e para o cenário báltico.

O reinado relativamente curto de Frederico I não trouxe inicialmente grandes modificações estruturais para a Prússia, a não ser a própria decisão autônoma de sua fundação. Seu governo foi prejudicado por uma fraca administração, aliada ao seu apetite para festas e para a ostentação. No entanto, deve se destacar sua

---

77. SCOTT & SIMMS, 2007, p. 14.
    Esta cerimônia dá uma senha para a leitura de *O conflito das faculdades*, onde o tema da tolerância religiosa tem grande destaque. Quando essa tolerância é ameaçada pelo obscurantismo de Frederico Guilherme II, todo o projeto de uma Grande Prússia fica ameaçado, com graves consequências.

habilidade política ao conseguir, com uma teia de acordos, não só tomar uma decisão inusitada, mas mantê-la. A tarefa pesada da construção da grande Prússia caberia ao seu sucessor.

A máquina bélica e a administração centralizada de Frederico Guilherme I

O cognome de rei soldado cai bem para Frederico Guilherme I, afinal, em menos de três décadas ele dobrou os efetivos do exército, expandiu seu território, demonstrando ser um grande estrategista militar. Mas essa imagem pode levar a uma subestimação do papel histórico de seu reinado, pois sua contribuição para uma administração centralizadora, com padrões elevados de eficiência, foi fundamental para o enfraquecimento do modelo feudal. Precisamos então considerar duas dimensões, a militar e a administrativa e seus suportes respectivos principais: o *Kantonsystem* (sistema cantonal) e o *Generaldirektorium* (Diretório geral). Comecemos esta análise pelo aspecto militar, a partir de um autor que estudou profundamente a máquina de guerra prussiana.

Reconhecido como um importante historiador alemão, Otto Büsch defende uma posição radical em relação ao sistema militar prussiano. Considera que desde a reforma do "rei soldado" em 1713, até as reformas de Stein e Hardenberg, depois de 1807, o sistema militar constituiu-se como coluna vertebral da sociedade prussiana. "O Exército prussiano foi, ao mesmo tempo, causa, meio e base para a construção, formação e manutenção deste sistema social"[78].

O autor apresenta os feitos de Frederico Guilherme I com argumentos significativos: "Quando Frederico II assume o trono em 1740 a Prússia já era a terceira ou quarta potência militar da Europa, mesmo estando em décimo lugar quanto à extensão territorial e em décimo terceiro lugar quanto ao número de habitantes"[79]. Mas Büsch parece dar um peso excessivo para a questão

---

78. BÜSCH, 1962, p. 18.
79. BÜSCH, 1962, p. 20.

militar, por exemplo quando afirma: "O sistema mercantil, da forma como operou na velha Prússia, se constituiu num complemento à sociedade organizada para a guerra"[80]. No entanto, o sistema mercantil já se desenvolvia há tempos, sendo um dos fatores importantes, naquela região, o comércio em torno do Mar Báltico. Pode-se aceitar que a máquina de guerra impulsionou a economia, mas esta não pode ser vista apenas como um complemento. Detalhemos um pouco mais o sistema do *Kantonreglement*:

> No ano de 1733 Frederico Guilherme I criou a espinha dorsal do sistema militar prussiano, denominado Kantonreglement. A princípio este sistema não chamou muito a atenção da época, mesmo porque, ao invés de uma legislação revolucionária, o sistema foi implantado através de três ordens do gabinete real. No entanto os historiadores são unânimes em ressaltar um verdadeiro "pulo do gato", o sistema cantonista desenvolveu uma forma equilibrada e descentralizada de recrutamento e mesmo de funcionamento das forças armadas, compatível com um mínimo de manutenção do trabalho do camponês em suas terras. O camponês tinha um período livre durante o ano, que lhe permitia manter-se economicamente e conservar seus laços familiares e com sua terra natal[81].

Essas medidas mostram que o regime absolutista não veio para revolucionar a sociedade feudal, mas para tentar estabelecer uma racionalidade e equilíbrio, sem alterações radicais. Este sistema híbrido de recrutamento, citado por Büsch, procurou balancear as necessidades da área militar com as necessidades fiscais para o sustento do Estado e da própria máquina bélica. Procurou também não romper o equilíbrio da economia agrária e os privilégios dos nobres (que eram os altos oficiais). Mas era inevitável que tamanha centralização tivesse despertado uma força urbana que se deslocaria dos artesãos para a manufatura, resultando ao final do século no começo da industrialização e nas consequentes turbulências sociais.

---

80. BÜSCH, 1962, p. 20.
81. BÜSCH, 1962, p. 30.

Apesar de todas as profundas mudanças que ocorrem nos cinco períodos que estamos analisando é preciso destacar que a Prússia ainda se manteve basicamente como uma região agrária.

A relação entre população rural e população urbana em toda a monarquia foi de 78% no começo do século XVIII, chegando a 67% em 1801. Fica claro que a população rural recebia a maior carga do serviço militar, o camponês como recruta e o nobre como oficial. Essa carga foi ficando ainda maior com as chamadas "Exemtionen", que isentavam do serviço militar pessoas específicas e alguns grupos urbanos[82].

Ora, se o peso da máquina de guerra é tão avassalador e o recrutamento forçado e regionalizado é um fator quase de terror para a população, uma parte dos isentos do serviço militar acaba formando uma espécie de elite, que se articulará em torno da educação e da administração.

Chegamos então à dimensão administrativa da estratégia de Frederico Guilherme I, a criação do *Generaldirektorium*, manifestação pura de seu talento nesse campo. Rüdiger, após explicar os conflitos entre várias partes fragmentadas da administração prussiana da época, faz uma boa síntese sobre o *Generaldirektorium*:

> [...] em 1723 foi criado o Diretório Geral, Superior de Finanças, Guerra e Diretório de Assuntos dos Territórios (*General-Oberfinanz-Kriegs- und Domänen-Direktorium*), chamado abreviadamente de *Generaldirektorium*, um organismo central de controle com tarefas do ordenamento político-social, o qual se originou da união do Diretório Geral das Finanças e do Comissariado Geral da Guerra. Neste novo organismo deveria ser centralizado o que antes era executado por várias instituições, incluindo impostos, atividade econômica e administração militar...[83]

---

82. BÜSCH, 1962, p. 22.
83. RÜDIGER, 2005, p. 208.

É significativo o número de historiadores que enfatizam o papel fundamental deste instituto de centralização; a maioria salienta sua eficiência e longa permanência (mais de 80 anos), pois esta estrutura só será modificada completamente a partir das reformas de Hardenberg e von Stein, no começo do século XIX. Destacam também que desde o final de sua adolescência, como príncipe, Frederico Guilherme já se envolvia com tarefas militares e administrativas. Nessa época é de sua lavra um grande programa de padronização do calibre das armas utilizadas na guerra, do tamanho e formato das espadas e sabres e até mesmo a padronização do treinamento das tropas.

Um novo tipo de funcionário público estava sendo exigido, os senhores ligados exclusivamente à terra começaram a perder espaço político:

> Já no regulamento para a implantação do *Generaldirektorium*, de 20 de dezembro de 1722, fica expresso que para a construção de um efetivo controle administrativo é necessária a competência na administração da atividade econômica do cidadão e não a dos nobres em sua tradicional economia agrária. O regulamento exigia administradores de "cabeça aberta", que entendessem e mesmo praticassem o Comércio, Manufatura e outros temas...[84]

Mas, há um segundo ângulo de abordagem que deve necessariamente ser enfatizado: o caráter colegial das decisões em órgãos administrativos. Mesmo sendo a decisão final sempre uma prerrogativa do rei, o *Generaldirektorium* preparava o terreno para as decisões, num processo de debate das questões mais importantes do reino – o Diretório era uma espécie de fórum privilegiado. Mesmo assim algumas estruturas regionais ainda continuavam funcionando e o gabinete do rei também tinha um peso decisivo no quotidiano do regime. Quando Frederico II assume o reinado, em 1740, essa estrutura centralizada, criada pelo seu antecessor, não só será mantida, mas ampliada com pessoas de perfil técnico ou especialista, muitas vezes oriundas do comércio ou da manufa-

---

84. RÜDIGER, 2005, p. 211.

tura nascente. Também precisa ser destacado que, pela primeira vez, estão unidos na mesma organização o comando militar e o comando das finanças.

Frederico II – O rei filósofo e o Esclarecimento

Frederico II foi uma grande figura política do Esclarecimento alemão. O estudo do seu período até hoje movimenta muitas pesquisas e publicações, sendo um dos alvos preferidos para as mais variadas polêmicas. Para uns, apenas mais um autocrata, contrarrevolucionário e belicista, para outros o rei filósofo, o verdadeiro motor do Esclarecimento. Para Kant, Frederico II é a personificação do Esclarecimento e sua relação de respeito se manterá durante todo o longo reinado (1740-1786). Um dos biógrafos de Kant, Manfred Kuehn, ressalta que até na morte os dois personagens tiveram uma conexão simbólica, como se revela em sua descrição da cerimônia do enterro de Kant:

> Uma grande multidão estava presente. Muitos cidadãos de Königsberg, muitos dos quais sabiam pouco sobre Kant ou mesmo nem o conheciam, vieram acompanhar o descanso final do famoso filósofo. A cantata, escrita por ocasião da morte de Frederico II, foi adaptada para Kant: o maior filósofo da Prússia foi honrado com a música escrita para o maior rei da Prússia[85].

A fama de filósofo foi em parte alimentada pelo próprio rei: "Desde jovem Frederico II demonstra um grande interesse pela cultura e em particular pela filosofia, aos 16 anos, em 1728, escreve uma carta para sua irmã e assina: Frederico, o Filósofo"[86]. Mas é no campo político, militar e administrativo que suas habilidades serão marcantes. O rei ampliará o trabalho de seu antecessor, consolidando a Prússia como uma das maiores potências do século XVIII. E há uma continuidade nessa passagem, pois o objetivo de Frederico II continua sendo o de expandir seus domínios, sem

---

85. KUEHN, 2002, p. 2.
86. NEUGEBAUER, W., 2003, p. 11.

uma ruptura radical de uma ordem feudal, mas abrindo caminho para a Modernidade e o Esclarecimento.

    Uma das primeiras medidas de Frederico II, tomada menos de uma semana após a morte de seu pai, foi o abrandamento da tortura, que era praticada normalmente pelo Estado há três décadas. Num primeiro momento a tortura foi mantida para crimes contra a pátria, lesa-majestade e chacinas, e depois, com idas e vindas, a tortura é finalmente afastada do governo prussiano a partir de 1759[87].

    Essa "liberalização" foi marcante em seu reinado, incluindo a **tolerância religiosa**, uma aceitação do debate intelectual das ideias e até mesmo uma relativa liberdade de imprensa. O historiador Reinhold Koser dá um exemplo importante: "Poucos dias antes da morte de Frederico II, era vendido abertamente nas livrarias de Berlim um panfleto com críticas severas ao próprio rei e ao seu círculo próximo"[88].

    O interesse de Frederico II pela filosofia vem desde sua formação, na qual Neugebauer destaca: Voltaire, Pierre Bayle, Wolff, Locke, Montesquieu, Thomasius e Pufendorf. A ligação com Voltaire foi talvez a mais duradoura e importante, o que nem sempre foi muito saudável para o próprio Voltaire. O relacionamento começa por correspondência em 1736 e duraria até a morte de Voltaire em 1778. Durante um certo período, em que Voltaire estava na corte, sob os cuidados de Frederico II, o filósofo escreve uma carta significativa para o rei. Voltaire pede para ser "liberado" e voltar para o seu país. O tom deste pedido revela uma situação de constrangimento do filósofo e até mesmo a imposição de Frederico II.

    No campo militar pode-se afirmar que Frederico seguiu e ampliou o legado militar de seu pai, talvez com um empenho físico e pessoal inédito entre seus pares.

> Frederico II não era apenas um bom administrador e um brilhante intelectual, sua presença era marcante nos pró-

---

87. NEUGEBAUER, W., 2003, p. 16.
88. Citado em NEUGEBAUER, W., 2003, p. 54.

prios campos de batalha, onde orientava seus soldados diretamente e até mesmo entrava em combate, sendo, numa destas ocasiões, atingido por uma bala em Torgau. Ele conseguiu desenvolver uma comunicação direta com os soldados, segundo os historiadores, nenhum outro monarca da sua época assumiu tantos riscos e foi tão diretamente conectado com seus soldados. O seu apelido na época comprova este fato: "Roi-Connétable"[89].

Quanto ao aspecto administrativo o reinado foi, na maior parte de sua duração, bem-sucedido, por exemplo com a ampliação dada ao *Generaldirektorium*. Os historiadores salientam que Frederico II procurava manter o equilíbrio da economia agrária, mas estava também atento para o fomento da manufatura. No entanto, ao final de seu regime instaurou-se uma grave crise, revelando a consequência nefasta da sua política de guerra – o modelo não era mais sustentável. A crise, que inclusive deu origem a fortes movimentos sociais de caráter urbano, foi deflagrada pela política draconiana de cobrança de impostos, implantada em 1766 por Frederico II. Essa política, denominada *Régie*, atingia diretamente os setores econômicos mais urbanos e ligados ao incipiente capitalismo, pois cobrava impostos por transação ou pedágio, sem atingir diretamente a nobreza com impostos sobre a terra ou sobre as riquezas. Foram duas décadas de forte reação das cidades, que acabaram obrigando o sucessor de Frederico II a abolir a *Régie*.

A passagem da coroa para Frederico Guilherme II traz uma mudança radical no absolutismo prussiano. Essa diferença permite entender melhor o próprio papel de Frederico II e terá grande influência em *O conflito das faculdades* de Kant.

Frederico Guilherme II – Tempos cruéis do ataque ao Esclarecimento

Não há grandes discordâncias entre os historiadores ao considerar que Frederico II não deu importância para a formação de seu sobrinho e sucessor. Wolfgang Neugebauer vai além e consi-

---

89. NEUGEBAUER, W., 2003, p. 36.

dera que esta frágil educação do príncipe o levou a aproximar-se de organizações secretas, com fundo místico e esotérico. Entre elas a maçonaria e algumas seitas que misturavam ciência, mágica e alquimia e procuravam se infiltrar no alto comando militar e no governo.

Mas quem eram estas pessoas? Oficiais de alta patente, entre eles o duque de Braunschweig e o coronel Von Bischoffwerder. Tinham como objetivo recrutar o futuro rei para a Ordem dos Rosacruzes e usá-lo como ponta de lança na luta contra o Esclarecimento. Frederico Guilherme pertenceu à Ordem de 1781 a 1792. Bischoffwerder, que desde 1786 estava na influente posição de um Assistente Geral, intermediou o acesso de Johann Christof Wöllner junto ao príncipe. Wöllner – o que não deve ser visto unilateralmente – de forma significativa agrega em torno de si a vontade decidida de prevenir a revolução através de um programa de reformas sociais e econômicas. Não foi a partir das notícias dramáticas de Paris que pela primeira vez o problema da revolução se tornou objeto de discussão – até mesmo pública – como no periódico *Berliner Monatsschrift*, sendo debatido frequentemente. Já a luta norte-americana pela independência foi entendida na Prússia como uma revolução. A ofensiva dos Rosacruzes era um "produto da crise espiritual, social e política que atingiu fortemente o estado prussiano desde a década de oitenta" (H. Möller). A estratégia de contra-ataque dos Rosacruzes, de um Wöllner e de um Bischoffwerder, mobilizava um decidido antiesclarecimento através do estímulo da fé ortodoxa[90].

Este fenômeno das organizações secretas tem grande peso na análise histórica deste período, como salienta Monika Neugebauer[91], importante pesquisadora deste tema. Por outro lado, é preciso lembrar que as sociedades secretas, como antípodas do

---

90. NEUGEBAUER, W., 2003, p. 58.
91. Utilizamos mais o trabalho de Wolfgang (Neugebauer, W., 2003) por ter um aspecto mais geral, no entanto para realmente entender o peso das sociedades secretas o livro (M. Neugebauer, 2003) de Monika é fundamental.

Esclarecimento, eram um fruto típico do sistema feudal com suas guildas e corporações. O trabalho de Monika é bastante meticuloso e dá detalhes do trabalho dos Rosacruzes sob o reinado de Frederico Guilherme II, principalmente executado pelas duas figuras já citadas, Bischoffwerder e Wöllner. Desde a adolescência o trabalho de persuasão sobre o príncipe é pesado: "Em 3 de agosto de 1781 Bischoffwerder pode informar ao seu superior que o sucessor da coroa prussiana já poderia ser recrutado. Ora, isso só podia acontecer porque seu líder espiritual esperava que ele fosse 'uma ferramenta para expandir o reino divino'"[92]. Essa "ferramenta" foi cuidadosamente preparada para atacar qualquer avanço social e impor uma ortodoxia religiosa.

> Os historiadores reconhecem que não havia na Prússia daqueles tempos nenhum processo revolucionário em andamento, nada que lembrasse a situação da França, mas o medo da revolução foi provocando um processo obscurantista e repressor. Um exemplo está num comunicado de Frederico Guilherme II, em junho de 1792, alertando o Tribunal Superior de Berlim para que este "não se confundisse com algum tipo de parlamento"[93].

Essa postura de combate ao Esclarecimento, como uma importante iniciativa para afastar uma revolução, e essa repressão a qualquer iniciativa que viesse a reduzir o poder do monarca absoluto, encontrava um forte opositor em Kant, que defendia o modelo da paz cosmopolita e de uma constituição civil, representando no debate político, como já dissemos, o polo oposto. Um dos principais obscurantistas foi Wöllner, mesmo assim:

> Wöllner desde 1788 trabalha por uma política de restauração cultural. Desde este ano o antigo padre passa a ser o chefe (luterano) do departamento espiritual e ministro da Justiça. Mas o rei estava tão empenhado nos assuntos de religião e censura política, que até mesmo Wöllner tinha às vezes que fazer o papel de um freio[94].

---

92. NEUGEBAUER, M., 2003, p. 56.
93. NEUGEBAUER, W., 2003, p. 62.
94. NEUGEBAUER, W., 2003, p. 62.

O foco religioso era fundamental nesta luta e a filosofia de Kant era um dos alvos, pois considerava a questão da autonomia do homem como tema central da religião. Para ele, a decisão moral vem de uma liberdade interior autônoma, e não da obediência cega a um texto pretensamente sagrado ou por orientação pastoral, portanto uma posição contrária a uma intervenção externa.

No entanto Wöllner, mesmo com sua mão de ferro sobre os intelectuais e contra a liberdade de imprensa, ainda procurou manter alguma forma de tolerância religiosa[95].

> O édito religioso de 9 de julho de 1788 é um dos primeiros e destacados exemplos da política cultural de Wöllner. São ortodoxas aquelas determinações que se relacionam com a igreja luterana do reino. Não há nenhuma dúvida de que o édito estava orientado contra o Esclarecimento. Mas há também neste documento uma certa característica de tolerância, na medida em que luteranos, reformados e católicos eram pela primeira vez colocados em posição de igualdade e uma "tolerância de outras seitas" foi promulgada[96].

Além do obscurantismo, duas características de Frederico Guilherme II seriam desastrosas para o reino da Prússia: sua paixão perdulária pelas festas e pelas mulheres e seu desinteresse pelas questões militares. Isso levou a uma vida de festas e enormes gastos (sustentou duas concubinas com seus palácios próprios, além de sua esposa), incrementando as revoltas urbanas contra os impostos. Como já foi citado na seção anterior, o rei já havia sido obrigado a revogar as medidas (*Régie*) de seu antecessor, tendo que gerir uma Prússia exaurida pelos esforços militares, mesmo assim perseverou numa atitude perdulária.

O desinteresse de Frederico Guilherme II pelas questões militares pode ser visto como uma exceção na dinastia Hohenzollern, que sempre produzira bons líderes militares. "Frederico Guilher-

---

[95]. O problema de Wöllner não estava nas pessoas que adotavam alguma religião e sim naquelas, como Kant, que depositavam no arbítrio de cada um as decisões racionais sobre questões morais e religiosas e não em autoridades externas ou livros sagrados.
[96]. NEUGEBAUER, W., 2003, p. 62.

me II tinha, surpreendentemente, pouco interesse pelos assuntos militares e justamente num momento em que estes assuntos não poderiam ser negligenciados"[97].

A herança deixada pelo rei com a ortodoxia religiosa, o descaso pelas atividades militares e a frouxidão nas despesas públicas, contribuíram para que a primeira parte do longo período de Frederico Guilherme III, seu sucessor, possa ser caracterizada como um declínio temporário do reino da Prússia.

Frederico Guilherme III - O peso de Napoleão e o declínio temporário da Prússia

Frederico Guilherme III é apontado como um rei inseguro que preferia contar com consultores e não com amigos, sendo muito desconfiado dos que serviram ao reinado de seu pai. Wöllner e Bishoffwerder foram afastados logo no começo de 1798. Os historiadores salientam o papel novo e fundamental que será desempenhado pelo Gabinete do rei, órgão que de certa forma passa a exercer o poder de fato, no dia a dia do longo período de reinado. É consenso que nunca na história do poder prussiano um Gabinete real exerceu tamanho poder. Já não existe mais a figura, como personificada por Frederico o Grande, do rei autossuficiente. Esse governo "de gabinete" pode ser interpretado como um enfraquecimento inicial do absolutismo[98].

Esse declínio citado foi agravado, e até mesmo parcialmente determinado, pelo apogeu de Napoleão, que em 1806 inflige uma terrível derrota militar e quase aniquila o regime prussiano e suas tropas[99]. John Lynn apresenta uma boa síntese deste momento:

---

97. NEUGEBAUER, W., 2003, p. 61.
98. Uma das medidas que demonstram esse enfraquecimento está na fragmentação do *Generaldirektorium*, com sua perda de poder para outras comissões.
99. Com o acordo de paz de Tilsit, em 1807, a situação da Prússia é humilhante, perde territórios e o seu exército, que chegou a mobilizar 160 mil homens em um único esforço de guerra, foi destruído pelos vencedores, apenas foi autorizada uma tropa de 42 mil efetivos para toda a parte que restou da Prússia.

Com muitas tropas estacionadas na Alemanha, Napoleão rapidamente reuniu um exército de 200.000 efetivos ao sul da floresta da Turíngia e marchou em direção norte para os flancos e para a retaguarda das forças prussianas e de seus aliados da Saxônia. Pegos de surpresa, os prussianos começam uma retirada em direção oeste, mas o grande exército napoleônico os atinge, durante a retirada, em Jena e em Auerstedt em 14 de outubro. Depois da vitória nesta dupla batalha, Napoleão caçou os derrotados prussianos sem perdão, capturando quase todo o exército ao final de novembro, quando Frederico Guilherme foge para a Rússia[100].

Todo o período que se caracterizou pela eficiência militar foi por água abaixo. Somos tentados a especular que a censura e o obscurantismo do regime anterior contribuíram para esta decadência, pois foram desligando o oxigênio da crítica e do Esclarecimento, uma força viva da Prússia. Também pesou o descaso de Frederico Guilherme II pela máquina militar, que deixou uma "herança maldita". "Pessimismo e insegurança marcavam o alto oficialato prussiano, que estava muito envelhecido; dos 244 altos cargos, 166 oficiais tinham mais de 60 anos, e destes a metade mais de 65 anos"[101].

Para Kant, e para o mundo erudito, o novo regime foi positivo. Além da derrota do obscurantismo e da severa restrição à liberdade de publicação, há um certo alívio para os defensores do Esclarecimento.

> Ao final do século, mais de 270 Sociedades de Leitura podem ser encontradas na Alemanha. Elas eram, na sua maioria, associações que em suas salas proviam oportunidade para a leitura de jornais e de periódicos e, o que era igualmente importante, para a discussão do que estava sendo lido[102].

---

100. BLANNING, 2000, p. 212.
101. NEUGEBAUER, W., 2003, p. 82.
102. HABERMAS, 1999, p. 72.

A continuidade do Esclarecimento no governo de Frederico Guilherme III é bem observada por Habermas:

> [...] uma ordem do rei da Prússia para seus ministros de Estado, datada de 1804, atesta de forma exemplar a nova visão que estava sendo divulgada "que uma publicidade decente é tanto para o governo como para os governados a mais segura garantia contra a negligência e má vontade de funcionários subalternos e merece ser promovida e protegida por todos os meios"[103].

Kant volta a atuar mais livremente e em 1798 consegue publicar *O conflito das faculdades*, lança também no mesmo ano a sua *Antropologia sob um ponto de vista pragmático*. No entanto, não poderá aproveitar muito esta fase devido ao agravamento de sua saúde. Já em 1797 é obrigado a abandonar seus cursos, interrompendo quase quatro décadas de intensa atividade. Nos quatro anos que viveu do século XIX Kant já não conseguia mais desenvolver plenamente suas atividades filosóficas, morre em 1804. Dois anos depois de sua morte, também chega ao fim, com a derrota nas batalhas de Jena e Auerstadt, o que pode ser caracterizado como a primeira fase do reino da Prússia.

---

103. HABERMAS, 1999, p. 84.

ANEXO 2
KANT CONTRA A CENSURA: NOTAS SOBRE A CONSTITUIÇÃO E A EDITORAÇÃO DE O CONFLITO DAS FACULDADES

André Rodrigues Ferreira Perez

Introdução

Neste anexo gostaria de explorar brevemente o movimento de emergência de *O conflito das faculdades*, recorrendo a alguns pressupostos que lançam luz sobre o processo de sua gênese. A este propósito, a questão premente incide sobre a unidade presumida da obra, i.e., sobre a relação da escrita contingente das partes do livro com a ideia que subjaz a elas e as organiza como sistema. Como ponto de partida, parece-me relevante notar como o autor indica, ao final do prefácio, a feição da composição da obra. Ali, Kant nos diz o seguinte:

> Sob o título geral "O conflito das faculdades" publica-se aqui três dissertações redigidas por mim com intenções diferentes e, também, em tempos diferentes mas, ainda assim, apropriadas para a unidade sistemática da sua conjunção em uma obra, e das quais só mais tarde me dei conta de que, enquanto conflito da *inferior* com as três *superiores*, poderiam (para evitar a fragmentação) encontrar-se juntas em um volume[104].

---

104. SF, AA 7: 11 $_{10\text{-}16}$.

Chame-se atenção para a imbricação de duas ordens de unidade. A obra, no que toca sua composição concreta, enquanto unidade empírica (a do livro), constitui mero *agregado* de textos produzidos "com intenções diferentes e, também, em tempos diferentes". Apesar disso ("mas, ainda assim"), em virtude da ideia do "conflito da inferior com as três superiores", tece-se o fio que conjuga estas dissertações de maneira a formar um *sistema*, enquanto unidade *a priori* concebida mediante a ideia de universidade. Neste sentido, a ideia relacionar-se-ia com o livro ao modo do universal ao particular e, portanto, aquilo que é concebido na ideia deveria poder ser exibido em cada caso a ela subordinado, como uma nota característica (*Merkmal*) contida universalmente em cada conflito, em particular.

Todavia, poder-se-ia dizer que a exibição da ideia *in concreto*, i.e., a apresentação de um "sistema real da razão"[105] na figura da universidade, configura um ardil de Kant, na medida em que a sistematicidade presumivelmente presente na obra teria sido enxertada de modo mais ou menos arbitrário, *a posteriori*, para que apaziguasse sua obsessão sistemática, sua mania arquitetônica. Isto é dizer que não se põe em questão apenas a unidade do escrito, mas também daquilo que ele apresenta, ou seja: como correlato ao problema da unidade do escrito coloca-se a questão pela unidade da própria universidade. Um leitor atento dificilmente deixaria de estranhar a coincidência da organização universitária, instituída pelo governo, com o modelo pautado na ideia racional, adotado pelo autor: "[...] o governo [...] pôde chegar *a priori* a um princípio de divisão que, embora pareça ser de origem empírica, coincide afortunadamente com o aqui adotado"[106]. Uma coincidência afortunada, é verdade, pouco promete para esclarecer a incidência comum entre aquilo que é pensado pela razão, necessariamente, com o que ocorre na história, contingentemente – tal parece mais depor em favor da imagem de um Kant ardiloso, obcecado e maníaco.

---

105. A expressão é de R. Brandt (cf. BRANDT, R. *Universität zwischen Selbst- und Fremdbestimmung*. Akademie Verlag GmbH: Berlim, 2003, p. 25).

106. SF, AA 7: 21 $_{15\text{-}20}$.

Como fundar a organização universitária em uma ideia racional, de caráter necessário, se a origem da universidade é explicada em termos de um mito-fundador, como lampejo de uma mente singular? Tal é o conteúdo do período que abre a introdução:

> Não foi má a inspiração daquele que primeiro concebeu o pensamento de tratar todo o conceito mais geral da erudição (propriamente as cabeças dedicadas a ele), tendo proposto a sua implementação pública, como que *à maneira de uma fábrica*, através da divisão do trabalho, na qual há tantos ramos das ciências quanto docentes e *professores* a serem nomeados e que, enquanto seus encarregados, constituiriam conjuntamente uma espécie de comunidade erudita, chamada *Universidade* [...][107].

Em todo caso, há documentação de que Kant também pensa o surgimento da universidade sem "feliz inspiração"[108]. Apesar do grande interesse que esta segunda ordem de problemas – a obra e a universidade como sistema – desperta, ela não poderá ser abordada nesta ocasião.

Dado o caráter histórico e documental deste anexo, ele certamente guarda pouco interesse filosófico se comparado com o problema da unidade sistemática, que tem a ver propriamente com obra, e não com vida. Não obstante, esta breve tentativa de traçar o percurso até a composição do livro pode ter sua serventia ao leitor ao procurar localizá-lo no âmbito em meio ao qual Kant reflete sobre a universidade. Com este propósito em mente, na primeira seção apresentaremos brevemente os atores e os processos que culminaram no conflito de Kant contra certas instituições do Estado prussiano; na segunda, abordaremos, sob o ponto de vista de escritos do punho do autor, o modo segundo o qual a censura e algumas de suas obras se imbricam para chegar, por fim, à publicação e à editoração de *O conflito das faculdades*.

---

107. SF, AA 7: 17 $_{2\text{-}8}$.
108. Conforme nota ao final do discurso de reitorado em AA 15: R1526, 953 $_{16\text{-}27}$, mencionada nas notas de fim da *Introdução* (desta tradução).

I

O ano de 1786 configura marco importante para compreender o processo em meio ao qual e a partir do qual *O conflito das faculdades* vem a se constituir como obra. No mês de agosto morre Frederico o Grande. Trata-se do rei que, assim parece entender Kant – em artigo publicado na edição de dezembro de 1784, do *Mensário Berlinense* (*Berlinische Monatsschrift*) –, personifica o Esclarecimento prussiano: "Sob esta consideração, esta época é a época do Esclarecimento, ou o século de Frederico"[109]. No ano da morte do rei esclarecido, "o primeiro que libertou o gênero humano de sua minoridade, ao menos no que concerne ao governo"[110], lemos em artigo de Kant, no mesmo periódico (cuja publicação data de dois meses após a morte do rei), algo que soa como uma espécie de apelo de quem percebera que o tom dos tempos mudaria. Ali, no último parágrafo, nosso autor clama aos "amigos do gênero humano e daquilo que lhe é mais sagrado!": "não entreis em conflito com a razão quanto àquilo que a faz o supremo bem na terra, a saber, o privilégio de ser a pedra de toque última da verdade. Caso contrário vos tornareis indignos desta liberdade e certamente também a prejudicareis"[111].

Infelizmente, para Kant, sua preocupação era pertinente. Com a coroação de Frederico Guilherme II, Johann Christoph Wöllner seria nomeado, em 3 de julho 1788, ministro da Justiça e chefe do departamento espiritual, substituindo o Barão de Zedlitz[112], amigo a quem Kant dedicara a *Crítica da razão pura*.

Wöllner é figura das mais notórias do "contraesclarecimento" prussiano. Já nos anos de 1760 era conhecido de Frederico, o Grande, por conta de um problema jurídico. Um requerimento

---

109. *Beantwortung der Frage: Was ist Aufklärung*. In.: B. Monatsschrift, n. 4, vol. 6, 12ª seção (dezembro de 1784), p. 491. Texto também editado no vol. 8 da edição da academia: WA, AA 8: 40 $_{26\text{-}27}$. Ademais, sugere-se aqui sobre o papel da figura de Frederico, o Grande, no texto do WA, o interessante artigo de Rubens Rodrigues Torres Filho: *Respondendo à pergunta: quem é a ilustração?* Discurso (14), 101-112, 1983.
110. BM, n. 4, vol. 2 de 1784, p. 491/ WA, AA 8: 40 $_{33\text{-}34}$.
111. *Was heißt: sich im Denken orientieren*. BM, n. 8, vol. 2 de 1786, p. 328-329/ WDO, AA 8: 146 $_{23\text{-}28}$, 147 $_1$.
112. Sobre o Barão de Zedlitz cf. RETHWISCH, 1886.

para sua elevação à nobreza para que desfrutasse dos bens da esposa de nascimento nobre (interditados pela família desta), foi respondido de modo no mínimo assertivo pelo Rei Esclarecido: "Isto não procede. Wöllner é um padre doloso e traiçoeiro, e nada mais"[113]. Em todo caso, cumpre notar que sua ascensão a uma posição influente na sociedade prussiana passa por sua filiação à *Orden der Rosenkreuzer*. Ali, Heliconus atingira o oitavo-grau da ordem. Em 8 de agosto de 1781, assim conta Preuß[114], participou (conjuntamente com Rufus e Farferus[115]) da iniciação de Frederico Guilherme, o herdeiro, à ordem[116]. O estabelecimento da influência de Heliconus sobre o herdeiro Ormesus é aferida pela nomeação, em 1783, de preceptor do príncipe (este já quase nos seus quarenta anos) para assuntos religiosos[117]. Nos três anos que se seguiram até a morte do Rei Esclarecido o tema das preleções se expandiu, formando-se, no seu conjunto, essencialmente um ataque à administração e aos ministros do reino vigente (sobretudo ao Barão de Zedlitz)[118]. Dessa maneira, é significativo que um mês e meio após a morte de Frederico o Grande o agora Ormesus Magnus tenha elevado, em 2 de outubro de 1786, Wöllner à nobreza. É neste contexto, e após dois anos de um longo processo

---

113. O caso é relatado por G.S. Ford (1910, p. 270-271).
114. PREUß, J. D., 1865, 587.
115. Duque Friedrich August von Braunschweig e Johann Rudolf von Bischoffwerder. O último é, ao lado de Wöllner, o segundo principal mentor rosa-cruz de Frederico Guilherme (após a coroação do herdeiro ambos desempenham o papel, por assim dizer, de confidentes do Rei). Segundo consta no vol. 2 da *Neue deutsche Biographie*, Bischoffwerder padecia menos de fanatismo do que seu irmão rosa-cruz Wöllner, o qual, à diferença do primeiro, era "possuído por uma ambição que o consumia" (1955, p. 266).
116. Para o sumário das orações pronunciadas na ocasião cf. SCHWARTZ, 1925, pp. 41-43.
117. Cf. FORD, 1910, 273.
118. A expansão pode ser vista desde as lições de Wöllner (cf. SCHWARTZ, 1925, p. 45), até seu *Abhandlung von der Religion*, dado por ele ao herdeiro para que fossem especificadas as políticas religiosas a serem implementadas (cf. SCHWARTZ, 1925, p. 73-91; também discutido por McIntosh, 1992, pp. 118-122). Dentre os pontos que chamam atenção destacamos quatro: a culpabilização de Frederico o Grande por tornar supostamente a Prússia o centro da impiedade nos territórios germânicos (devido à má influência de Voltaire, Diderot etc.); a acusação de mau uso da tolerância religiosa no caso do Barão de Zedlitz (chefe, à época, do Depto. Espiritual), o qual estaria empenhado em extirpar o cristianismo do território e substituí-lo pelo Deísmo e pelo Naturalismo; contra o mesmo Zedlitz, a acusação de que este seduziria garotas órfãs; por fim, que o herdeiro, quando coroado, deveria indicar um homem honesto para a chefia do Dpto. de Zedlitz – ao que tudo indica, o próprio Wöllner.

de "fritura" do mesmo Barão de Zedlitz[119], que Heliconus alcança, como indicado no parágrafo anterior, o ministério.

Nesta posição, em 9 de julho de 1788, apenas seis dias após sua nomeação, Wöllner é a cabeça por detrás da promulgação do Édito de Religião, no qual se poderia ver uma tentativa de ampliação da tutela intelectual por parte do Estado prussiano. No § 2 do referido Édito é proclamada a *tolerância* às convicções religiosas dos súditos, desde que "ele [o súdito] cumpra pacificamente seus deveres como um bom cidadão do Estado, guarde para si suas opiniões particulares e se abstenha cuidadosamente de difundi-las ou de persuadir outros, fazendo-os incertos de sua fé ou os extraviando dela"[120]. Apesar de sugerir a proibição da expressão pública de ideias, este conteúdo, por si só, não parece configurar um problema: reformados, católicos e luteranos terão seus direitos preservados; outras seitas também poderão desfrutar da tolerância, posto que não busquem converter outrem; aos judeus e menonitas, p. ex., será permitido a reunião para adoração. Sob este aspecto, pode-se dizer que o Édito de Religião configura avanço constitucional. Tal é a opinião de Epstein, o qual nota que aquilo que no reinado anterior tinha estatuto apenas de máxima de governo tornar-se, doravante, um direito baseado em garantias escritas[121].

Segundo o presente escopo, o ponto notório se encontra no § 7, no qual critica-se eclesiásticos que, segundo o Édito, teriam posto de lado partes essenciais das verdades fundamentais da Igreja protestante, em particular, e da fé cristã, em geral. Tal se deveria a adoção, em seu modo de ensino, de um tom do *modismo*, inteiramente contrário à verdadeira Cristandade. A propósito deste modismo lemos: "têm-se a audácia de reascender as falácias abjetas, há muito refutadas, dos *Socinianos, Deístas, Naturalis-*

---

119. Cf. nota anterior. Discutido também por FORD (1910, p. 276-280).
120. WILHELM, F.; v. CARMER; v. DÖRNBERG; v. WÖLLNER. *Merkwürdiges Edict. Er. Königl. Majestät von Preussen, die Religionsverfassung in der preussichen Staaten betreffend.* In.: *Acten, Urkunden und Nachrichten zur neuesten Kirchengeschichte.* Bd. 1, Abs. 6 (pp. 461-479). Weimar: Carl Ludolf Hoffmann, 1788, § 2, 465. Para aprofundamentos ulteriores quanto ao Édito recomenda-se o estudo contemporâneo de Uta Wiggermann, listado na bibliografia, seguramente o mais completo, mas também menos acessível.
121. EPSTEIN. *The genesis of German Conservatism*, p. 361 (apud McIntosh, 1992, p. 122).

tas e outras seitas mais, e, com muita temeridade e insolência, difundi-las dentre o povo através do abusado nome extremo: *Esclarecimento*"[122]. No Édito a focalização no Esclarecimento é até mesmo gráfica: trata-se da única palavra que aparece só e realçada, fora do corpo do texto. É que a tarefa é muita clara, tal como, em poucas palavras, escreve Bischoffwerder a Wöllner: "humilhar o Esclarecimento"[123].

Como complementação necessária para a boa consecução da tarefa segue-se ao Édito de Religião, em 19 de dezembro do mesmo ano, um Édito de Censura[124]. Desta vez, no entanto, é preciso salientar que a responsabilidade pelo endurecimento da censura ficou, bem ou mal, com von Carmer (um dos subescreventes do Édito de Religião). Seja em boa consciência, seja como meio de lançar a von Carmer o encargo pelo decreto por ele assinado, fato é que Wöllner chegou mesmo a desaconselhar a impressão *pública* do Édito de Censura, por compreender que o fortalecimento e a ampliação das instituições existentes destinadas a isto já era suficiente e que um tal édito macularia, em alguma medida, a

---

122. Id., § 7, 470.
123. Citado por SCHWARTZ, P. 1925, p. 95.
124. É bem verdade que neste meio-tempo foi publicada uma série de escritos (alguns panfletários) que defendiam o Édito, outros o atacavam (mesmo em troça, outros mais sérios) – os contrários, em sua maioria, anonimamente. Um caso notável é o do jovem professor Henrich Würtzer, escritor anônimo das *Bemerkungen über das Preußische Religionsedikt vom 9ten Julius. Nebst einem Anhange über die Preßfreyheit*, de 1788. O que é interessante neste caso é que, mesmo sem subscrever seu nome, o audacioso professor de Hamburgo, residente, à época, em Berlim, enviou seu escrito tanto para o Rei como para o Ministro Wöllner. Como remetente constava "Um estrangeiro residente em Berlim". Schwartz conta que Wöllner pensou se tratar do conhecido Steinbart, tendo escrito, então, ao rei que o texto em questão "transpassa tudo de hediondo que fora dito até agora pelos iluministas sobre a religião cristã. O Conselheiro Consistorial Superior Steinbart deve tê-lo escrito. [...] De fato, lúcifer anda a passos largos". Após a descoberta, presumivelmente mediante o inquérito à autoridade postal, o Rei Obscurantista escreve a v. Carmer: "O escritor impudico vai tão longe em seu *frénésie* que dedicou a mim, em impressão pública, sua crítica ao E.R., e a me enviou. Devo, assim, de uma vez por todas, dar um exemplo enfático" (cf. SCHWARTZ, 1925, p. 126). Sobre o processo instituído confira-se a sequência do trecho referido. Dentre outros episódios do tipo, mas não tão audaciosos, o caminho ao Édito de Censura foi como que se fazendo necessário, já que, assim teriam pensado os fanáticos no governo, "não é suficiente fechar a boca dos falsos professores com mordaças; também tem de ser-lhes aplicadas algemas para que não possam escrever" (SCHWARTZ, 1925, p. 129).

imagem do Estado prussiano frente aos estados estrangeiros[125]. Em todo caso, é Wöllner quem nomeia os "censores de imprensa".

Este novo Édito incide sobre as publicações impressas, sobre a *liberdade da pena* no uso público da razão diante do mundo letrado[126], na medida em que a avaliação pelas comissões de censura será necessária para a permissão de impressão. De maneira análoga ao primeiro Édito, que declara a liberdade de consciência para, com tanto mais força, atacar o Esclarecimento, o segundo inicia por acentuar a "liberdade de imprensa moderada e ordenada[127] para a ampliação das ciências"[128], de modo que, assim lemos no § 2, "o propósito da censura não é, de modo algum, inibir uma investigação decente, genuína e modesta da verdade, ou mesmo imputar aos escritores uma coerção inútil e onerosa"[129]. Não, nada disso. Para ter uma ideia do espírito do Édito de Censura, vejamos em que tom seu alvo é apontado. Na introdução lemos que ele vai de encontro às:

> perniciosas consequências que a total licenciosidade de imprensa produz, e [a] quão frequentemente, em particular nos assim chamados escritos populares, dela abusaram os escritores imprudentes, ou mesmo vis, para a disseminação de convenientes falácias danosas à comunidade, sobre os assuntos mais importantes para os homens; para a corrupção dos costumes através de imagens elusivas e apresentações que aliciam aos vícios; para o ludíbrio malicioso e para a vil admoestação de instituições públicas

---

125. Uma semana antes da publicação do Édito, Wöllner aprecia que ele "poderia provocar apenas mal-entendidos entre os estrangeiros e dar ocasião para que se sugasse e se coletasse veneno das palavras, tal como é o caso com o Édito de Religião". A responsabilidade pelo Édito, assim como o trecho do despacho de Wöllner, são comentados e citados tanto por Schwartz (1925, p. 129) como por Wieggermann (2010, pp. 414-415).

126. Cf. nota dos tradutores referente ao termo *Publizität*.

127. Seria equivocado imaginar que em algum momento a liberdade de imprensa foi total. Mesmo com Frederico II, o Rei Esclarecido, não havia liberdade irrestrita para que se criticasse publicamente a atividade política de seu governo, proibindo-se, em 1784, críticas públicas à corte e à administração (cf. WIEGGERMANN, 2010, p. 415).

128. WILHELM, F.; v. CARMER. *Erneuertes Censur-Edict für die Preußischen Staaten.* In.: *Verzeichniß derer in dem 1788sten Jahre ergangenen Edicte, Patente, Mandate, Rescripte, und Haupt-Verordnungen*, p. 2339.

129. WILHELM, F.; v. CARMER, 1788, § 2, p. 2340.

e dos ordenamentos, pela qual é gerado e nutrido, em muitos ânimos não suficientemente instruídos, tribulação e descontentamento; e para o apaziguamento de paixões privadas tacanhas, da aleivosia, da inveja, e da iracúndia, o que perturba a calma de bons e úteis cidadãos, e também debilita seu respeito diante do que é público[130].

Ademais, é de interesse que – fora os demais procedimentos, como os tipos de multas e punições, de delitos etc. – há uma avaliação, conforme o assunto dos textos, que deve divisar sob a jurisdição de qual, por assim dizer, departamento de censura a obra em questão cairia[131]. A este propósito cumpre notar que tanto as obras de teologia como as de filosofia ficam submetidas ou bem ao *Oberkonsistorium* de Brandemburgo, ou bem aos consistórios locais. No *Oberkonsistorium* não há, entretanto, uníssono. Nem todos os *Obeskonsitorialräte* se posicionam a favor das medidas reativas tal como a censura[132], o que dificulta a implementação da agenda wöllneriana. Como meio de contornar a oposição, Ormesus Magnus e Heliconus se voltam para a *Silésia* (lugar fecundo para o misticismo cristão e para o pietismo e que guardava certa independência da autoridade central em Berlim), a fim de encontrar um grupo leal de homens dedicados à sua intenção.

Com isto entram em cena personagens que eventualmente cruzariam o caminho de Kant. Sobretudo dignos de nota são Hermann D. Hermes (1731-1807), pietista e prepósito da Igreja de Sta. Maria Magdalena em Breaslau, e Gottlob F. Hillmer (1756-1835), moraviano e professor ginasial, Victrinus para os rosa-cruzes[133].

---

130. WILHELM, F.; v. CARMER, 1788, p. 2339.

131. As obras sobre direito vão, em geral, para o tribunal superior da região de Berlim ou para os colegiados nacionais de justiça das províncias; aquelas sobre medicina caem sob a jurisdição dos colégios médico-cirúrgicos de cada província na qual o texto em questão pleiteia publicação; as obras que tratam do reino alemão ou do Estado da Prússia ficam a cargo do Departamento de Assuntos Exteriores (cf. WILHELM, F.; v. CARMER, 1788, § 3, p. 2341)

132. Alguns dos próprios censores eram muito mais lenientes do que gostaria Wöllner. Além disso, muitos dos escritores lançavam mão da estratégia de imprimir suas obras fora da Prússia e contrabandeá-las para dentro do território comandado pelos rosa-cruzes. Em algum sentido, este Édito de Censura era mais difícil de se fazer cumprir do que o de Religião.

133. Há também um terceiro, relevante para o aprofundamento do misticismo do Rei Obscurantista, mas menos proeminente em relação ao conflito de Kant com a censura: Heinrich

As cenas que têm lugar com estes atores, em 1790 em Breslau, assumem marcadamente as tinturas de uma ópera bufa, na qual ocorriam sessões com uma clarividente, cujo transe induzido pelo "magnetismo" a facultava uma comunicação direta com Deus[134]. Esta comunicação direta rendeu: que a própria clarividente tivesse suas dívidas de 100 táleres pagas pelo monarca e recebesse uma remuneração de 20 táleres mensais; que, nos anos de alta idade de Hermes, Ormesus Magnus aliviasse o fardo do "velho homem pio" com um salário de 400 táleres (presume-se, anuais); e que, ao alertar o Rei da proximidade de seus inimigos, ele devesse depositar sua confiança em homens fiéis, como Bischoffwerder[135]. Cumpre notar que a última sessão, na casa do mesmo homem pio, assume um tom, além de charlatanesco, mais político. Hermes instrui o Rei de que o fortalecimento da religião na Prússia dependia de que se adotasse ali o modelo de Breslau[136]. Estando Frederico Guilherme de acordo, trata-se de decidir quem levaria a cabo semelhante tarefa. Inicia-se, então, uma nova sessão de magnetismo, na qual a clarividente pede papel, tinta e pena, e escreve algo em segredo (talvez alguns nomes), o qual Ormesus levaria consigo de volta para Berlim.

Em Berlim, o monarca comunica a Wöllner a importância de alistar Hermes na luta contra os iluministas, para que implementasse um modelo de ortodoxia como o de Breslau. Em novembro de 1790, institui-se, por obra de Hermes, o *Schema Examinis*

Sigsmund Oswald, místico pietista rosa-cruz, genro de Hermes (cf. SCHWARTZ, 1925, p. 176-177). Apesar de não haver documentação comprobatória de que Hermes pertencia à ordem dos rosa-cruzes, ele certamente tomava grande interesse e tinha grande entusiasmo pelos escritos de seu genro. Indique-se, ademais, que no *Conflito* (SF, AA 7: 55ss.) encontra-se um tratamento, de cunho exegético-filosófico, da diferença das seitas pietista e moraviana.

134. O relato completo destes acontecimentos na Silésia, mediante os documentos de registro dos próprios encontros com a clarividente, se encontra em SCHWARTZ, 1925, p. 179ss. Uma versão mais concisa, feita também a partir de Schwartz, encontra-se em McINTOSH, 1992, p. 125ss.

135. Em certo sentido, este episódio marca o recrudescimento da influência fantástica de Bischoffwerder sobre Frederico Guilherme e, desse modo, o abrandamento da influência piedosa de Wöllner. Desde as semanas em Breslau, tudo indica que o monarca caiu nos braços da ala mais radical dentre os radicais ou, como se costuma dizer, da ala mais ideológica do governo.

136. Cf. o diálogo entre ambos em SCHWARTZ, 1925, p. 187.

Candidatorum S.S. Ministerii rite instituendi[137]. O documento, segundo consta, escrito num mau latim e recheado de erros de impressão[138] – amostra da incompetência proporcional ao fervor ideológico –, buscava formar uma comissão para avaliar, mediante uma prova, a ortodoxia de todos os candidatos que pleiteavam cargos públicos em paróquias ou escolas[139]. A entrega em vigor dos *Schema Examinationis* foi imediata e prescindiu da aprovação do *Consistório superior*, o que gerou alguma tensão no próprio Consistório. A propósito do documento Kant menciona, no *Prefácio* do *Conflito*:

> A continuação da história destes constantes impulsos para uma fé cada vez mais afastada da razão é conhecida.
>
> A avaliação dos candidatos para os cargos eclesiásticos foi confiada agora a uma *Comissão de Fé*, a qual se fundamenta em um *Schema Examinationis*, segundo um corte pietista, o que afugentou, em bandos, dos cargos eclesiásticos os candidatos conscienciosos da Teologia, levando a uma superpopulação da Faculdade de Direito.[140]

O acirramento e fortalecimento das medidas ortodoxas não incidiu, porém, somente sobre a supervisão da fé dos candidatos a postos eclesiásticos ou escolas. Era também preciso reforçar a vigilância sobre a prensa. Em reunião de 6 de maio de 1791, em Postdam, com presença do monarca, Wöllner, Hermes e Hillmer, dentre outros[141], concebe-se a *Immediat-Examinationis-Komission* – imediata pois não responde ao *Oberkonsistorium*, senão diretamente a Frederico Guilherme. Sua promulgação data de 14 de

---

137. A íntegra se encontra publicada na *Zeitschrift für hist. Theologie*, 1862, p. 430-437, no ensaio de K.H. Sack: *Zur Geschichte des geistl. Ministeriums Woellner* (cf. SCHWARTZ, 1925, p. 192 nota).
138. Cf. SCHWARTZ, 1925, p. 190.
139. Algumas das questões se encontram em SCHWARTZ, 1925, p. 191-192.
140. SF, AA 7: 10 $_{13\text{-}19}$.
141. Sob o ponto de vista, abordado a seguir, da emergência de *O conflito das faculdades*, os outros personagens não são de relevância imediata. Também é preciso notar que os vários atores mencionados não estão em uníssono quanto às medidas adotadas – certamente, porém, Hermes e Hillmer se mostram mais comprometidos, muito mais do que Wöllner, em levar a cabo o avanço obscurantista. Não será possível, entretanto, abordar as várias nuanças aqui. Para o tratamento mais detalhado da questão cf. SCHWARTZ, 1925, pp. 201-203.

maio do mesmo ano, mediante ordem expedida diretamente do gabinete do rei ao departamento de Wöllner. Com isto, as cabeças do Consistório Superior relutantes em apoiar o avanço obscurantista foram postas fora do caminho. Por um lado, adiciona-se uma comissão ao Consistório composta por três conselheiros eclesiais (Hermes, Hillmer e Woltersdorff, então elevados, em 19 de maio, a *Conselheiros consistoriais*) para lidar com as avaliações mencionadas e, por outro, aos consistórios dos demais territórios do reino adiciona-se também uma comissão particular, composta, do mesmo modo, por três conselheiros eclesiais. O objetivo, cada vez mais próximo de ser consumado, é verificar suficientemente se os candidatos a cargos públicos e seus escritos "não estavam contaminados pelas perniciosas falácias dos atuais neólogos e assim chamados iluministas [*Aufklärer*]"[142].

Neste contexto, Kant ainda se mostra cético quanto ao poder e alcance da censura. Isto pode ser aferido por carta enviada em 30 de março de 1792, a *de la Garde*, carta na qual, ao comentar a liberdade e a censura na universidade, nosso autor crê que a última não se sustentaria:

> minha opinião é que ela [a instância superior sob o qual a universidade estaria colocada mediante a censura] é não apenas infrutífera ali [Berlim], assim como aqui seria uma tentativa vã tornar harmoniosa, com isso, a intenção de cabeças tão diferentes. Assim, me ocorre: tal como se a severidade ameaçadora da censura não fosse, quando em exercício, tão grande como é temida: até porque quanto a isso não foi ainda publicado qualquer édito determinado[143].

Talvez esta despreocupação seja compreensível posto que, já *sob Immediat-Examinationis-Komission,* Kant ainda tem um artigo publicado no *Mensário Berlinense,* em abril de 1792. Trata-se do *Sobre o mal radical na natureza humana,* texto que o censor indicado pelo mesmo Wöllner compreendeu como pertencente ao domínio da filosofia, e não da teologia. Neste artigo aceito

---

142. Citado por SCHWARTZ, P., 1925, p. 203.
143. Br, AA 11: 330 $_{29\text{-}33}$.

pela censura, ocorre, em uma nota, a primeira menção publicada à relação das faculdades na universidade. Nosso autor se refere às "três assim chamadas faculdades superiores (na escola superior)"[144], quais sejam a de Medicina, a de Direito e a de Teologia. Ainda não se trata da ideia de uma obra sobre a universidade. Não obstante, é interessante notar que precisamente aquilo que Kant pensou como complementação ou continuação desse artigo (o que mais tarde se tornaria *A religião nos limites da simples razão*) marcaria, ainda em 1792, o início, nos seus 68 anos, do conflito (ilegal) com a censura.

II

A documentação do início das dificuldades se encontra em carta do final de agosto de 1792, enviada à Faculdade de Filosofia de Königsberg. Nesta carta, Kant menciona precisamente duas outras partes que se seguiriam ao artigo publicado, indicado acima:

> Tenho a honra de enviar a V.Rev.m$^{\underline{a}}$ três dissertações filosóficas que devem formar um todo com aquele do *Mensário Berlinense*, não tanto para a censura, mas muito mais para o ajuizamento de se a Faculdade de Teologia usurpa sua censura, e para que a Faculdade de Filosofia possa exercer, sem hesitar, seu direito sobre estas dissertações, conforme o título que este escrito leva[145].

O envio desta carta à Faculdade de Filosofia se deve a que, no mesmo ano, a segunda dissertação do livro vindouro foi enquadrado no domínio de teologia bíblica e censurado pelo censor teológico Hermes. Devemos atentar para que se "quanto a isto não foi publicado ainda qualquer édito determinado", uma tal publicação também não foi necessária. A causa disto parece se

---

144. *Ueber das radikale Böse in der menschlichen Natur*. BM, n. 19, vol. 1 de 1792, p. 370. Este artigo mais tarde se tornaria a primeira parte do livro *Die Religion innerhalb der Grenzen der bloßen Vernunft*, editado no vol. 6 da AA. Neste caso, a localização da passagem é: RGV, AA 6: 40 $_{20}$.

145. Br, AA 11: 358 $_{9\text{-}14}$. Cf. a continuação da carta para o argumento de Kant em favor da jurisdição da Faculdade de Filosofia em relação a estas dissertações.

encontrar menos em um documento oficial do que no caráter da coalisão formada para avaliar os escritos.

É preciso dizer que se Wöllner não foi injustiçado, pelo menos é certo que a infâmia foi maldividida entre os membros da coalisão de censura. É possível que Kant soubesse disso, e é provável que não esteja sendo irônico quando fala, no prefácio do *Conflito*, que "a este eclesiástico [Wöllner], posteriormente promovido a ministro do Departamento Espiritual, não se pode justificadamente imputar nenhuma causa subjacente que não sejam seus bons propósitos, fundados em seu convencimento interior"[146]. Com efeito, referência explícita à coalisão aparece em carta de 13 de dezembro de 1793 a Kiesewetter, carta na qual Kant menciona a "comissão imediata de exame", como vimos, instituída por Frederico Guilherme II, em 1791. Tal coalisão é formada, por um teólogo bíblico

> que ultrapassa de bom grado os limites do seu pleno poder e, ademais, o estende sobre escritos meramente filosóficos que, não obstante, convém ao censor de filosofia, o qual, e isso é o pior de tudo, não se contrapõe, como deveria, a esta usurpação, mas se coloca de acordo com ele [...]. Com isso, já que a balbúrdia, onde há apenas tranquilidade e paz, pertence ao tom dos tempos, deve-se ser paciente para suportar seguir precisamente a lei aguardando tempos mais calmos, e não sofrer reprimendas no mau uso literário pela autoridade policial[147].

Em uma outra carta, endereçada a *Stäudlin* e de datação um pouco anterior a esta supracitada, Kant dá nome aos bois: *Senhor conselheiro de assuntos internos Hillmer* e *Senhor conselheiro consistorial Hermes*[148]. Nesta carta de 4 de maio de 1793, nosso autor menciona a "crise atual, da restrição universal da liberdade no uso público" – crise na qual deve-se temer o uso da violência

---

146. SF, AA 7: 5 $_{12\text{-}15}$.
147. Br, AA 11: 476 $_{22\text{-}33}$.
148. Como vimos, há também um terceiro membro da comissão não mencionado por Kant: o pastor Theodor Carl Georg Woltersdorff (1727-1806).

por parte do teólogo bíblico, posto que este opõe a razão *não* com a razão, mas com a força. Tendo explicado em linhas gerais o tema da *Religião*, nosso autor diz a Stäudlin que este talvez tenha estranhado a aspereza do prefácio do mesmo livro. Kant procede, então, à explicação do que ocasionara tal aspereza, para que o endereçado julgue se nosso autor se comportou em conformidade com a lei. Vale a pena reproduzir uma boa parte da carta:

> O trabalho inteiro [*A religião* etc.] deveria aparecer em quatro partes no *Mensário Berlinense*, com a censura da comissão de lá. A primeira parte [*Do mal radical* etc.] teve sucesso, uma vez que o censor de filosofia, o Sr. Conselheiro de Assuntos Internos Hillmer, a aceitou como pertencente ao seu departamento. A segunda parte, porém, não teve tanta sorte, pois o Sr. Hillmer, já que ela parecia ingerir-se na teologia bíblica (não sei por qual razão a primeira não lhe pareceu fazê-lo), achou por bem conferir com o censor bíblico, o Sr. Conselheiro Consistorial Hermes, o qual naturalmente (pois qual poder um mero eclesiástico não busca tomar para si?) se apossou dela como pertencente a sua jurisdição e denegou o despacho de impressão[149].

A propósito deste imbróglio Kant aponta que (tal como ele diz ter explicado no prefácio à *Religião* etc.), na incerteza da comissão de censura sobre o domínio legal sob o qual um escrito cai, ele deveria ser submetido ao juízo da universidade nativa. Neste ponto, a continuação da carta passa a colocar o problema com a censura em termos que começam a delinear um parentesco com o *Conflito*. A propósito da submissão ao juízo da universidade nativa, Kant diz:

> [...] já que cada faculdade está compelida a manter a sua juricidade e a resistir às pretensões das outras, um senado acadêmico pode decidir validamente sobre este conflito jurídico – para cumprir com toda a juridicidade, apresentei de antemão este escrito à Faculdade de Teologia, para o ajuizamento de se ele tem a pretensão de ingerir-se na

---

149. Br, AA 11: 430 $_{2\text{-}14}$.

teologia bíblica ou se, antes, ela deve abster-se da sua censura, como sendo competência da Faculdade de Filosofia; e se esta abstenção também inclui a sua indicação para esta última[150].

Vemos, assim, que as bases para aquilo que viria a constituir a primeira parte do *Conflito* (o conflito com a teologia) já estão postas – texto que estará pronto já no ano seguinte a esta carta que acabamos de ler, em 1794. A reflexão de Kant sobre esta questão pode ser aferida atentando para que 1 ano e 7 meses após a carta supracitada, nosso autor volta a se corresponder com Stäudlin (em carta de 4 de dezembro de 1794), indicando que a ideia mencionada começa a tomar corpo. Ali, comenta que apesar das difamações dos hiperortodoxos (as quais, diz ele, estão vinculadas a perigos reais) se sente grato pelo convite de Stäudlin para que publicasse seus escritos, por assim dizer polêmicos, em sua revista, podendo gozar de uma liberdade de imprensa ilimitada e por poder contar com a estima de eruditos de Göttingen (defensores da liberdade); estima que, continua, poderia servir-lhe como um escudo para repelir estes ataques. Referindo-se a este ponto, continua Kant:

> Desse modo, tenho aqui comigo, pronta já há algum tempo, uma dissertação redigida com esta ideia em mente, sob o título de "O conflito das faculdades", com a intenção de vos enviá-la. [...] Ela parece-me ser interessante, pois [...] além disso põe às claras [que é de interesse do governante] a concessão a uma bancada de oposição! da *Faculdade de Filosofia* contra a primeira [de Teologia]. [...] Apesar de esta dissertação ser autenticamente apenas *publicista*, e não teológica (de iure principis circa religionem et ecclesiam[151]) [...] eu, entretanto, devo temer – não apenas por conta destes, mas também pela citação de outros exemplos – que a censura, que agora ocupa com grande poder

---

150. Br, AA 11: 430 $_{19\text{-}27}$.

151. "dos princípios do direito sobre a religião e a igreja". Ao que tudo indica, Kant alude à questão presente no *Juris naturalis pars posterior*, de G. Achenwall. Ali, tal como ocorre no vol. 19 da academia, o título é "Iure circa religionem et ecclesiam" (AA 19, 389 $_{19}$).

nosso local, possa interpretar diversos desses exemplos como dirigidos a ela e denunciá-los; e, assim, decidi ainda reter esta dissertação na esperança de que a paz que se aproxima talvez traga também consigo mais liberdade a juízos inocentes [...].[152]

Como sabemos, Kant ainda não havia pensado em adicionar os outros dois ensaios (referentes às faculdades de Direito e Medicina) para que compusessem o livro. O escrito de 1794 mencionado na carta a Stäudlin ficou conhecido como o Ur-Streit. Veremos que ainda uma vez Kant mencionará que possui um trabalho inteiro sem, porém, a parte final (referente à Medicina).

Com efeito, convém notar que em dezembro de 1794 o "conflito de uma parte"[153] já estaria pronto, e o início da sua produção pode ser reconduzido, segundo a datação de Addickes, ao período entre fevereiro e maio de 1794: na folha solta Hagen 23, referente às reflexões sobre química e física – no verso da folha, no canto inferior direito, e na marginália, da margem superior esquerda, encontramos uma similaridade com a última seção da introdução e a referência ao texto *Observação geral. Das seitas religiosas*[154]. Além disso, no *Vorarbeit* de 7 de maio de 1794, G 11[155], Kant escreve uma versão anterior da mesma observação geral (ainda que nas partes posteriores encontremos os primeiros esforços redacionais das demais seções do primeiro conflito) – portanto, um pouco antes da oferta de Stäudlin referente à liberdade ilimitada de imprensa (14 de julho de 1794). Note-se, assim, que o Reskriptum do Rei assinado por Wöllner, i.e., a carta que Kant inclui no prefácio do *Conflito*, data de 12 de outubro de 1794. Kant não o menciona na carta a Stäudlin (4 de dezembro de 1794), mas é bastante plausível que aí se encontre a razão pela qual Kant decidiu reter o ensaio por mais algum tempo. Em todo caso, sabemos que em dezembro de 1794 o Ur-Streit já estava pronto, uma vez que na mesma carta o próprio conteúdo do escrito é exposto.

---

152. Br, AA 11: 533 $_{11\text{-}37}$, 534 $_{1\text{-}2}$.
153. A expressão é de Giordanetti.
154. Cf. Giordanetti, 2004, IX.
155. VASF, AA 23: 438, $_{24}$, 442 $_{11}$.

Por outro lado, a seção de tempo que vai de 1795 a 1797 responde, ao que tudo indica, pela ideia do conflito com as três faculdades superiores, ainda que não propriamente pela sua execução. Em 10 de agosto de 1795 Kant envia uma carta à Sömmering a respeito do ensaio deste, intitulado *Sobre o órgão da alma*. No volume AA 12 a carta é seguida pela réplica de Kant (que integraria, como anexo, a segunda edição do escrito mencionado, em 1796)[156]. De acordo com a resposta a Sömmering, pelo menos em meados de 1795 Kant já pensa o conflito em relação a uma coalisão de quatro faculdades:

> Portanto, uma resposta é requerida, pois duas faculdades, por causa da sua jurisdição (o forum competens), podem entrar em conflito, a de medicina, em seu ramo anatômico-fisiológico, com a de filosofia, em seu ramo psicológico-metafísico; conflito no qual surgem inconvenientes como em toda *tentativa de coalisão* entre aquelas que querem fundar tudo em princípios empíricos e aquelas que demandam, sobretudo, fundamentos *a priori* (um caso que sempre ocorre na tentativa de unificação da doutrina *pura* do direito com a política [...], e do mesmo modo na doutrina *pura* da religião com a revelada [...]), o que repousa simplesmente no conflito das faculdades, ao qual pertence à questão, caso da universidade (como instituição que abarca toda a sabedoria) seja requerida uma resposta[157].

Também no ano seguinte, 1796, encontramos índice da persistência desta ideia. Na segunda edição da *Paz perpétua*, no *artigo secreto*, três pontos guardam parentesco com o *Conflito*: i) menciona-se que é aconselhável que o Estado busque (silenciosamente) conselhos com um súdito, o filósofo, e que, para tanto, a este deve ser permitido falar livre e publicamente sobre as má-

---

156. Conforme aponta Giordanetti (2004, XII), é discutível se a réplica deveria ou não figurar como carta (uma vez que o texto contém muito mais do que o publicado) ou registro das cartas (AA 13), ou seria antes o caso de editá-la entre os Vorarbeiten – veja a nota do editor em AA 13, 398-412. Fora isso, no volume 13 encontramos além do texto publicado como anexo (p. 405ss.), também outras anotações de Kant em margens, que se referem ao conflito.

157. Br, AA 12: anexo à carta 671, 31 $_{18-31}$.

ximas da condução da guerra e da instituição da paz[158]; ii) Kant traça a distinção entre faculdades superiores e faculdade inferior[159]; iii) por fim, o mesmo trecho encontrado aqui aparece duplicado no *Conflito*[160].

Ao final deste mesmo ano, inicia-se a fase final, aquela na qual a terceira parte do *Conflito* (referente à Faculdade de Medicina), ganharia corpo. Em 12 de dezembro de 1796 Hufeland envia a Kant o escrito *A arte de prolongar a vida humana*, no qual o autor procura "tratar moralmente o que há de físico no homem", "apresentar o homem, além de fisicamente, avaliado moralmente", como o autor explica em carta a Kant, a qual acompanha o escrito[161]. Tendo Kant recebido o livro e a carta apenas em meados de março de 1797, ele responde a Hufeland após o dia 15 deste mês, agradecendo o agradável presente:

> Aplicar-me-ei a este prazer vagarosamente [a leitura detalhada do livro], em parte para manter o apetite sempre vivaz, em parte para tornar para mim clara e usar na antropologia a vossa ideia ousada, mas simultaneamente inspiradora, do próprio poder que vivifica o homem físico ser a disposição moral nele. – Da minha observação, que fiz sobre mim mesmo com este intuito, a propósito a dieta, talvez tomarei a honra de enviar-vos uma curta mensagem pública[162].

Em pouco mais de um mês (19 de abril de 1797), escreve novamente Kant, dizendo a Hufeland que terá de adiar por algum tempo a escrita do texto prometido:

---

158. Cf. ZeF, AA 8: 368 $_{32\text{-}35}$, 369 $_{1\text{-}5}$.
159. ZeF, AA 8: 369 $_{20\text{-}24}$.
160. Na *Paz Perpétua*: "Assim se fala da filosofia, que ela é a criada da teologia (e o mesmo se diz das duas outras). – Mas não se vê bem 'se ela traz a tocha à frente de sua magnânima senhora, ou se vai atrás, segurando a cauda de seu vestido'" (ZeF, AA 8: 369 $_{24\text{-}27}$); no *Conflito*: "Pode-se também conceder à Faculdade de Teologia a orgulhosa pretensão de que a Faculdade de Filosofia seja sua criada (donde ainda persiste a pergunta: se esta *traz a tocha à frente* de sua magnânima senhora ou se *vai atrás, segurando a cauda de seu vestido*)" (SF, AA 7: 28 $_{7\text{-}10}$). Como pode ser visto na nota de fim referente a esta passagem do *Conflito*, Wolff utilizara a mesma imagem já em 1733.
161. Cf. Br, AA 12: 136-137.
162. Br, AA 12: 148 $_{23\text{-}30}$.

Me veio à cabeça o pensamento: de esboçar uma dietética e de vos endereçá-la; a qual deve tornar compreensível, a partir da experiência própria, o simples "poder do ânimo sobre suas sensações corpóreas doentias". O que, como creio, não é um experimento desprezível, [...] mas merece ser admitido na doutrina da medicina. [...] – Entretanto, por conta de outras ocupações, devo por hora suspendê-lo[163].

Entre setembro e outubro de 1797 Kant recebe a dissertação do jovem médico Wilmans (sobre o misticismo) cuja carta constituirá a última seção da primeira parte do *Conflito* (referente à teologia). Em 13 de outubro, hipocondríaco, escreve a Tieftrunk que pode bem ser que a morte lhe acometa. Caso isso ocorra, o Sr. Prof. Gensichen encontrará dois ensaios (lá há mais de dois anos) sobre a cômoda de Kant e dirá ao endereçado da carta como ele deve proceder – um totalmente pronto e o outro quase. Nosso filósofo pede, entretanto, que o assunto seja mantido entre eles, pois talvez ele os publique ainda em vida[164]. Não é claro exatamente quais são os dois ensaios. O que está documentado, entretanto, é que no mesmo dia Kant enviara uma carta a Biester, redator do *Mensário Berlinense*. Kant relata, quatro dias após mencionar que poderia morrer, este último ocorrido ao mesmo Tieftrunk, dizendo que enviou um envelope a Biester com grande pressa em sua expedição – mas não revela seu conteúdo. O envelope que chega a Biester, dirigido às suas "Folhas Berlinenses" 10 dias após o envio, contém o artigo intitulado *Questão renovada: estaria a espécie humana em constante progressão para o melhor?* Entretanto, Kant diz não saber como o texto chegou também às mãos do prefeito Einsenberg para a censura – ocorrido do qual o autor só teria notícia em 28 de fevereiro de 1798. Este episódio da denegação da impressão é relatado por Biester, no obituário de Kant, por ele escrito para a edição de abril de 1804 do *Novo Mensário Berlinense*[165].

Note-se que a morte do Rei Obscurantista, em 16 de novembro de 1797, significou o fim progressivo da censura. Em carta

---

163. Br, AA 12: 157 $_{34\text{-}36}$, 158 $_{1\text{-}9}$.
164. Cf. Br, AA 13: 206.
165. BM, n. 43, abril de 1804, p. 285ss.

de 30 de dezembro de 1797, o pastor Lüdeke anuncia para Kant a morte de Frederico Guilherme II e, em seguida, explica que o *Consistório superior* readquiriu a jurisdição dele tomada pela *Comissão imediata de exame*: "Em 27 de dezembro o Consistório Superior obteve novamente todos os direitos dele roubados, de exame, censura etc."[166]. Todavia, o texto de Kant chegara à censura pouco antes da morte do Rei obscurantista. Esta história é contada em importante carta que, pela explicação dada para um último encontro com a censura, parece-me bastante interessante. Kant escreve, em 5 de abril de 1798, o seguinte a Tieftrunk:

> Planejei há alguns anos um trabalho sob o título "O conflito das faculdades, de I. Kant", mas ele malogrou sob a censura de Hermes e Hillmer e precisou ser deixado. Agora a rota está aberta para ele; só que um outro infortúnio ocorreu para o parto do meu gênio, qual seja: um novo escrito com o título "questão renovada: estaria a espécie humana em constante progressão para o melhor?" foi por mim enviado ao bibliotecário Biester para as suas folhas berlinenses; mas não sei como, ele chegou ao prefeito Eisenberg para censura, em 23 de outubro de 1797, portanto, ainda durante a vida do último rei, e a licença para impressão foi rejeitada por ele. [...] Ora, é conhecido de todos quão cautelosamente me mantenho com minha escrita nos limites da lei: porém, não estou disposto a ter meu trabalho extenuante jogado fora a troco de absolutamente nada. Assim, decidi, após a consulta a um homem versado em direto, enviar esta parte, junto com aquela referida, recusada pela censura de Eisenberg, para Halle mediante meu editor Nicolovius, e encaminhá-la através do vosso bondoso esforço ao censor de lá. Tal, acredito firmemente, não malogrará ali; e procurarei escrever uma introdução de tal modo que ambas as partes, enquanto pertencentes a um todo, devam formar um livro [...][167].

---

166. Br, AA 12: 228 $_{30\text{-}31}$.
167. Br, AA 12: 240 $_{24\text{-}36}$, 241 $_{1\text{-}10}$.

Em Halle há tanto opositores quanto partidários de Kant. O historiador Sprengel declara não estar convencido da pertinência do livro; outro opositor, o matemático Klügel, entretanto, diz que os escritos de um homem como Kant devem poder expressar suas opiniões de modo incondicional e afirma que o livro se dirige apenas ao público instruído, não tendo, assim, perigo algum[168]. Cumpre notar que, além do tom um pouco mais áspero com o qual Kant se refere à censura, sobretudo interessante é o fato de que o livro ainda possui apenas duas partes.

Aquilo que viria mais tarde a constituir o conflito com a medicina está pronto ao menos desde 6 de fevereiro de 1798, data na qual Kant envia o "Do poder do ânimo" a Hufeland[169] – na carta que acompanha o escrito e que concede ao endereçado a publicação do ensaio ou bem em sua revista ou bem separadamente, podendo ser acompanhado de um prefácio ou observação. Kant, porém, se arrepende disto. Três meses após o envio a Hufeland, em 9 de maio de 1798, o autor comenta em carta a Nicolovius que efetivamente deu liberdade àquele para que publicasse a "parte filosófico-medicinal", entretanto, explica:

> pois naquele tempo eu ainda não tinha concebido o plano de elaborar o livro "O conflito das faculdades" em três partições, ou seja, da Faculdade *de Filosofia* com a de teologia, a jurídica e a de medicina, e de, assim, apresentá-las em um sistema. [...] – Peço que informeis o mesmo ao Sr. Prof. Hufeland, e que digais que me desculpo, mediante as razões mencionadas, por inserir naquele trabalho a parte originalmente dedicada a ele. [...]
> Vós me escreveis dizendo que ainda vos falta o título do trabalho completo. Pelo que sei, eu o já vos enviei. Ele se chama:

---

168. Para o posicionamento de demais professores de Halle, cf. GIODANETTI, 2004, p. XIX.
169. Cf. Br, AA 12: 232. Kant menciona a demora em enviar a Hufeland o texto prometido no início da última parte do *Conflito* (SF, AA 7: 97 $_{6\text{-}11}$).

O conflito
das faculdades
em
três seções,
por
Immanuel Kant.

Em seguida vêm os frontispícios para cada uma das três seções, p. ex.: "primeira seção: o conflito da Faculdade de Filosofia com a de *Teologia*; em segundo lugar, da fil. com a *fac. juríd.*, e assim por diante[170].

Como se sabe, o editor Nicolovius ou bem negligenciou ou bem não compreendeu corretamente o modo como a divisão das seções deveria ser estabelecido no livro. Presume-se que isto se deveu ao modo como Kant compôs as partes. Como vimos, o conflito de uma parte (o *Ur-Streit* de 1794) respondia pelo conflito com a Faculdade de Teologia (com algumas partes sendo adicionadas posteriormente, a partir de 1796). Segundo a indicação de Kant, esta parte deveria figurar como a *primeira seção*. Na edição publicada por Nicolovius a *Introdução*, responsável por apresentar a ideia instituinte da unidade sistemática, cai também sobre a primeira grande seção, como sua primeira parte, seção da qual o *conflito com a Faculdade de Teologia* figura como a segunda parte[171].

A organização correta do *Conflito* em três grandes seções deveria obedecer a um esquema organizado como uma tétrade, na qual cada um dos três conflitos particulares pode ser reconduzido ao ponto de sua unidade, à *Introdução*. Como vemos no índice publicado, o *conflito com a teologia* é tomado como *apêndice* (*Anhang*) da *introdução*, ambas as partes formando a primeira seção. O índice conceitualmente fiel à obra seria o seguinte:

---

170. Br, AA 12: 243 $_{26\text{-}34}$, 244 $_{1\text{-}2}$, 244 $_{10\text{-}22}$.
171. Cf. o índice, no início da tradução.

Prefácio

Introdução

Divisão das faculdades em geral

Da relação das faculdades

Primeira seção: Conceito e divisão das faculdades superiores

A. Propriedade característica da Faculdade de Teologia

B. Propriedade característica da Faculdade de Direito

C. Propriedade característica da Faculdade de Medicina

Segunda seção: Conceito e divisão da faculdade inferior

Terceira seção: Do conflito ilegal das faculdades superiores com a inferior

Quarta seção: Do conflito legal das faculdades superiores com a inferior

Resultado

Primeira seção
Conflito da Faculdade de Filosofia com a Faculdade de Teologia
Elucidação do conflito das faculdades mediante o exemplo daquele entre a Faculdade de Teologia e a de Filosofia

I. Matéria do conflito

II. Princípios filosóficos da exegese da escritura para a conciliação do conflito

III. Objeções e as suas respostas, referentes aos princípios da exegese das Escrituras

Observação geral. Das seitas religiosas

Conclusão da paz e conciliação do conflito das faculdades

Apêndice a questões histórico-bíblicas sobre a utilização prática e o tempo presumível de perpetuação deste livro sagrado

Apêndice sobre uma mística pura na religião

Segunda seção
Conflito da Faculdade de Filosofia com a Faculdade de Direito

Questão renovada: estaria a espécie humana em constante progressão para o melhor?

Conclusão

Terceira seção
Conflito da Faculdade de Filosofia com a Faculdade de Medicina

Do poder do ânimo de ser mestre de seus sentimentos doentios através da simples resolução

Um escrito em resposta ao Sr. Conselheiro e Prof. Hufeland

Princípios da Dietética

Conclusão

Pós-escrito

Cumpre dizer que nesta tradução mantivemos o índice organizado por Nicolovius, embora errôneo, e as divisões correspondentes, tal como foi originalmente publicado e tal como se manteve na *Akademie Ausgabe*, vol. 7, editada por Vorländer. A mudança para o esquema fiel à ideia, embora tornasse mais clara a organização conceitual do escrito, dificultaria muito a comparação, por parte do leitor, com a obra original, e dificultaria, quando da citação dos trechos, sua localização.

*   *   *

Por fim, chamemos atenção para que, a partir do que vimos até aqui, pode muito bem dar a impressão de que dificilmente se pode defender que unidade sistemática da obra tem origem *a priori*. Parece, antes, que a emergência do livro se deve a uma polêmica pessoal do autor, posteriormente organizada em texto para que se encaixasse na sua demanda obsessiva pela sistemática – que de resto é justificada em suas outras obras. Investigar se o *Conflito* constitui mera reedição de um "plano [que] possui aparência sistemática, mesmo quando tal ordem é totalmente ausente"[172] ou se ele pode ser entendido como a apresentação da sistemática da razão na universidade, é algo que precisará ser adiado para outra ocasião. Sugiro, no entanto, que é inteiramente plausível que se passe o contrário do que aponta K. Smith: ainda que o *Conflito sequer possua aparência sistemática*, tal ordem bem pode estar presente[173]; em algum sentido, o conflito com a censura não seria mais que a causa ocasional para a exibição *in concreto* de uma ideia racional, já que a pergunta pela unidade sistemática *não* concerne propriamente à execução da obra, mas à ideia que empresta unidade a ela.

---

172. SMITH, 1912, p. XXII (citado e traduzido por TERRA, 2012, p. 748-749).
173. Quanto à ideia unificadora cf. BRANDT, 2003, p. 7.

— NOTAS DE FIM DOS TRADUTORES —

[i] Trata-se do reinado de Frederico Guilherme III (1796-1840), no qual se verifica uma volta progressiva à liberdade de imprensa, com o abrandamento da luta obscurantista contra o Esclarecimento. A sucessão indicada por Kant é relevante, pois o reinado antecedente, de Frederico Guilherme II (1786-1797), foi marcado pelo obscurantismo e pela censura, a qual incidiu diretamente nos escritos do próprio Kant, influindo em *O conflito das faculdades*.

[ii] Kant conhecera pessoalmente o rei Frederico Guilherme II em setembro de 1786, durante as festividades de sua coroação. Na ocasião, Kant era reitor da Albertus Universität Königsberg, tendo discursado em homenagem ao rei. Já as "expressões de sua graça" parecem se referir, ao menos, a duas ocorrências. Por um lado, a nomeação de Kant para a Academia de Ciências de Berlim, em 9 de dezembro de 1786, conforme atesta a carta de nomeação enviada pelo secretário da academia, Johann Henrich Samuel Formey, a Kant (Br, AA 10, 472). Por outro lado, um rescrito do rei, datado de 3 de março de 1789, no qual este confere a Kant um aumento salarial anual de 200 táleres reais. Vide carta (27 de março de 1789) de Kant em agradecimento ao rei por este aumento (Br, AA 11, 12).

[iii] Kant se refere a Johann Christoph Wöllner (1732-1800), que desde 1788, além de ser o chefe do departamento eclesiástico do governo, é ministro da Justiça. Ele foi o idealizador do Édito religioso e do subsequente Édito de censura.

[iv] O Édito religioso de 9 de julho de 1788 é uma peça importante para se documentar o período obscurantista. Seu bordo de ataque fere diretamente a tolerância religiosa e a liberdade de imprensa, representando um auge da perseguição aos intelectuais.

[v] Vorländer, o editor do vol. 7 da Akademie Ausgabe, entende, seguindo a presunção de Arthur Warda (na *Altpreußische Monatsschrift*, XXXVIII, 90, nota) que o amigo mencionado é o "biógrafo tardio" Wasianski, próximo de Kant na década de 1790. Todavia, não há evidência documental de que seja o caso. É mais provável que Kant se

refira ao amigo e editor do *Berlinische Monatsschrift*, Johann Erich Biester (1749-1816), já que temos a certificação, em carta de 17 de dezembro de 1794 de Biester a Kant, de que o amigo mencionado leu a defesa do nosso autor perante o rescrito do Rei (cf. Br, AA 11, 535-536).

[vi] A resposta enviada originalmente, organizada em seis pontos e redigida de um modo um pouco diverso do que figura neste prefácio, pode ser encontrada em carta de 12 de outubro de 1794 de Kant ao rei Frederico Guilherme II (Br, AA 11, 527-530). É possível verificar as várias formulações que a resposta assume nas versões manuscritas (Br, AA 13, 372-387).

[vii] "eiusdem": do mesmo mês.

[viii] Trata-se de Johann David Michaëlis (1717-1791), professor de filosofia em Göttingen. No *Vorarbeit* do prefácio à segunda edição da *Religião nos limites da simples razão*, Kant menciona as páginas 1 a 5 da *Moral* de Michaëlis, sobre a relação entre moral e religião na exegese dos textos bíblicos (cf. VARGV, AA 23: 94).

[ix] Kant se refere ao *Schema Examinis Candidatorum S.S. Ministerii rite insttituendi*. Trata-se de uma prova para avaliar candidatos que pleiteavam cargos públicos em paróquias ou escolas. A avaliação era feita pelos membros eclesiais de comissões de fé designadas para diferentes regiões da Prússia. O espírito da comissão se orientava a avaliar se os candidatos "não estavam contaminados pelas perniciosas falácias dos atuais neólogos e dos assim chamados iluministas [*Aufklärer*]" (citado por SCHWARZ, P., 1925, p. 203).

[x] "Aflição da alma".

[xi] "O que é para negar e negar completamente".

[xii] Kant se refere à reinstituição, em 1797, do *Oberschulkollegium*, colégio superior, que revogou decretos de Wöllner. A notícia é dada a Kant pelo pastor Johann Ernst Lüdeke, em carta de 30 de dezembro de 1797 (Br, AA 12, 227-229).

[xiii] Trata-se de Julius Eberhard Wilhelm von Massow (1750-1816), nomeado, em 2 de abril de 1798, conselheiro efetivo de assuntos internos e ministro da Justiça, tendo assim obtido tanto os departamentos eclesial e escolar, como o *Ober-Curatorium* das universidades. Kant chegou a esboçar uma carta a Von Massow (Br, AA 12: [esboço] 768,

189-190/ Br, AA 13: 457) na qual lembra que este o visitou "há poucos anos" e que Von Massow apresentava uma atitude favorável a ele.

[xiv] Vemos aqui a figura de um suposto "mito fundador" da Universidade, uma tópica algo recorrente em escritos de Kant. Ela já se verificava na *Crítica da razão pura*, p. ex., na "revolução produzida pela feliz inspiração de um único homem" (KrV: BXI). Em um *Vorarbeit* ao *Conflito*, na folha solta G26, Kant trata de um modo um pouco mais detalhado da "cabeça universal" exigida para conceber uma sociedade erudita enquanto universidade e para a própria ideia de universidade (cf. VASF, AA 23, 429 $_{34\text{-}35}$ - 430 $_{1\text{-}24}$). Cumpre notar, por fim, que há documentação da reflexão de Kant sobre a emergência da Universidade sem "feliz inspiração" (cf. nota ao final do discurso de reitorado em HN, AA 15, R1526, 953 $_{16\text{-}27}$). Para maiores detalhes sobre a tópica mencionada cf. BRANDT, R. *Universität zwischen Selbst- und Fremdbestimmung*. Akademia Verlag GmbH: Berlim, 2003.

[xv] O termo *Gelehrtsamkeit*, aqui traduzido por *erudição*, se refere tanto ao conjunto das doutrinas (*Lehren*) estudadas e ensinadas (*lehrte*) na universidade, como ao corpo docente formado pelos eruditos (*Gelehrten*), que tomam parte nas disputas intelectuais, em prol da verdade e do aperfeiçoamento das doutrinas sancionadas pelo governo.

[xvi] Kant utiliza como correspondente da expressão latina *res publica latius dicta* (i.e., em sentido lato), a expressão germânica *das gemeine Wesen* (comunidade). P. ex., no § 43 da *Metafísica dos Costumes* lemos o seguinte: "[O Estado], devido à sua forma, enquanto unificado mediante o interesse comum de todos em estar em condição jurídica, é denominado *comunidade* (res publica latius sic dicta) [...]" (MS, AA 6: 311 $_{12\text{-}17}$; cf. também o § 51: MS, AA VI: 338 $_{22\text{-}25}$). É interessante notar que, no caso do *Conflito*, Kant utiliza o termo *comunidade* para pensar uma espécie de *República das letras*, enquanto instituição universitária.

[xvii] Em um dos *Vorarbeiten* ao *O conflito das faculdades*, na folha solta G26, Kant diferencia os termos erudito (*Gelerhte, docti*) e literato (*Literate, literati*) da seguinte maneira: "primeiramente deve haver eruditos e um estrato de eruditos (não apenas de literatos, que não podem ser professores). Eruditos e estudados, *docti e literati*. Aqueles como professores, estes como homens de negócios, que fazem negócios após terem aprendido" (VASF, AA 23, 429 $_{26\text{-}29}$).

[xviii] "Homens de negócio" é a tradução de *Geschäftsleute* (neste trecho) e do intercambiável *Geschäftsmänner*, que ocorre adiante. Em-

bora tenham se formado nas mesmas faculdades que os eruditos, os homens de negócio (ou literatos, como na nota anterior) não são professores universitários; não tomam parte no *conflito legal*, cuja marca é o uso público da razão. O *Geschäft* destes homens consiste: tanto na transmissão das doutrinas sancionadas pelo governo, e a bem do governo, ao povo; como no uso de sua formação universitária, sua profissão, para a obtenção de bens privados, como atesta a folha solta G26 do *Vorarbeit* citado na nota anterior: "Elas [as faculdades superiores] incorrem gradualmente na tentação de fazer este negócio somente como uma mera arte do salário" (VASF, AA 23, 428 $_{29\text{-}30}$).

[xix] A palavra usada por Kant é *Idioten*. Conforme aponta R. Brandt, no *Anthropologie-Friedländer* (1775-1776) encontramos as figuras do povo: "O entendimento pode ser usado ou bem sob a tutela de outro, ou bem sem a tutela de outro. O primeiro é menoridade e o outro, maioridade. [...] Assim, os eclesiásticos tomam as pessoas comuns por menores em relação aos conhecimentos da religião, e os nomeiam laicos; a si mesmos, porém, nomeiam-se pastores, o qual é um nome bastante orgulhoso, pois com isto há de se considerar o resto do povo como rebanho. Assim os regentes se nomeiam pais do povo, já que com isso eles tomam os súditos por crianças menores. Assim também filósofos se avultam a guardiões [*Vormündern*], e consideram todo o resto como idiotas" (V-Anth/Fried, AA 25, 541 $_{5\text{-}18}$; apud BRANDT, R., 2003, p. 9).

[xx] Conforme se lê em uma nota marginal do curso de lógica ministrado por Kant em 1792 (*Logik-Dohna-Wundlacken*), esta divisão (em superiores e inferior) corresponderia àquela das *artes liberales*, estabelecida por Hrabanus Maurus: "Esta divisão foi feita por Hrabanus Maurus (no tempo de Carlos Magno) em prol da Teologia – desde então divide-se todas as ciências em: a) faculdades superiores: 1. conservação da felicidade; 2. da liberdade e da propriedade; 3. vida e saúde, em geral o *esse*. b) *melius esse* [ser melhor], a faculdade inferior" (V-Lo/Dohna, AA 24-2: 700 $_{1\text{-}5}$).

[xxi] "livros simbólicos" se refere a livros sagrados para a fé protestante. São eles: o pequeno e o grande catecismos (ambos de 1529) de Lutero, a confissão de Ausgburgo (1530) conjuntamente com sua Apologia (1531) de P. Melanchthon, o Artigo Esmalcaldeano (1537), a Fórmula da Concórdia (1577) e, para as igrejas de confissão luterana, o Catecismo de Heidelberg. Note-se que no § 7 do Édito de Religião há menção a estes livros simbólicos. Um dos primeiros deveres do

regente é conservar a religião cristã, dentre outras coisas, "em sua altíssima dignidade e pureza originária, tal como ela é ensinada na Bíblia, e segundo a crença em cada confissão da igreja cristã, uma vez estipulada em seus eternos livros simbólicos [...]" (WILHELM, F.; v. CARMER; v. DÖRNBERG; v. WÖLLNER, 1788, p. 471).

[xxii] *Landrecht* (código civil) é o conjunto da legislação dos direitos civis, como p. ex. o ALR (*Allgemeines Landrecht für die Preussichen Staaten*), de 1794.

[xxiii] Vorländer, o editor do vol. 7 da *Akademie Ausgabe* (no qual consta o livro presentemente traduzido) propõe uma correção no texto de Kant (SF, AA 7, *Lesart*, 349). Onde está escrito: "Daß ein Gott sei, beweiset der biblische Theolog daraus, daß er in der Bibel geredet hat, worin *diese* [V: *dieser*] auch von seiner Natur [...] spricht". Sem a modificação proposta (mantendo o *diese*, die Bibel), entende-se que a Bíblia fala da natureza de Deus. Com a modificação proposta (trocando por *dieser*, ein Gott), entende-se que Deus fala, na Bíblia, de sua própria natureza. Ainda que a alteração proposta por Vorländer seja coerente pelo contexto da frase, ela não nos parece necessária, por não comprometer o texto, devido a torná-lo sensivelmente impreciso.

[xxiv] O termo é *Sprüche*, que em alemão pode designar tanto o livro do Antigo Testamento chamado de *Provérbios*, como trechos denominados versículos.

[xxv] "puro, limpo".

[xxvi] "direito certo", no sentido de preciso e sem ambiguidades.

[xxvii] "ninguém está obrigado a seguir um aconselhamento".

[xxviii] nenhum "direito de matar impunemente".

[xxix] "que o experimento seja feito em um corpo vil".

[xxx] O sentido da expressão "De par le roi" é "por ordem do Rei". Isto remete a um episódio sobre o qual lemos, nos *Vorarbeiten* ao *Conflito*, na folha solta E77 o seguinte: "De par le Roi defense a Dieu/ De faire miracles en ce lieu [Da parte do Rei proíbe-se a Deus/ fazer milagres neste lugar]. Assim reza a inscrição de um gozador em Paris quando, por ordem real, foi murado o portal do cemitério, onde os que professavam os milagres do abade de Paris até então teriam dançado em seu túmulo, já que antes eram coxos" (VASF, AA 23, 461 $_{13\text{-}18}$).

ˣˣˣⁱ Também na *Paz perpétua* há um trecho formulado de modo quase idêntico (cf. ZeF, AA 8: 369 ₂₄₋₂₇). A mesma imagem aparece em C. Wolff: "[...] há muito tempo, até mesmo com uma maneira de falar desdenhosa, se diz que a Filosofia [*Welt-Weißheit*] é a criada das faculdades superiores, pois lhes presta um serviço tão leal que: através de seus conceitos, leva-lhes luz, tornando tudo compreensível; através de suas doutrinas ela provê fundamentos, resultando em que tudo se torne certo; e, finalmente, através de suas regras institui ordem, para que se veja como tudo está conjuntamente conectado. Sobre isto eu costumo fazer troça: a Filosofia é criada das faculdades superiores apenas na medida em que a Senhora teria de tatear no escuro e frequentemente tomaria um tombo, caso a criada não a iluminasse" (WOLFF, C. *Ausfürlich Nachricht von seinen eigenen Schriften*. Johann Benjamin Andreä: Frankfurt am Maim, 1733, p. 536).

ˣˣˣⁱⁱ O termo traduzido corresponde ao germânico *Machwerk*. Segundo os dicionários da época, o termo guarda uma conotação negativa: apesar de literalmente significar trabalho feito ou o modo como este trabalho é feito, há um sentido de displicência, desatenção ou mesmo desprezo: segundo o dicionário Adelung o termo comporta até mesmo o sentido de "trabalho abjeto". O tradutor francês do *Conflito* sugere de modo muito interessante a relação entre "obra" e "manobra", para *Werk* e *Machwerk*.

ˣˣˣⁱⁱⁱ "acordo amigável".

ˣˣˣⁱᵛ "concórdia discordante, discórdia concordante".

ˣˣˣᵛ Paráfrase do Evangelho de João de 5,39. Esta frase, assim como o assunto presentemente em questão, faz eco à discussão encontrada no item VI da terceira seção da *Religião nos limites da simples razão* (cf. RGV, AA 6, 112).

ˣˣˣᵛⁱ Segundo o interessante estudo de Marco Sgarbi (*La distinzione aristotelica kat'anthropon-kat'aletheian in Kant*, 2008), os termos em grego, kat'anthropon e kat'aletheian (lit. "relativamente ao homem" e "relativamente à verdade"), assumem dois sentidos nos escritos de Kant. No primeiro sentido, lateral e de ocorrência esparsa e isolada, kat'anthropon coincide com o *argumentum ad hominen*, e é oposto a kat'aletheian, uma argumentação que parte de pressupostos considerados verdadeiros (cf., p. ex., HN, AA 16: R3464, 850 ₁₋₆ [1775-1786]). O segundo sentido, aquele presente na passagem a que esta nota é apendida e cuja ocorrência é mais frequente na obra de

Kant, aponta para dois tipos de *justificação* (tal como se lê na *Doutrina do método* da *Crítica da razão pura*, KrV: A739/B767) ou dois tipos de prova (tal como ocorre também na *Doutrina do método da faculdade de julgar teleológica*, na *Crítica da faculdade de julgar*). Neste último caso, lemos o seguinte: "Uma prova, porém, orientada ao convencimento pode, por seu turno, ser de dois tipos; ou bem uma prova que deve estipular o que o objeto seja *em si*, ou bem o que seja *para nós* (homens em geral), segundo os princípios racionais e necessários de seu ajuizamento (uma prova χατ' ἀλήθειαν ou χατ' ἄνθρωπον, a última palavra no sentido mais geral, para os homens em geral) (KU: § 90, 462-463).

xxxvii Cf. Evangelho de Mateus, 8.

xxxviii O termo é *Vorbild*. Ela pertence ao grupo conceitual de *Abbild, Nachbild, Urbild, Einbild, Ebenbild* e *Gegenbild*. Seria demasiado pretensioso resolver os significados dos termos em uma nota. Não obstante, indicamos algumas fontes a partir das quais o leitor pode buscar um sentido mais preciso para eles. Na reflexão 314, sobre antropologia, encontramos uma espécie de tipologia: "Na medida em que a representação procede imediatamente ou mediatamente do objeto (ou da presença do objeto, ou da efetividade da representação no tempo passado, como a memória e, através dela, como aquela do tempo futuro) ela é denominada *figuração* [*Abbildung*], *refiguração* [*Nachbilder*] e *prefiguração* [*Vorbildung*] (*g* contrafigura [*Gegenbild*] *symbolum*). Aquilo, porém, que não é causa na representação efetiva, mas surge apenas através da atividade interna da alma, é *produto da imaginação* [*Einbildung*]. Uma *prefiguração* (typus) é algo diverso de um *praesagium* e de um prenúncio, *signum prognosticon*" (HN, AA 15-1: R314, 124 [1769? (1764-1768?)]). Note-se, ademais, que na *Religião nos limites da simples razão* Kant lida com a prefiguração em um contexto mais próximo do presente texto (cf. RGV, AA 6: 84). Por fim, é interessante notar que *Vorbild* [arcaico *furbild*] é a tradução de Lutero para ὑποδείγματα [hypodeigmata] (Hebreus 9,24) – Cristo não foi a um templo, enquanto hypodeigmata do céu verdadeiro, mas *subiu ao próprio céu.*

xxxix "agora nos perseguem estes vestígios". A citação de Kant é aproximada. A passagem de Cícero ("Nunc me reliquiae vestrae exercent", "agora me perseguem vossos vestígios") se encontra nas *Epistulae ad familiares*, livro XII, letra 4, § 1. Nos *Vorarbeiten*, encontramos, na folha solta E71, uma referência a esta passagem, o "vestígios" remete mais diretamente ao judaísmo: "Se tudo o que pertence à passagem do judaísmo ao cristianismo é religião, nunc hae reliquiae etc." (VASF, AA 23: 435 $_{11\text{-}12}$).

[xl] Diversamente do termo correntemente usado para exegese (*Auslegung*), Kant se serve aqui da variante *Auslegerei*. Por si só, esta variante porta um sentido irônico, algo como "má exegese". Entretanto, pelo contexto da frase vemos que não há ironia por parte do autor – assim também consta na entrada correspondente no dicionário Grimm.

[xli] Vorländer, o editor do vol. 7 da AA, sugere que este período, tal como escrito por Kant, "não faz sentido". O editor propõe uma alteração para o texto (SF, AA 7: Lesarten, 350). De nossa parte, consideramos que o texto, apesar de difícil, é compreensível.

[xlii] A expressão "Em Deus desde a eternidade" [*In Gott von Ewigkeit her*] se encontra, em forma aproximada (*in ihm von Ewigkeit her*), nos Efésios 3,8-9.

[xliii] Na organização presente das obras de Kant a paginação exata seria: RGV, AA 6: 60 e seguintes.

[xliv] A "conclusão do apóstolo" constitui versão aproximada de Coríntios 15,14-17.

[xlv] Como se sabe, as "palavras lamentosas na cruz" são "Eli, Eli, lama asabthani?" [Meu Deus, meu Deus, por que me abandonastes?"] (Mateus 27,46).

[xlvi] Compare-se com Evangelho de Lucas 24,13-24,24.

[xlvii] Os termos gregos podem ser traduzidos, respectivamente, como "segundo afecções humanas" e "como convém a um deus".

[xlviii] A propósito da doutrina paulina da predestinação cf. Romanos 8, 29-30.

[xlix] Ao que tudo indica trata-se do calvinismo. Em seu *Institutio Christianae Religionis* (1559, livro III, cap. 21, § 5, p. 337) escreve Johannes Calvin (1509-1564) o seguinte: "Por providência entendemos os ordenamentos eternos de Deus, em virtude dos quais ele estabeleceu o que deveria ser de cada homem singular, segundo sua vontade! Pois os homens não são todos criados com as mesmas determinações, mas a um é assinalada a vida eterna, a outro, a danação eterna".

[li] Presumivelmente Kant se refere ao calvinista Jacobus Arminius, fundador dos Arminianos. Jacob Harmensz se opunha à doutrina da predestinação e defendia o universalismo da graça.

[lii] O termo é "überschwenglich". Segundo o interessante estudo de Johannes Zachhuber (*Überschwenglich: Ein Begriff der Mystikersprache bei Immanuel Kant*, 2001), o uso amplo do termo, em contexto filosófico, remonta à mística germânica do século XIII. Até chegar a Kant o conceito é usado em diferentes conotações, correspondentes às formas greco-latinas "extasis", "excessus" ou mesmo "supereminens", "excellens". A correspondência entre a bíblia latina e a tradução germânica de Lutero (lembre-se, do grego) revela uma série de termos diferentes, p. ex.: *supereminens* (Efésios 1,19) *supervenientibus* (Efésios 2,8), *superabundanter* (Efésios 3,20), *excellenten* (2 Coríntios 3,10), ora *in abundantiam* (2Coríntios 10,15) etc. É possível encontrar antes do século XVIII dois sentidos principais para o termo: de um lado, ele é usado para expressar a superioridade da divindade sobre todos os predicados pensáveis; de outro, como uma espécie de ascensão ou elevação ao divino (como ékstasis, no sentido de *in extasi spiritus*). Como mostra Zachhuber (2001, pp. 142-145), ao longo do século XVIII, a partir do luterano Gottfried Arnold (*Historie und Beschreibung der Mystischen Theologie*, 1703) o termo passa a designar uma espécie *mística* particular de conhecimento de Deus, ganhando os contornos da qualificação *suprassensível*. Agora, pela pena de Kant o termo assume dois sentidos: um não pejorativo e um pejorativo. No primeiro caso, vemos uma identificação com *transcendente*, p. ex., nos Prolegômenos: "Já que toda aparência ilusória consiste em que o fundamento subjetivo do juízo é tomado por objetivo, então um autoconhecimento da razão pura em seu uso transcendente (*überschwenglich*) será o único meio seguro contra o equívoco" (Prol, AA 4, 328 $_{19\text{-}22}$); neste sentido Kant afirma que as ideias da razão não devem ser tomadas como conceitos qualificados de *überschwenglich* (Prol, AA 4, 333 $_{4\text{-}7}$). Assim também na *Crítica da faculdade de julgar* "überschwenglich" é dito impossível para as condições subjetivas do entendimento humano (KU: 403 $_{7\text{-}9}$; cf. em seguida 404 $_{6\text{-}7}$; cf. também a *segunda Crítica*, KpV: 127n $_{33\text{-}34}$). Por outro lado, no *Conflito* a acepção do termo é marcadamente pejorativa e polêmica, e seu sentido porta um parentesco próximo ao *fanático* (*schwärmerisch*). Neste sentido, Kant acusa a filosofia de Jacobi de "servir de princípio ao fanatismo e ao total destronamento da razão" (WDO, AA 8: 134 $_{3\text{-}4}$), já que esta mesma filosofia não seria outra

coisa que "um pretenso sentido oculto da verdade, [...] uma intuição *überschwengliche* sob o nome de fé" (WDO, AA 8, 134 $_{12\text{-}13}$).

[lii] Segundo Giordanetti (2005, pp. 146-148) Kant se refere aos teólogos Johann Gottfried Eichhorn (1752-1827), Johann Philipp Gabler (1753-1826) e Johann Georg Rosenmüller (1736-1815). Em suas *Vier Briefe, die biblische Exegese betreffend* (1793), Eichhorn, mesmo sem citar nomes, se opõe claramente à exegese kantiana (tal como, p. ex. em RGV, AA 6: 110ss.). Na *primeira carta* o autor diz ser idêntica à antiga exegese alegórica a tentativa "de uma interpretação dos V.T. e do N.T. em um sentido que concorde com as regras universais práticas da razão-religião pura, mesmo que contradiga a letra" (EICHHORN, 1793, 204). Nomeadamente, todavia, se dá a polêmica de Gabler contra Kant, quando da apresentação, pelo primeiro, da *Urgeschichte* do mesmo Eichhorn. Ali Gabler escreve que "apresentação kantiana" na obra *Começo conjectural da história humana* é exemplo de uma explicação alegórica e que com esta apresentação: "A verdadeira explicação da história originária em nada ganha", muito embora, ressalve o autor, enquanto desenvolvimento filosófico dos progressos da humanidade, tenha grande valor (GABLER, 1790-1795, p. 444-445). Ademais, note-se o título levado pelo escrito de Rosenmüller: "Algumas observações concernentes ao estudo da teologia: junto com uma dissertação sobre algumas asserções do Sr. Prof. Kant concernentes à exegese da Bíblia" (1794). Por fim, o defensor do método kantiano, Christoph Friedrich von Ammon (1766-1850) conta em carta a Kant, de 8 de março de 1794, que, p. ex., "neste mesmo tempo se avultaram Eichhorn, Gabler, Rosenmüller com grande fervor contra esta [a da *Religião nos limites* etc.] exegese moral" (Br, AA 11: 493 $_{19\text{-}20}$).

[liii] O termo é *Vorbildern*. Cf. nota referente à *Vorbildung*, na seção anterior.

[liv] Emanuel Swedenborg (1688-1772), autor do *Arcana Coelestia, quae in Scriptura Sacra, seu verbo domini sunt, detecta*, discutido por Kant, já em 1766, na obra *Träumen eines Geistsehers erlaütert durch Träume de Metaphysik* (TG, AA 2: 315-373).

[lv] O termo é *Überschwenglich*. Cf. nota sobre o mesmo termo, na seção anterior.

[lvi] Ao que tudo indica, trata-se de uma referência a movimentos que levavam o nome mencionado por Kant. Entre eles, destaca-se os Ilu-

minati da Baviera, movimento fundado (segundo a *Neue Deutsche Biographie*) por Adam Weishaupt (1748-1830), em 1776.

[lvii] Adiáfora significa, no contexto da filosofia prática de Kant, a uma ação moralmente indiferente, tal como explicado, p. ex., na *Religião nos limites* etc. (RGV, AA 6: 23 $_{13}$).

[lviii] Cf. Evangelho de Lucas 5,23-24; Evangelho de Mateus 9,5-6.

[lix] Cf. Evangelho de Mateus 9,5; Marcos 2,9-11; Lucas 5,23-24.

[lx] Semelhante princípio é mencionado por Kant na *Religião nos limites* etc.: "Assim, embora se tenha admitido uma Escritura como revelação divina, então o critério supremo dela como tal será: 'toda Escritura inspirada por Deus é útil para o ensino, para a correção, para o melhoramento etc.'; e já que o último, ou seja, o melhoramento moral do homem, constitui o fim autêntico de toda religião racional, então esta também conterá o princípio supremo de toda exegese da Escritura. Esta religião é 'o espírito de Deus, que nos conduz a toda a verdade' [...] Toda pesquisa e exegese da Escritura tem de partir do princípio de procurar nela este espírito, e 'somente pode-se encontrar nela a vida eterna na medida em que dá testemunho deste princípio'" (RGV, AA 6: 112 $_{1\text{-}15}$). Os trechos colocados entre aspas pelo próprio Kant são citações aproximadas de, respectivamente: 2 Timóteo 3,16; Evangelho de João 16,13; no terceiro caso não pudemos encontrar a passagem bíblica correspondente.

[lxi] Cf. Evangelho de Mateus 11,3.

[lxii] Ethnicismus é o termo latino para paganismo. A distinção de Kant se refere a um *paganismo bruto*, em oposição a um *paganismo refinado*. Ainda que o sentido mais proeminente de *speciosus* seja formoso, belo, ornado ou mesmo aparente, enganador, o contexto da frase acentua o sentido de refinado.

[lxiii] Traduzir *Pfaffenthum* por sacerdócio, embora constante em dicionários da época do *Conflito*, seria equivocado, pois perder-se-ia o caráter pejorativo do termo. Por isto, a bem da manutenção do tom, optou-se por clericalismo. Kant trata do conceito de modo mais detido na quarta seção da *Religião nos limites* etc. De maneira mais marcada, a acentuação pejorativa pode ser verificada, dentre outros, no início do § 3 da seção mencionada, no qual nosso autor chega mesmo a denominá-lo "culto espúrio" (cf. RGV, AA 6: 175ss.).

[lxiv] Lazarus Bendavid (1762-1832), aderente da filosofia kantiana, sobretudo nos anos em que lecionou em Viena, a partir de 1793. Como aponta Giordanetti (2005, 151), dentre suas obras publicadas aquela que, ao que tudo indica, concerne mais ao assunto mencionado no texto (inclusive em debate com Mendelssohn) é a *Etwas zur Charackteristick der Juden* (Leipzig, 1793).

[lxv] Cf. Atos 3,21.

[lxvi] Evangelho de João 10,16.

[lxvii] O trecho entre parênteses faz eco à Epístola de Paulo aos Efésios 4,22-24, assim como aos Colossenses 3,9-10.

[lxviii] Philipp Jacob Spener (1635-1705), teólogo evangélico e fundador do pietismo luterano. Como se sabe, nos anos de aprendizado escolar o jovem Kant recebeu uma educação pietista, tendo estudado as *Catechismus-Tabellen* de Spener.

[lxix] Paráfrase algo imprecisa da Epístola de Paulo aos Romanos 7,18. Mesmo que ainda não literalmente, o trecho recebe uma alusão mais precisa na *Religião nos limites* etc., ao mencionar a "queixa de um apóstolo" (RGV, AA 6: 29 $_{25\text{-}26}$).

[lxx] August Hermann Francke (1663-1727), *Privatdozent* em Leipzig até sua interdição devido à associação com a figura e as ideias de Spener (cf. nota acima). Notavelmente, Francke fundou, no ano de 1695 em Halle, uma instituição de caráter caritativo, que envolvia uma escola para os pobres, uma escola de latim, um seminário de ensino, um orfanato, uma livraria, um internato e um hospital.

[lxxi] Conde Nikolaus Ludwig von Zizendorf (1700-1760), uma das figuras proeminentes da *Unitas fratrum*, os irmãos da Boêmia ou irmão moravianos. O moravianismo surge em 1727 quando alguns "refugiados de fé" foram instalados em Görlitz, na saxônia eleitoral, pelo Conde de Zizendorf. O assentamento ou colônia levou o nome de Herrhut (por isso, no Édito de Religião, a menção aos moravianos é feita na forma de *Herrhuter*). Zizendorf é autor de um livreto intitulado *Herrhuter Losungen* que, desde 1731, ainda circula ininterrupto e é usado pelos moravianos (cf. GIORDANETTI, 2005, 153).

[lxxii] Cf. nota do prefácio sobre *maeror animi*.

[lxxiii] Johann Georg Hamann (1730-1788), conterrâneo de Kant. A passagem citada por Kant encontra-se nas *Briefe, die Neueste Litteratur*

Betreffend (1759-1766, p. 207). O trecho também é citado na *Doutrina da Virtude* (TL, AA 6: 441 $_{18\text{-}19}$).

lxxiv Régulo é o metal resultante de um procedimento de refinamento de minérios. Na fase final do processo, o resultado é um conjunto de crostas e escórias, além de uma parte brilhante que representa o metal reduzido, o régulo.

lxxv A seguir, Kant traçará uma diferença entre *Ortodoxie de Ortodoxism*. Embora a grafia *ortodoxismo* não seja corrente em português, cumpre manter, ainda assim, esta forma, já que ela serve a uma diferença conceitual avançada pelo autor.

lxxvi O Naturalismo é objeto de um debate corrente à época de Kant, embora em certo sentido cerceado pelo Édito de Religião (1788). Neste, há uma menção aos naturalistas, aos quais se atribui "falácias abjetas". Que Kant tenha ciência da discussão em torno do Naturalismo pode ser visto pelo pedido de Karl Friedrich Bahrt (1741-1792), em 29 de dezembro de 1786, para que Kant apreciasse seu manuscrito, que o autor pretendia publicar. Escreve Bahrt: "Permita-me, homem muito estimado, que eu vos entregue meu sistema do naturalismo puro, o qual eu considero simultaneamente como cristandade pura, e que eu vos peça um juízo franco e severo" (Br, AA 10: 472 $_{30\text{-}33}$). O mesmo Bahrt, que aliás escreveria uma comédia satírica sobre o Édito de Religião, faz um pedido para Kant, ao final da carta mencionada: "Peço que, por hora, mantenha em segredo que eu seja o autor do sistema" (Br, AA 10: 473 $_7$). O livro de Bahrt seria publicado no ano seguinte, em 1787 (Berlim), sob o título: *System der moralischen Religion zur endlichen Beruhigung für Zweifler und Denker. Allen Christen und Nichtchristen lesbar.*

lxxvii O termo é *Werkleute*, cognato de *Geschäftsleute*, os homens de negócio. No caso da expressão em questão, os dicionários de época (tanto o Grimm como o Adelung) apontam o caráter manual ou de trabalho braçal, sobretudo em relação à construção civil, a que se liga a expressão. No caso do trecho, Kant se refere aos graus mais baixos da hierarquia eclesial, o baixo-clero. Por isso a escolha por operários.

lxxviii Tal como, p. ex., em Gênesis 22,1ss. Que se trata do episódio em que Abrahão é ordenado a matar seu único filho, Isaque, pode ser aferido, ademais, pelo comentário semelhante de Kant em dois trechos da *Religião nos limites* etc. (RGV, AA VI: 87 $_{8\text{-}10}$ e 187 $_{6\text{-}7}$).

[lxxix] O termo utilizado por Kant é *Schriftsteller*, escritores. Presumivelmente por não se tratar do autor da Escritura, Vorländer (SF, AA 7: Lesarten, 351) sugere a correção, ao nosso ver acertada, por *Schriftsgelehrter*, o erudito que trabalha com a escritura. É de se notar que caso se assuma a correção do editor, perde-se o jogo de palavras, que não se pode manter em português, feito por Kant no texto: o Schrift*steller* faz a exegese das Schrift*stelle* (passagens textuais).

[lxxx] Eis aqui a única vez no *Conflito* em que Kant usa a forma latina *Exegese*, em vez da germânica *Auslegung*.

[lxxxi] "Que os cônsules providenciem que a república não sofra qualquer dano" (Cícero, *Oratio I in Catilinam*, 4).

[lxxxii] O Quiliasmo, que também é chamado de Milenarismo, pertence a um conjunto de profecias dos judeus antigos e depois dos cristãos, que preveem um período de mil anos de trajetória de progresso para o bem, período em que Jesus ou o Messias voltaria, dominaria o diabo e permitiria um longo reinado de paz e felicidade. Um dos apoios principais para essa tese dos mil anos vem do Evangelho de João, em um livro também conhecido como Apocalipse. A origem do termo é a palavra *chilioi* do grego antigo que designa o numeral mil, que no latim (por outra origem grega) se apresenta como *mille*. No entanto o sentido da palavra pode ser não exatamente o numeral mil, mas um tempo muito extenso, praticamente infinito.

[lxxxiii] A Septuaginta, ou simplesmente LXX, se refere à tradução grega mais antiga do texto hebraico do velho testamento. O nome alude ao fato de que a tradução teria sido feita por 72 tradutores.

[lxxxiv] Parenético se refere à parênese, a parte de uma pregação ou de um escrito que se constitui como uma exortação moral.

[lxxxv] Como Kant afirma na nota apendida ao título deste apêndice (Sobre uma mística etc.), é importante notar que o texto apresentado a seguir não vem do punho de Kant. Trata-se de uma carta de Karl Arnold Wilmans (1772-1848), enviada a Kant conjuntamente com o equivalente à sua tese doutoral (Halle, 1797). Cf. em Br, AA 13 o registro no número 780, 204.

[lxxxvi] Trata-se de Johann Christian Reil (1759-1813), médico e professor em Halle e, posteriormente, em Berlim. Dentre seus escritos conta-se, p. ex.: um artigo sobre a "assim chamada eletricidade ani-

mal" (Jornal für Physik, n. 6, 1792), e o artigo "Da força vital" (Jornal für Physiologie, n. 1, 1795).

[lxxxvii] Kant lida com o fanatismo (Schwärmerei) em inúmeras obras e sob pontos de vista diversos. P. ex., Kant trata do conceito na seção "Das fraquezas e as doenças da alma em relação às capacidades cognitivas" da antropologia (Anth, AA 7: 202ss.). De maneira análoga, e em relação ao entusiasmo, cf. o "Ensaio sobre as doenças da cabeça" (VKK, AA 2: 267) e KU, 275.

[lxxxviii] Como aponta Giordanetti (2005, 157), a questão fora levantada em 1793 em TP, AA 8: 307.

[lxxxix] Kant apresenta uma família de palavras (Wortfamilie) que também funciona como um campo de palavras (Wortfeld). Quando utilizamos um campo de palavras para interligar conceitos, temos uma conexão principalmente semântica, mas quando se busca o mesmo efeito utilizando uma Wortfamilie temos um vínculo com a Morfologia, que permite agregar mais um elemento na comunicação. A Wortfamilie deste parágrafo tem três componentes: *vorhersagen*, *wahrsagen* e *weissagen*; portanto, palavras compostas (composita) com o verbo *sagen* e outros componentes. Kant qualifica o tipo de conhecimento (ainda que não em sentido estrito) que posso ter sobre a progressão da história. Os três casos são, respectivamente: *vorhersagen*, poder prever segundo leis naturais, que permitem uma certa segurança na previsão; *wahrsagen*, que mesmo não utilizando leis da natureza ainda se mantém em seu quadro, utilizando regras ou até mesmo mecanismos estatísticos; e o terceiro tipo, *weissagen*, que recorre a recursos sobrenaturais. Neste contexto, o papel dos prefixos seria: o *vorher*, dizer antes; o *wahr* se refere a dizer o que assumo como verdadeiro ou real; e o *weiss*, do terceiro caso, traz a ideia do saber ou do sábio, um profeta considera que sabe o que vai acontecer. Infelizmente não encontramos uma família de palavras no português que permitisse uma tradução mais próxima (com o verbo dizer poderíamos encaixar os vocábulos antedizer e predizer, no entanto enfraqueceríamos o valor semântico proposto pelo autor). Para o terceiro conceito, a tradução como profético ou profetizar não é problemática. Para o termo *vorhersagen* optamos por "preditiva" ou "predizer" para os casos sob efeito de leis naturais, p. ex., uma predição sobre a posição dos astros em determinada conjuntura. Já para o termo *wahrsagen* a palavra prognosticar é mais apropriada para exprimir um futuro que não é regido exclusivamente por leis da natureza, p. ex.,

um prognóstico do desenvolvimento da economia de um determinado setor para os próximos anos. Reportamos o leitor à *Antropologia, sob um ponto de vista pragmático*, onde há uma explicação bastante interessante destes três casos, no § 36 (Anth, AA 7: 188-189).

[xc] Presumivelmente Kant se refere à decadência da teocracia nos tempos de Davi. Uma das 12 tribos, os Levitas, passa a ter privilégios sobre as demais, rompendo a paridade instituída pela lei bíblica (cf. Deuteronômio e Números). É interessante notar que este declínio foi analisado por Espinoza em seu *Tratado Teológico-político*, cap. XVII (*Tractatus Theologico-Politicus/Traité théologico-politique*. PUF: Paris, 1999 [1670], pp. 534ss.). Segundo ele, vários encargos, que favoreceram os Levitas, foram introduzidos a partir do Rei Davi: taxa devida aos Levitas por número de habitantes em cada localidade, exclusividade para os Levitas na prática de determinadas cerimônias sagradas, extorsão na *Redenção do primogênito* (um pagamento feito pelos pais para que seus filhos possam se tornar eclesiásticos) etc.

[xci] O autor explica a diferença entre uma constituição simplesmente correta do ponto de vista jurídico, mas sem conteúdo moral, e a sua proposta de uma constituição republicana que reúna estes dois aspectos. Isso ficará bem claro no terceiro parágrafo da seção 6 (85).

[xcii] Notemos que neste momento Kant fala em três casos de possíveis predições e, portanto, se refere aos casos em que valem leis naturais, já que para outras previsões, ainda naturais, mas não como leis da natureza, o termo usado é *wahrsagen* (prognosticar). Os três casos citados: terrorismo moral, eudemonismo e abderitismo, são exemplos de três leis inexoráveis: que sempre há um regresso, que sempre há um progresso ou que basicamente nada muda. O termo usado é o de predição porque as três propostas são apresentadas na forma de leis implacáveis, como se tivessem caráter mecânico. Kant defenderá a posição da impossibilidade de reduzir o progresso do gênero humano a um determinismo fatalista. Por isso sua proposta, apresentada adiante, fala em prognosticar e não em predizer.

[xciii] Estes três tipos a, b e c não se referem a determinadas seitas, como as que foram citadas no conflito com a Faculdade de Teologia, mas a posições defendidas como princípios determinísticos para uma teoria da história ou mais especificamente do progresso.

[xciv] Em *O conflito das faculdades* Kant trata da visão histórica de progresso do eudemonismo, e não apenas de sua questão moral,

como em outras obras. Neste caso se refere ao movimento forte do Eudemonismo na intelectualidade de sua época. Um bom exemplo está em Steinbart (*System der reinen Philosophie oder Glückseligkeitslehre des Christenthums*, 1785) que considera como primeiro ponto de sua filosofia investigar se há um desequilíbrio em favor do bem: "Primeiramente investigar a possibilidade de que na disposição atual da humanidade há uma preponderância do Bem, em particular na relação com o futuro e se dá ou se pode gerar um crescimento progressivo deste". (1785, § 11, 23). Steinbart afirmará na sequência que esta é uma premissa básica para a sua filosofia, e naturalmente para o eudemonismo que ele representa. Ora, Kant argumenta nestas passagens com a possibilidade razoável de que haja um equilíbrio entre o bem e o mal em nossa disposição como humanidade, e não uma supremacia determinística do bem. Naturalmente esta possibilidade invalida diretamente a predição dos eudemonistas de um contínuo e determinístico progresso para o bem.

[xcv] O conceito de abderitismo se encontra, nos tempos de Kant, no centro de um debate. Moses Mendelssohn, p. ex., é defensor de uma visão segundo a qual "a espécie humana, no todo, oscila pouco; não dá nunca passos para a frente sem que logo após isto, com velocidade dobrada, retroaja ao estado anterior" (cf. *Jerusalem*, vol. 8, pp. 44-47). Kant comenta em tom crítico precisamente este trecho de Mendelssohn em TP, AA 8: 307ss.

[xcvi] Esta citação já foi utilizada por Kant em seu pequeno texto de 1794, *O fim de todas as coisas* (EAD, AA 8: 336 $_{18\text{-}19}$), mas sem citar o autor. Ele se refere ao jesuíta e abade francês Gabriel François Coyer (1707-1782), utilizando uma passagem do livro *Nouvelles observations sur l'Angleterre* (1779, p. 171, nota 1). Este livro é um relato de viagem feito através de 33 cartas, que inclui traduções, feitas por Coyer, de cinco discursos realizados no parlamento inglês, por ocasião da guerra contra as colônias da América. Coyer é uma figura importante na França pré-revolucionária, pela sua defesa do Direito Natural e pelos seus ataques à nobreza, em particular no livro *La noblesse commerçante*, de 1756, onde, ao criticar fortemente a nobreza como estagnada e presa a suas atividades militares, sugere uma profunda mudança.

[xcvii] Kant se refere a Tycho Brahe (1546-1601). A teoria dos ciclos e epiciclos remonta ao debate entre a velha teoria do geocentrismo e a nova hipótese copernicana do heliocentrismo. Aferrado à hipótese geocêntrica, Brahe é como que forçado a desenvolver um modelo de

idas e vindas dos astros do nosso sistema solar, resultando em uma complexidade que inviabiliza sua operacionalidade. A este propósito Kant nota o seguinte: "quanto mais consequências se seguem de uma hipótese tanto mais provável ela é e, quanto menos, tanto mais improvável; p. ex., a hipótese de Tycho Brahe: tantos fenômenos não bastavam para que o sol, os planetas e as estrelas fixas se movessem em torno da Terra, e ele precisava, assim, assumir sempre mais [fenômenos]" (V-Lo/Pölitz, AA 24-2: 559 $_{10\text{-}15}$).

[xcviii] Nos §§ 38-39 da *Antropologia* Kant lida com os mencionados signos históricos. Estes são naturais, e se opõe em geral aos signos artificiais e, em particular, aos signos fantásticos. Na relação do tempo às coisas assinaladas, os signos se referem ao passado, presente e futuro sendo, respectivamente, denominados signos rememorativo, demonstrativo e prognóstico. Dentre os três, o signo prognóstico é para Kant aquele que guarda maior interesse, "porque na série das mudanças o presente é apenas um momento, e o fundamento de determinação da faculdade de desejar só pode acolher a atualidade em prol das consequências futuras (*ob futura consequentia*) e as torna principalmente notáveis" (Anth, AA 7: 193 $_{29\text{-}32}$). Não se trata de uma predição destas consequências futuras, mas de um prognóstico que aponta uma tendência da humanidade ao progresso.

[xcix] Este entusiasmo mencionado por Kant se refere ao efeito provocado *não* nos revolucionários franceses, mas nos espectadores alemães da Revolução, na condição de uma adesão desinteressada à ideia de um povo que dá a si mesmo suas próprias leis. Neste sentido, é o entusiasmo o signo histórico que permite identificar uma tendência e prognosticar o progresso moral e jurídico da humanidade. A avaliação de Kant da Revolução Francesa em suas diferentes nuances pode ser encontrada também em outras obras de outros períodos, p. ex.: na *Crítica da faculdade de julgar* (KU: § 65, 375); na *Doutrina do direito* (RL, AA 6: 320ss.); na *Antropologia* (Anth, AA 7: § 77, 259). Uma análise interessante do tema é apresentada por Ricardo Terra em seu artigo "Kant: entusiasmo e revolução" (Revista USP, n. 1, 1989). Cf. também o tratamento do entusiasmo da *terceira Crítica* (KU, 271-2) e nota de fim sobre o fanatismo, a respeito de sua relação com o entusiasmo.

[c] Trata-se do ex-aluno de Kant, Johann Benjamin Erhard (1766-1827), apoiador da Revolução Francesa, que planejou fundar, junto com outros jacobinistas alemães, uma república no sul da Alemanha. Este

ficou famoso com seu livro de 1795, *Über das Recht des Volks zu einer Revolution* (Do direito dos povos a uma revolução), que foi proibido em várias partes da Alemanha. Neste livro o autor se coloca claramente inspirado pelas ideias da Filosofia kantiana, e basicamente propõe que, se um povo não está sendo tratado com as regras dos direitos dos homens (no sentido do século XVIII), tem todo o direito de desencadear um processo revolucionário para estabelecer uma constituição cidadã e uma outra estrutura de Estado.

[ci] Tanto Petrus Camper (1722-1789) como Johann Friedrich Blumenbach (1752-1840) são importantes contemporâneos de Kant, particularmente relevantes na *Crítica da faculdade de julgar* (KdU: 304, 424 e 428). A passagem em questão trata de uma hipótese das catástrofes na história natural. Apesar de visões diferentes em relação ao que aconteceu, tanto Blumenbach como Camper estão de acordo com as hipóteses de que, em determinados períodos da história do planeta, os animais e as plantas foram dizimados. No caso de Camper isso fica bem claro numa comunicação à Academia Imperial de São Petersburgo, em 6 de setembro de 1787, e, por sua vez, o endosso de Blummenbach aparece num pequeno artigo, no *Bergmännischen Journal*, de fevereiro de 1791 (conforme se lê em HN, AA 14: 619). Kant se afasta de uma visão fatalista (terrorismo, quiliasmo e abderitismo) que acredita poder fazer predições infalíveis. Ele defende a ideia de um prognóstico calcado na tendência de progressão do gênero humano para o bem. Kant considera possível que a espécie humana seja totalmente destruída por alguma catástrofe vindoura.

[cii] O termo *Publizität*, publicidade, figura como um conceito bastante relevante na reflexão de Kant acerca do Esclarecimento (*Aufklärung*). Em termos gerais, ele marca uma espécie de apologia à "liberdade da pena" (*"Freiheit der Feder"* [TP, AA 8: 304 $_{15}$]), isto é, liberdade de escrita e de crítica ou mesmo liberdade de comunicar a própria opinião. Esta liberdade constitui elemento essencial para o *processo* de Esclarecimento, na medida em que se vincula intimamente à possibilidade de uso público da razão ("o uso público da razão deve ser sempre livre, e só ele pode realizar o esclarecimento dentre os homens" [WA, AA 8, 37 $_{7-8}$]). É preciso notar, porém, que um tal uso é, em certo sentido, restrito: "Entendo, porém, por uso público da razão aquele que qualquer um, enquanto *erudito*, faz dela perante todo o público [*Publikum*] do mundo letrado" (WA, AA 8, 37 $_{11-13}$). Assim, o erudito não se dirige ao *Volk* (o povo, o qual aliás não toma interesse e nem entende as querelas eruditas), pois só lhe podem ser *publicizadas*

as doutrinas sancionadas pelo governo para o exercício do direito, da medicina ou da teologia pelos homens de negócio formados pelas faculdades superiores. Antes, o debate tem lugar diante do mundo letrado na medida em que submete à crítica todas as doutrinas sobre as quais se debruçam os eruditos (o que compete sobretudo ao erudito do ramo da filosofia). Portanto, ao submetê-las à crítica e avaliar as máximas que serão publicizadas, este conflito *legal* tem por objetivo aperfeiçoar estas mesmas doutrinas e, com isto, agir em prol da boa administração do governo, por conseguinte, em prol do povo por ele governado.

[ciii] Kant critica o rei George III, à frente do Império Britânico de 1760 até 1820, que tinha grande poder na primeira metade de seu governo. O rei foi um dos grandes empecilhos da luta contra o tráfico de escravos, mas atuava de forma falsamente abolicionista. Ao mesmo tempo em que fomentava seu primeiro-ministro abolicionista William Pitt, estimulava os conservadores escravocratas. Seu próprio filho, William, além de ser um dos mais importantes articuladores do antiabolicionismo, era também sabidamente conectado às empresas traficantes de escravos. O movimento de boicote ao abolicionismo é tão poderoso que uma luta que começa com uma petição dos Quakers em 1783 e ganha corpo em toda a sociedade britânica só conseguiria a aprovação da extinção do tráfico em 1807, quando o governo de George já não tinha mais o mesmo controle sobre o Parlamento. Essa atitude dúbia de George III é bem conhecida nos meios intelectuais europeus do final do século XVIII.

[civ] A *respublica noumenon* corresponde a uma ideia no sentido kantiano e que alude a um ideal platônico; como tal ela é irrealizável e jamais poderia corresponder a algo no mundo sensível. Já a tentativa feita pela Revolução Francesa, mesmo que não tenha um sucesso completo, é um indício de que a república não é uma quimera e, como se mostrou na seção seis, é um acontecimento que aponta para a possível realização (por isso: *respublica phaenomenon*). Sobre o termo Ideal e sua relação com a expressão platônica confira-se KrV A312-A320/B368-377.

[cv] O conceito de sociedade civil (*bürgerliche Gesellschaft*) já apareceu várias vezes no texto. Nesta passagem Kant se refere a uma sociedade cosmopolita (*weltbürgerliche Gesellschaft*). No primeiro caso trata-se de uma sociedade sob a vigência de uma constituição que direta ou indiretamente tem o próprio povo como legislador. Já a sociedade

cosmopolita é uma possível situação entre os cidadãos e os povos do mundo, na qual não há uma única constituição, mas uma harmonia mínima entre sociedades civis e suas respectivas constituições, que permita a um cidadão do mundo o direito da hospitalidade em qualquer lugar. Kant está fazendo uma relação entre a História e o Direito. Assim como foi apresentada uma tendência de progressão para o bem na espécie humana, apresenta-se aqui uma correspondente tendência para uma sociedade cosmopolita, constituída sob um Direito cosmopolita.

[cvi] Anton Friedrich Büsching (1724-1793) foi um importante geógrafo e pedagogo nos tempos de Kant, considerado como um dos fundadores do método estatístico em Geografia Política. Nesta passagem Kant se refere a um texto que Büsching publica no periódico *Königsbergche gelehrten und politischen Zeitungen* (na edição de 25 de março de 1776) com severas críticas contra a redução de verbas para a educação que ocorria nos países da Europa. Essa crítica, que Kant chama de "demanda de Büsching", ficou famosa porque, além de geógrafo, era teólogo e membro influente da Igreja Luterana, chegando ao grau de O.C.R., *Oberconsistorialrath* (Conselheiro do Alto Consistório) em Berlim. A crítica de Büsching é mencionada por Kant já em 1776 (AP, AA 2, 451 $_{34\text{-}37}$, 452 $_{1\text{-}2}$).

[cvii] A citação de Kant é aproximada. Segundo Giordanetti (2005, 172) a passagem referida por Kant se encontra em um trecho do escrito de Hume *Of public credit*, traduzido e publicado em alemão nos *Vermischten Schriften* (1766): "Devo admitir que quando vejo príncipes e estados em conflito e brigando sobre dívidas, fundos e rendimentos mal-alocados, me parece como se duas pessoas se arrebentassem com porretes em uma loja de porcelanas chinesas" (*Von öffentlich Credit*, pp. 176).

[cviii] "Os frígios [os troianos] ficaram sábios tarde demais".

[cix] Durante toda a sua vida acadêmica Kant se envolve com o tema da medicina. Já em 1764, com o "Ensaio sobre as doenças da cabeça" (VKK, AA2: 257-271), Kant associa problemas nas capacidades cognitivas com questões somáticas, indo até a suas últimas obras. O próprio conflito da medicina com a filosofia, no âmbito da universidade, é tratado já em 1786, quando Kant faz um discurso de encerramento ("Da medicina do corpo, que cabe aos filósofos") do seu primeiro período como reitor na Universidade de Königsberg. Portanto, antes

de *O conflito das faculdades*, Kant já concebia uma visão geral do conflito entre o médico e o filósofo e até mesmo já delineava os princípios de uma dietética (como veremos em outras notas). Uma citação deste discurso mostra bem isso. "Como queremos perseguir nossos objetivos, julgo que principalmente deve ser resguardada a natureza claramente diversa dos caminhos perseguidos pelos médicos e pelos filósofos e que não devem ser ultrapassados os limites entre seus negócios, o que seria visto como uma intromissão, o médico agindo como filósofo e o filósofo agindo como médico. Não resta dúvida sobre como estão constituídos os limites entre um e outro: ao médico compete, em almas enfermas, aplicar medidas para o corpo, ao filósofo, por sua vez, compete tratar o corpo pela influência da mente" (HN, AA 15: 943 $_{6-13}$).

[cx] Christoph Wilhelm Hufeland (1762-1836) é um importante médico alemão que se destacou mundialmente com seu livro "Macrobiótica ou sobre a arte de prolongar a vida", analisado por Kant nesta terceira parte do conflito. Além disso ele foi um importante agente de saúde pública, implantando o primeiro necrotério da Alemanha. Foi também destacado membro das instituições médicas, reguladoras da prática clínica.

[cxi] Carta de Hufeland para Kant, Iena d. 12. Dec. 1796 (Br, AA 12: 136-137).

[cxii] Este conceito de artista da razão aparece na *Crítica da razão pura*: "o filósofo não é um artista da razão, mas o legislador da razão humana" (KrV: A839/B867).

[cxiii] Kant se refere ao Diretório da Convenção instalado no período revolucionário da França. No caso o Diretório representava o poder executivo. Já o médico Hufeland, além de ser um "executivo" da Medicina, através de sua prática clínica, é também um legislador de melhores práticas nos colegiados médicos institucionais.

[cxiv] Ao invés de utilizar o termo original de Hufeland, Macrobiótica, Kant utiliza o termo Dietética. Isso já demonstra uma visão um pouco diferente, que será estruturada durante o texto desta terceira parte. É importante ressaltar que Dietética neste contexto não tem apenas um sentido de dieta ou de nutrição, mas envolve, como será apresentado mais adiante, um conceito bem geral de princípios, regras e métodos para o prolongamento da vida.

[cxv] Para Kant há uma certa oposição entre terapêutica e dietética. O uso de remédios e de outras intervenções mecânicas ou físico-químicas, sobre os pacientes, é visto como um último caso, que geralmente pode ser evitado pela força de vontade e por uma rigorosa dietética. Nos tempos atuais há uma certa semelhança aqui entre medicina preventiva e medicina curativa.

[cxvi] "A um Júpiter libertador".

[cxvii] Efésios 6,3.

[cxviii] Gênesis 3,19.

[cxix] O conceito de "força vital" está no centro de um debate nos tempos de Kant. Um dos exemplos é a obra de J.C. Reil mencionado em nota anterior.

[cxx] "Suporta e abstém-te", máxima atribuída aos estoicos. Para entender a posição de Kant em relação ao estoicismo podemos nos reportar a uma passagem da *Crítica da razão prática*: "Os estoicos, pelo contrário, escolheram de maneira muito certa o seu princípio prático supremo, a saber, a virtude enquanto condição do sumo bem, mas ao representarem como completamente alcançável nessa vida o grau de virtude que é exigido para a lei pura desta não apenas exageraram a faculdade moral do homem, sob o nome de um sábio, para além de todas as restrições de sua natureza, e admitiram algo que contradiz todo o conhecimento humano [...]" (KpV: 126). Portanto, para Kant há algo de positivo na filosofia moral dos estoicos no que se refere ao controle pela razão e o direcionamento para a virtude.

[cxxi] Da mesma forma que Kant fez uma divisão entre uma fé eclesial e uma fé religiosa (racional), aqui ocorre algo parecido com a Medicina, com dois campos correspondentes: a filosofia médica e a medicina empírica. A primeira se liga ao campo da razão prática pela Virtude e pelo controle da razão sobre a conduta de vida, a segunda rege a prática clínica.

[cxxii] O uso comum de "hipocondria" está associado ao uso compulsivo de remédios e a certa morbidez. Mas para Kant o termo tem um valor conceitual importante, o que fica bem claro no § 45 da Antropologia: "As falhas da faculdade do conhecimento são: ou *fraquezas do ânimo*, ou *doenças do ânimo*. As doenças da alma, do ponto de vista da faculdade do conhecimento, podem ser classificadas em dois

gêneros principais. Um é a hipocondria (*hypochondrie*) e o outro a *perturbação* do ânimo (*Manie*)" (ANT, AA 7: 202 5-9). Cf. também sobre a hipocondria VKK, AA 2: 266ss. Para aprofundar o tema recomendamos um artigo recente de Heiner Klemme sobre Kant e a medicina (KLEMME, H.F. *Kant über Medizin und die Gesundheit des Meschen* 2020).

[cxxiii] "O carrasco de si mesmo", termo grego que é o título de uma comédia de Públio Terêncio, séc. II a.C., na qual Menedemus, depois de tratar severamente o seu filho e de levá-lo ao exílio, decide se autopunir com o abandono de sua própria riqueza.

[cxxiv] Há um importante trabalho sobre a saúde de Kant, em termos da medicina atual, encontrado na revista Lancet: FELLIN & BLÈ, *The disease of Immanuel Kant*, 1997.

[cxxv] Para reafirmar que no discurso de encerramento do reitorado de 1786 Kant já tinha, não apenas uma visão do princípio da dietética, como vários pontos detalhados de sua aplicação, temos a citação: "[...] no sono, pela força da imaginação, a estrutura do corpo está sendo fortalecida, no estado de vigília, quando só meditamos, a estrutura está sendo debilitada" (HN, AA 15: 940 $_{6-8}$).

[cxxvi] Trata-se do termo de origem grega ποδάγρα, uma manifestação da doença da gota (excesso de ácido úrico) que ataca as articulações, principalmente as dos dedos do pé.

[cxxvii] Não se trata aqui de uma doença pela infestação de vermes, mas de um movimento normal do intestino que é assim chamado em analogia ao movimento dos vermes. Tecnicamente trata-se de um movimento peristáltico.

[cxxviii] Kant trata de uma grande refeição "Mahlzeit". Segundo o dicionário Adelung, de sua época, temos: "Um simples desjejum podemos chamar na linguagem adequada de 'refeição' (Mahl) ou de 'refeição matinal' (Frühmahl), mas não podemos designá-lo como "grande refeição" (Mahlzeit), quando se refere a um número maior de pratos..." Portanto, com essa escolha da tradução, fica claro que Kant não está considerando como regra dietética para os idosos apenas uma refeição por dia.

[cxxix] Esse tema também está presente no discurso de 1786 já citado: "Meu parecer com certeza é: faço pelo menos uma grande refeição

até me saciar e me abstenho, mesmo que isso resulte em incômodo, até que o corpo tenha se revigorado" (HN, AA 15: 942 $_{12\text{-}14}$).

[cxxx] Procuramos mostrar com várias notas sobre o discurso de Kant como reitor em 1786 que, além do princípio geral da dietética, várias orientações específicas já estavam claras para Kant, antes do lançamento do livro do Hufeland. Aqui, p. ex., temos um exemplo interessante: "Com o movimento do ânimo em conversas amigáveis durante a digestão ou evitando uma meditação durante a refeição principal, podemos estimular a força vital" (HN, AA 15: 940 $_{8\text{-}10}$).

[cxxxi] "Contra a vontade de Minerva". Citação do latim clássico que se refere à deusa da sabedoria para os romanos (Atena para os gregos). Nesta aplicação de Kant, além dos problemas de saúde causados pela mistura de atividades, se não procurarmos um momento adequado e condições adequadas para o trabalho intelectual, não poderemos contar com bons resultados e estaríamos irritando Minerva. Neste sentido não basta apenas ter as qualificações e a disposição para executar um determinado trabalho intelectual, mas também é necessário escolher o momento adequado, o que é um princípio dietético neste caso.

[cxxxii] Kant se refere às estatísticas oficiais de nascimentos e de óbitos, como, p. ex., publicava-se no *Mensário Berlinense*.

[cxxxiii] Kant se refere a uma fonte tipográfica (tipo) introduzida por uma família de livreiros franceses, que em várias gerações tiveram grande influência em toda a Europa. O membro mais importante desta família é François Ambroise Didot (1730-1804). Com este pós-escrito Kant de certa forma antecipa-se a uma polêmica, ocorrida entre 1875 e 1930, entre os tipos latinos (Antiqua) e os designados tipos alemães (Fraktur). Kant associa o tipo Didot ao campo dos tipos latinos. É preciso notar que o livreiro Didot também trabalhava com diversos tipos diferentes, incluindo os góticos (cf. FALKENSTEIN, C.K., *Geschichte der Buchdruckerkunst*, 1840).

[cxxxiv] Kant trata a fonte tipográfica Breitkopf como um representante dos tipos alemães ou góticos. Este tipo foi desenvolvido por Bernhard Christoph Breitkopf (1695-1777) em Leipzig e foi uma espécie de paradigma para os tipos góticos que também eram conhecidos como Fraktur. Podemos considerar que Breitkopf tem um papel tão relevante para o livro impresso em tipos alemães, como ocorreu com Didot no uso dos tipos latinos (Antiqua). É preciso lembrar que o edi-

tor Breitkopf também usava outros tipos, inclusive os da família Antiqua. Como vimos na nota anterior, esses elementos que começam a surgir neste ambiente do final do século XVIII irão eclodir mais tarde na polêmica Antiqua-Fraktur (cf. KILLIUS, C. *Die Antiqua-Fraktur Debatte um 1800 und ihre historische Herleitung*, 1999).

[cxxxv] Para a etimologia dos tempos de Kant a palavra Buchstabe, que significa letra, era originada do termo Buche que designa, em alemão, um tipo de árvore (faia), do tipo *fagus*. Na visão atual, entretanto, são atribuídas outras origens para a palavra Buch. Para Kant, as Buchstaben no sentido etimológico seriam comparados a bastões de madeira, ou seja, as letras teriam bastões ou hastes de sustentação, em uma forma de analogia. Na verdade, nosso filósofo faz a defesa da escrita fragmentada dos tipos alemães, que realmente tem hastes grossas e blocos grandes, e que na opinião dele facilitam a leitura. É importante notar que o argumento de Kant se fundamenta na legibilidade e não num aspecto diretamente nacionalista, como será o tom no debate Antiqua-Fraktur já citado.

[cxxxvi] Essa polêmica vai longe, até meados do século XX. Para os europeus era difícil entender por que os alemães insistiam em uma família de fontes tipográficas exclusivas para a escrita do alemão, já que os chamados tipos latinos haviam há tempos prevalecido na Europa e nas Américas. Um exemplo curioso ocorre mais de dois séculos depois desta afirmação de Kant. Trata-se de um ensaio feito por Thomas Mann no periódico Aktion (v. 9, 1911). Ao se referir à leitura de um livro de Goethe impresso com Antiqua (tipo latino), Mann afirma: "Ler o 'Wilhelm Meister' em Antiqua – essa não, não funciona".

[cxxxvii] Esta nota número 7 tem importância histórica para a ciência médica, como é referida por Podoll em seu livro sobre a enxaqueca (Podoll & Robinson, 2008), ao analisar o sintoma designado modernamente por zigue-zague na página 178: "O termo zigue-zague é usado em vários relatórios sobre a alucinação visual durante a enxaqueca. Provavelmente, a primeira menção foi feita pelo filósofo alemão Immanuel Kant, que observou em 1798 que em...", e os autores seguem no tema com uma citação desta nota 7 de Kant.

BIBLIOGRAFIA

1. Textos-base

KANT, I. *Der Streit der Fakultäten in drey Abschnitten*. Königsberg: Nicolovius, 1798.

KANT, I. *Der Streit der Fakultäten*. Hg.: von der Königlichen Preußischen Akademie der Wissenschaften (Bd.7). Berlim: Georg Reimer, 1917.

1.2. Edição auxiliar

KANT, I. *Der Streit der Fakultäten*. Hg.: Horst D. Brandt & Piero Giordanetti. Hamburgo: Felix Meiner, 2005.

2. Dicionários e fontes da época

GRIMM, J. & GRIMM, W. *Deutsches Wörterbuch von Jakob und Wilhelm Grimm* (33 vols.) – disponível em: http://dwb.uni-trier.de/de/die-digitale-version/online-version/.

ADELUNG, J.C. *Grammatisch-kritisches Wörterbuch der hochdeutschen Mundart* – disponível em: https://lexika.digitalesammlungen.de/adelung/online/angebot

3. Traduções consultadas

KANT, I. *The Conflict of the Faculties*. Trad.: Mary J. Gregor. Nova York: Abaris Books, 1979.

KANT, I. *O conflito das faculdades*. Trad.: Artur Mourão. Corvilhã: LusoSofia, 2008.

KANT, I. *Le Conflit des Facultés: et autres textes sur la revolution*. Trad.: Christian Ferrié. Paris: Payot, 2015.

4. Apresentação

ARENDT, H. "Verdade e política" [1968]. In: *Entre o passado e o futuro*. Trad. de Mauro W. Barbosa. São Paulo: Perspectiva, 1972.

ARENDT, H. *Lições sobre a filosofia política de Kant*. Trad. André Duarte Macedo. Rio de Janeiro: Relume Dumará, 1993.

BRANDT, Reinhardt *Universität zwischen Selbst- und Fremdbestimmung. Kants Streit der Fakultäten*. Berlim: Akademie Verlag, 2003.

BROCKLISS, L. (1996). "Curricula". In: Rüegg, W. (org.). *A History of the University in Europe*. Cambridge: Cambridge University Press. v. 2: Universities in Early Modern Europe (1500-1800).

CLARKE, M. "Kant's Rhetoric of Enlightenment". In: *The Review of Politics*, vol. 59, n. 1, 1997.

DALBOSCO, Claudio & EIDAM, Heinz. *Moralidade e educação em Immanuel Kant*. Ijuí: Unijuí, 2009.

DALBOSCO, Claudio. *Kant & a educação*. Belo Horizonte: autêntica, 2011.

DIETZSCH, Steffen. *Immanuel Kant. Eine Biographie*. Leipzig: Reclam, 2003.

HABERMAS, J. *Mudança estrutural da esfera pública* [1962]. Trad. Denilson Werle. São Paulo: Unesp, 2011.

HERDER, J.G. *Briefe zur Beförderung der Humanität* [1793-1797]. 2. ed. Berliner Ausgabe, 2013.

HÖLSCHER, L. "Öffentlichkeit". In: *Geschichtliche Grundbegriff*. Band 4. Org. Otto Brunner, Werner Conze, e Reinhardt Koselleck. Stuttgart: Klett-Cotta, 1978.

HUMBOLDT, W. "Unmaßgeblich Gedanken über den Plan zur Eirichtung des Litauischen Stadtschulwesens" [1809]. In: *Werke IV – Schriften zur Politik und zum Bildungswesen*. Darmstadt: WBG, 2010.

KANT, I. "Carta a Marcus Herz" [1772]. Trad. Antonio Marques. In: *Dissertação de 1770. Seguida de Carta a Marcus Herz*. Lisboa: Imprensa Nacional, 1985.

KANT, I. "Investigação sobre a evidência dos princípios da teologia natural e da moral" [1764]. Trad. Luciano Codato. In: *Escritos pré-críticos*. São Paulo: Unesp, 2005.

KANT, I. "Notícia do Prof. Immanuel Kant sobre a organização de suas preleções no semestre de inverno de 1765-1766". In: *Lógica*. Trad. Guido de Almeida. Rio de Janeiro: Tempo Brasileiro, 1992.

KANT, I. "O que significa orientar-se no pensamento?" [1786]. In: *Textos seletos*. Trad. Floriano de Souza Fernandes. Petrópolis: Vozes, 1974.

KANT, I. "Resposta à pergunta: o que é esclarecimento?" [1784]. In: *Textos Seletos*. Trad. Floriano de Souza Fernandes. Petrópolis: Vozes, 1974.

KANT, I. *À paz perpétua* [1795]. Trad. Marco Zingano. Porto Alegre: L&PM, 2008.

KANT, I. *Antropologia de um ponto de vista pragmático* [1798]. Trad. Clélia Martins, rev. Márcio Suzuki e Vinicius de Figueiredo. São Paulo: Iluminuras, 2002.

KANT, I. *Crítica da faculdade de julgar* [1790]. Trad. Fernando Costa Mattos. Petrópolis: Vozes, 2016.

KANT, I. *Crítica da razão pura* [1781/1787]. Trad. Fernando Costa Matos. Petrópolis: Vozes, 2012.

KANT, I. *Gesammelte Schriften: herausgegeben von der Deutschen Akademie der Wissenschaften*. 29 vols. Berlim: Walter de Gruyter, 1900.

KANT, I. *Lógica* [1800]. Trad. Guido de Almeida. Rio de Janeiro: Tempo Brasileiro, 1992.

KANT, I. *Sobre pedagogia* [1803]. Trad. Francisco Cock Fontanella. 2. ed. Piracicaba: Unimep, 1999.

KANT, I. *Sobre a pedagogia*. Trad. Francisco Cock Fontanella. Piracicaba: Unimep, 1999.

KÜHN, M. *Kant: Eine Biographie*. Munique: C.H. Beck, 2003.

LAURSEN, J.C. "The subversive Kant: The vocabulary of 'Public' and 'Publicity'". In: *Political Theory*, vol. 14, n. 4, 1986.

McCLELLAND, Charles. *State, society, and university in Germany 1700-1914*. Cambridge, UK: Cambridge University Press, 1980.

MERRIT, M. *Kant on Reflection and Virtue*. Cambridge, UK: Cambridge University Press, 2018.

MÜLLEJANS, H. *Publicus und Privatus im Römischen Recht und im Älteren Kanonisch Recht unter besonderer Berücksichtigung der Unterscheidung Ius publicum und Ius privatum*. Munique: Hüber, 1961.

NADAI, Bruno "As condições do esclarecimento, o conflito entre filosofia e religião e a ideia kantiana de universidade". In: *Studia Kantiana*, vol. 18, n. 3 (dez. 2020).

NOUR, S. *À paz perpétua de Kant*. São Paulo: Martins Fontes, 2004.

O'NEILL, O. *Constructions of Reason: Explorations of Kant's Practical Philosophy*. Cambridge, UK: Cambridge University Press, 1989.

PETRONE, G.L. *L'ancella della ragione. Le origini di Der Streit der Fakultäten di Kant*. Turim: La Città del Sole, 1997.

PETRONE, G.L. "Il filosofo è soltanto un'idea". In: Kant, Immanuel. *Enciclopedia filosofica*. Milão: Bompiani, 2003, p. 5-61.

READINGS, B. *The University in Ruins*. Cambridge, MA: Harvard University Press, 1996.

SANTOS, L.R.R. *O cultivo das faculdades humanas nas Preleções de Kant sobre antropologia*. Tese de doutorado. Universidade de São Paulo, 2016.

SANTOS, Robinson dos. *Moralität und Erziehung bei Immanuel Kant*. Kassel University Press, 2007.

TERRA, R. "Humboldt e a formação do modelo de universidade de pesquisa alemã". In: *Cadernos de Filosofia Alemã*, vol. 24, n. 1.

TONELLI, Giorgio. "Conditions in Königsberg and the Making of Kant's Philosophy". In: Bucher, A.; Drüe, H. & Seebohn (orgs.). *Bewusstsein Gerhard Funke zu eigen*. Bonn: Bouvier Verlag, 1975.

TREVISAN, D.K. *Der Gerichtshof der Vernunft. Eine historische und systematische Untersuchung über die juridischen Metaphern der Kritik der reinen Vernunft*. Würzburg: Königshausen & Neumann, 2018.

TREVISAN, D.K. Ver "Christian Thomasius e a *Aufklärung*". In: *Kriterion*, n. 145, abr., 2020.

TREVISAN, D.K. "Christian Thomasius e a reformulação Universitária na *Aufklärung*". In: *Cadernos de Filosofia Alemã*, jul.-dez., 2020.

VORLÄNDER, Karl. *Immanuel Kant Der Man und das Werk*. Hamburgo: Felix Meiner Verlag, 1992.

5. Bibliografia das notas de fim

5.1. Prefácio

KANT, I. *Die Religion innerhalb der Grenzen der bloßen Vernunft*. Hg.: von der Königlichen Preußischen Akademie der Wissenschaften (Bd. 6). Berlim: Georg Reimer, 1914.

_____. *Briefwechsel* (1747-1788). Hg.: von der Königlichen Preußischen Akademie der Wissenschaften (Bd. 10). Berlim/Leipzig: Walter de Gruyter, 1922.

_____. *Briefwechsel* (1789-1794). Hg.: von der Königlichen Preußischen Akademie der Wissenschaften (Bd. 11). Berlin/Leipzig: Walter de Gruyter, 1922.

_____. *Briefwechsel* (1795-1803). Hg.: von der Königlichen Preußischen Akademie der Wissenschaften (Bd. 12). Berlim/Leipzig: Walter de Gruyter, 1922.

_____. *Briefwechsel* (Anmerkungen u. Register). Hg.: von der Königlichen Preußischen Akademie der Wissenschaften (Bd. 13). Berlim/Leipzig: Walter de Gruyter, 1922.

_____. *Kant's Handschriftlicher Nachlass* (Vorarbeiten und Nachträge). Hg.: von der Deutschen Akademie der Wissenschaften zu Berlin (Bd. 23). Berlim: Walter de Gruyter, 1955.

SCHWARTZ, P. *Der erste Kulturkampf in Preußen um Kirche und Schule (1788-1798)*. Berlim, 1925.

WARDA, A. Ergänzungen zu E. Fromms zweitem und drittem Beitrage zur Lebensgeschichte Kants. In: *Altpreußische Monatsschrift*, Bd. 38, 75-95. Hg.: Rudolf Reicke & Ernst Wichert. Königsberg in Pr.: Vlg. v. Thomas u. Opperman, 1901 (disponível em https://www.mgh-bibliothek.de/bibliothek/altpreussischemonatsschrift.html).

WILHELM, F.; v. CARMER; v. DÖRNBERG; v. WÖLLNER. Merkwürdiges Edict. Er. Königl. Majestät von Preussen, die Religionsverfassung in der preussichen Staaten betreffend. In: Acten, Urkunden und Nachrichten zur neuesten Kirchengeschichte. Bd. 1, Abs. 6 (pp. 461-479). Weimar: Carl Ludolf Hoffmann, 1788 (disponível em https://zs.thulb.uni-jena.de/).

5.2. Introdução

BRANDT, R. *Universität zwischen Selbst- und Fremdbestimmung*. Berlim: Akademie Verlag, 2003.

KANT, I. *Kritik der reinen Vernunft* (2. Aufl. 1787). Hg.: von der Königlichen Preußischen Akademie der Wissenschaften (Bd. 3). Berlim: Georg Reimer, 1911.

_____. *Die Metaphysik der Sitten*. Hg.: von der Königlichen Preußischen Akademie der Wissenschaften (Bd. 6). Berlim: Georg Reimer, 1914.

_____. *Briefwechsel* (1789-1794). Hg.: von der Königlichen Preußischen Akademie der Wissenschaften (Bd. 11). Berlim/Leipzig: Walter de Gruyter, 1922.

_____. *Zum ewigen Frieden*. Hg.: von der Königlichen Preußischen Akademie der Wissenschaften (Bd. 8). Berlim/Leipzig: Walter de Gruyter, 1923.

_____. *Kant's Handschriftlicher Nachlass* (Anthropologie). Hg.: von der Königlichen Preußischen Akademie der Wissenschaften (Bd. 15). Berlim/Leipzig: Walter de Gruyter, 1923.

_____. *Kant's Handschriftlicher Nachlass* (Vorarbeiten und Nachträge). Hg.: von der Deutschen Akademie der Wissenschaften zu Berlin (Bd. 23). Berlim: Walter de Gruyter, 1955.

_____. *Logik Dohna-Wundlacken*. Hg.: von der Deutschen Akademie der Wissenschaften zu Berlin (Bd. 24-2). Berlim: Walter de Gruyter, 1966.

WILHELM, F.; v. CARMER; v. DÖRNBERG; v. WÖLLNER. Merkwürdiges Edict. Er. Königl. Majestät von Preussen, die Religionsverfassung in der preussichen Staaten betreffend. In: *Acten, Urkunden und Nachrichten zur neuesten Kirchengeschichte*. Bd. 1, Abs. 6 (pp. 461-479). Weimar: Carl Ludolf Hoffmann, 1788 (disponível em https://zs.thulb.uni-jena.de/).

WOLFF, Chr. *Ausführlich Nachricht von seinen eigenen Schriften*. Frankfurt am Maim: Johann Benjamin Andreä, 1733.

5.3. Conflito com a Faculdade de Teologia

BAHRDT, C.F. *System der moralischen Religion zur endlichen Beruhigung für Zweifler und Denker. Allen Christen und Nichtchristen lesbar*. Berlim: Friedrich Vieweg, 1787.

CALVIN, J. *Institutio Christianae Religionis*. Genebra: Oliua Roberti Stephani, 1559 (disponível em: https://archive.org/details/institutiochrist1559calv).

EICHHORN, J.G. *Briefe, die biblische Exegese betreffend*. Allgemeine Bibliothek der biblischen Litteratur, vol. 4, n. 2 (1793), pp. 203-281.

GABLER, J.F. Vorrede. In: EICHHORN, J. G. *Urgeschichte*. Hg.: J.F. Gabler. 2te Theil, 1er Band. Altdorf u. Nürnberg, 1792.

GIORDANETTI, P. Anmerkungen des Herausgebers. In: *Der Streit der Fakultäten*. Hamburgo: Felix Meiner, 2005.

HAMANN, J.G. *Abaelardi Virbii Chimär. Einfälle über den zehnten Theil die Briefe, die Neueste Litteratur betreffend*, 1761.

KANT, I. *Träumen eines Geistsehers, erläutert durch Träume de Metaphysik*. Hg.: von der Königlichen Preußischen Akademie der Wissenschaften (Bd. 2). Berlim: Georg Reimer, 1912.

_____. *Kritik der reinen Vernunft* (1. Aufl. 1781/ 2. Aufl. 1787). Hg.: von der Königlichen Preußischen Akademie der Wissenschaften (Bd. 4/3). Berlim: Georg Reimer, 1911.

_____. *Prolegomena zu einer jeden künftigen Metaphysik die als Wissenschaft wird auftreten können*. Hg.: von der Königlichen Preußischen Akademie der Wissenschaften (Bd. 4). Berlim: Georg Reimer, 1911.

_____. *Kritik der Urtheilskraft*. Hg.: von der Königlichen Preußischen Akademie der Wissenschaften (Bd. 5). Berlim: Georg Reimer, 1913.

_____. *Die Religion innerhalb der Grenzen der bloßen Vernunft*. Hg.: von der Königlichen Preußischen Akademie der Wissenschaften (Bd. 6). Berlim: Georg Reimer, 1914.

_____. *Briefwechsel* (1747-1788). Hg.: von der Königlichen Preußischen Akademie der Wissenschaften (Bd. 10). Berlim/Leipzig: Walter de Gruyter, 1922.

_____. *Briefwechsel* (1795-1803). Hg.: von der Königlichen Preußischen Akademie der Wissenschaften (Bd. 12). Berlim/Leipzig: Walter de Gruyter, 1922.

_____. *Was heißt: sich im Denken orientieren?* Hg.: von der Königlichen Preußischen Akademie der Wissenschaften (Bd. 8). Berlim/Leipzig: Walter de Gruyter, 1923.

_____. *Kant's Handschriftlicher Nachlass* (Anthropologie). Hg.: von der Königlichen Preußischen Akademie der Wissenschaften (Bd. 15). Berlim/Leipzig: Walter de Gruyter, 1923.

_____. *Kant's Handschriftlicher Nachlass* (Logik). Hg.: von der Königlichen Preußischen Akademie der Wissenschaften (Bd. 16). Berlim/Leipzig: Walter de Gruyter, 1924.

_____. *Kant's Handschriftlicher Nachlass* (Vorarbeiten und Nachträge). Hg.: von der Deutschen Akademie der Wissenschaften zu Berlin (Bd. 23). Berlim: Walter de Gruyter, 1955.

REIL, J.C. Schreiben des Herrn Prof. Reil an den Herausgeber, über die sogenannte thierische Electrizität. In: *Journal der Physik*, Bd. 6., Hft. 1. pp. 411-414. Leipzig: Hg.: Dr. Friedrich Albrecht Carl Gren, 1792.

_____. Von der Lebenskraft. In: *Journal für Physiologie*, Bd. 1, Hft 1, pp. 8-162. Halle: Dr. Joh. Christ. Reil, 1795.

ROSENMÜLLER, J.G. *Einige Bemerkungen das Studium der Theologie betreffend. Nebst einer Abhandlung über einige Aeusserungen des Herrn Prof. Kants, die Auslegung der Bibel betreffend.* Erlangen: Johann Jakob Palm., 1794.

SGARBI, M. La distinzione aristotelica kat'anthropon-kat'aletheian in Kant. *Revista Sophias*, vol. 1, pp. 16-24, 2008.

ZACHHUBER, J. Überschwenglich: Ein Begriff der Mystikersprache bei Immanuel Kant. In: *Archiv für Begriffsgeschichte*, vol. 42, pp. 139-154. Felix Meiner, 2001.

5.4. *Conflito com a Faculdade de Direito*

COYER, G. *Nouvellles observations sur L'Angleterre*. Veuve Duchesne Libraire: 1779.

_____. *La noblesse commerçante*. Paris: Duchesne, 1756.

ERHARD, J.B. *Über das Recht des Volks zu einer Revolution*. Gabler, 1795.

GIORDANETTI, P. *Anmerkungen des Herausgebers*. In: *Der Streit der Fakultaten*. Hamburgo: Felix Meiner, 2005.

KANT, I. *Aufsätze, das Philanthropin betreffend*. Hg.: von der Königlichen Preußischen Akademie der Wissenschaften (Bd. 2). Berlim: Georg Reimer, 1912.

_____. *Kritik der reinen Vernunft* (1. Aufl. 1781/2. Aufl. 1787). Hg.: von der Königlichen Preußischen Akademie der Wissenschaften (Bd. 4/3). Berlim: Georg Reimer, 1911.

_____. *Kritik der Urtheilskraft*. Hg.: von der Königlichen Preußischen Akademie der Wissenschaften (Bd. 5). Berlim: Georg Reimer, 1913.

_____. *Die Metaphysik der Sitten*. Hg.: von der Königlichen Preußischen Akademie der Wissenschaften (Bd. 6). Berlim: Georg Reimer, 1914.

_____. *Anthropologie in pragmatischer Hinsicht*. Hg.: von der Königlichen Preußischen Akademie der Wissenschaften (Bd. 7). Berlim: Georg Reimer, 1917.

_____. *Beantwortung der Frage: Was ist Aufklärung?* Hg.: von der Königlichen Preußischen Akademie der Wissenschaften (Bd. 8). Berlim/Leipzig: Walter de Gruyter, 1923.

_____. *Über den Gemeinspruch: Das mag in der Theorie richtig sein, taugt aber nicht für die Praxis*. Hg.: von der Königlichen Preußischen Akademie der Wissenschaften (Bd. 8). Berlim/Leipzig: Walter de Gruyter, 1923.

_____. *Das Ende aller Dinge*. Hg.: von der Königlichen Preußischen Akademie der Wissenschaften (Bd. 8). Berlim/Leipzig: Walter de Gruyter, 1923.

_____. *Kant's Handschriftlicher Nachlass* (Physische Geographie). Hg.: von der Königlichen Preußischen Akademie der Wissenschaften (Bd. 14). Berlim/Leipzig: Walter de Gruyter, 1925.

_____. *Logik Pölitz*. Hg.: von der Deutschen Akademie der Wissenschaften zu Berlin (Bd. 24-2). Berlim: Walter de Gruyter, 1966.

MENDELSSOHN, M. *Jerusalem oder über religiöse Macht und Judentum*. Friedrich Maurer, 1783.

SPINOZA, B. *Tratactus Theologico-Politicus/Traité théologico--politique*. Paris: PUF, 1999 [1670].

STEINBART, G.S. *System der reinen Philosophie oder Glückseligkeitslehre des Christenthums*. Frommannischen Buchhaltung: 1785.

TERRA, R.R. Kant: entusiasmo e revolução. *Revista USP*, n. 1, 1989, 37-43.

WIELAND, C. *Geschichte der Abderiten*: Vol. 1,2. Göschen, 1839.

5.5. Conflito com a Faculdade de Medicina

FALKENSTEIN, C.K. *Geschichte der Buchdruckerkunst.* Teubner, 1840.

FELLIN & BLÈ. The disease of Immanuel Kant. *The Lancet, 350,* pp.1771-1773, 1997.

HUFELAND, C.W. *Die Kunst das menschliche Leben zu verlängern.* Jena, 1797.

HUFELAND, C.W. *Art of prolonging life.* Ticknor, Reed, and Fields: 1854.

KANT, I. *Kritik der reinen Vernunft* (1. Aufl. 1781/ 2. Aufl. 1787). Hg.: von der Königlichen Preußischen Akademie der Wissenschaften (Bd. 4/3). Berlim: Georg Reimer, 1911.

_____. *Kritik der praktischen Vernunft.* Hg.: von der Königlichen Preußischen Akademie der Wissenschaften (Bd. 5). Berlim: Georg Reimer, 1913.

_____. *Briefwechsel* (1795-1803). Hg.: von der Königlichen Preußischen Akademie der Wissenschaften (Bd. 12). Berlim/Leipzig: Walter de Gruyter, 1922.

_____. *Kant's Handschriftlicher Nachlass* (Anthropologie). Hg.: von der Königlichen Preußischen Akademie der Wissenschaften (Bd. 15). Berlim/Leipzig: Walter de Gruyter, 1923.

KILLIUS, C. *Die Antiqua-Fraktur Debatte um 1800 und ihre historische Herleitung.* Harrassowitz, 1999.

KLEMME, H.F. Kant über Medizin und die Gesundheit des Meschen. In: *Academia Ethica,* vol. 8, pp. 10-44, Shangai, 2020.

MANN, T. *Fraktur oder Antiqua.* Aktion, 9, 277, 1911.

PODOLL, K. & ROBINSON, D. *Migraine art: The migraine experience from within.* North Atlantic Books, 2008.

6. Anexos

6.1. Anexo 1

BLANNING, T.C.W. (Org.). (2000). *The short Oxford history of Europe: Europe, 1688-1815. The eighteenth century.* Oxford University Press.

BÜSCH, O. (1962). *Militärsystem und Sozialleben im alten preussen 1713-1807.* De Gruyter.

HABERMAS, J. (1999). *The Structural transformation of the public sphere: An inquiry into a category of bourgeois society* (10. print). MIT Press.

KUEHN, M. (2002). *Kant: A biography.* Cambridge University Press.

NEUGEBAUER, W. (2003). *Dynastie im säkularen Wandel: Von 1740 bis in das 20. Jahrhundert.* Kohlhammer.

NEUGEBAUER-WÖLK, M. (2003). Arkanwelten im 18. Jahrundert: Zur Struktur des Politischen im Kontext von Aufklärung und frühmoderner Staatlichkeit. *Aufklärung, 15* (Meiner).

RÜDIGER, A. (2005). *Staatslehre und Staatsbildung: Die Staatswissenschaft an der Universität Halle im 18. Jahrhundert.* Niemeyer.

SCOTT, H.M. & SIMMS, B. (Orgs.). (2007). *Cultures of power in Europe during the long eighteenth century.* Cambridge University Press.

6.2. Anexo 2

BRANDT, R. *Universität zwischen Selbst- und Fremdbestimmung.* Berlim: Akademie Verlag, 2003.

FORD, G.S. Wöllner and the Prussian Religious Edict of 1788. *The American Historical Review,* Jan., 1910, Vol. 15, N. 2 (Jan., 1910), pp. 264-280.

GIORDANETTI, P. Einleitung. In: *Der Streit der Fakultäten.* Felix Meiner: Hamburgo, 2004.

KANT, I. *Die Religion innerhalb der Grenzen der bloßen Vernunft*. Hg.: von der Königlichen Preußischen Akademie der Wissenschaften (Bd. 6). Berlim: Georg Reimer, 1914.

_____. *Der Streit der Fakultäten*. Hg.: von der Königlichen Preußischen Akademie der Wissenschaften (Bd.7). Berlim: Georg Reimer: 1917.

_____. *Beantwortung der Frage: Was ist Aufklärung?*. Hg.: von der Königlichen Preußischen Akademie der Wissenschaften (Bd. 8). Berlim/Leipzig: Walter de Gruyter, 1923.

_____. *Was heißt: sich im Denken orientieren?*. Hg.: von der Königlichen Preußischen Akademie der Wissenschaften (Bd. 8). Berlim/Leipzig: Walter de Gruyter, 1923.

_____. *Zum ewigen Frieden*. Hg.: von der Königlichen Preußischen Akademie der Wissenschaften (Bd. 8). Berlim/Leipzig: Walter de Gruyter, 1923.

_____. *Briefwechsel* (1789-1794). Hg.: von der Königlichen Preußischen Akademie der Wissenschaften (Bd. 11). Berlim/Leipzig: Walter de Gruyter, 1922.

_____. *Briefwechsel* (1795-1803). Hg.: von der Königlichen Preußischen Akademie der Wissenschaften (Bd. 12). Berlim/Leipzig: Walter de Gruyter, 1922.

_____. *Briefwechsel* (Anmerkungen u. Register). Hg.: von der Königlichen Preußischen Akademie der Wissenschaften (Bd. 13). Berlim/Leipzig: Walter de Gruyter, 1922.

_____. *Kant's Handschriftlicher Nachlass* (Vorarbeiten und Nachträge). Hg.: von der Deutschen Akademie der Wissenschaften zu Berlin (Bd. 23). Berlim: Walter de Gruyter, 1955.

McINTOSH, C. *The Rose Cross and the Age of Reason: Eighteenth--Century Rosicrucianism in Central Europe and its Relationship to the Enlightenment*. Sunny Press: Nova York, 1992.

Preuß, J.D. *Zur Beurteilung des Staatsministers von Wöllner*. In. Zeitschrift für preußische Geschichte und Landeskunde, II. Berlim: 1865.

RETHWISCH. *Der Staatsminister Freiherr v. Zedlitz und Preußens höheres Schulwesen*. Berlim: 1886.

SCHWARTZ, P. *Der erste Kulturkampf in Preußen um Kirche und Schule (1788-1798)*. Berlim, 1925.

Torres Filho, R.R. Respondendo à pergunta: quem é a ilustração? *Discurso* (14), pp. 101-112, 1983.

TERRA, R.R. A arquitetônica da razão pura. In: *Comentários às obras de Kant: Crítica da razão pura*. Org.: Joel Klein. Nefiponline: Florianópolis, 2012.

WIEGGERMANN, U. *Woellner und das Religionsedikt: Kirchenpolitik und kirchliche Wirklichkeit im Preußen des späten 18. Jahrhunderts*. Tübingen: Mohr Siebeck, 2010.

WILHELM, F.; v. CARMER; v. DÖRNBERG; v. WÖLLNER. Merkwürdiges Edict. Er. Königl. Majestät von Preussen, die Religionsverfassung in der preussichen Staaten betreffend. In: *Acten, Urkunden und Nachrichten zur neuesten Kirchengeschichte*. Bd. 1, Abs. 6 (pp. 461-479). Weimar: Carl Ludolf Hoffmann, 1788. (disponível em https://zs.thulb.uni-jena.de/).

WILHELM, F.; v. CARMER. Erneuertes Censur-Edict für die Preußischen Staaten. In: *Verzeichniß derer in dem 1788sten Jahre ergangenen Edicte, Patente, Mandate, Rescripte, und Haupt--Verordnungen* (pp. 2339-2350).

GLOSSÁRIO

A

Aberglaube – superstição
Absicht – propósito
Anlage – disposição
Aufklärer – iluminista
Aufklärung – esclarecimento
Ausdenken – excogitar
Ausleger – exegeta
Auslegung – exegese
ausübende Gewalt – poder executivo

B

Begebenheit – acontecimento
Beglaubigung – credenciação
Beilegung – conciliação
bekennen – professar
Bekehrung – conversão
Bekehrungslehre – doutrina da conversão
Besessene – possuídos
Bestimmung – determinação/destinação
Beurkundung – certificação
Beurtheilung – ajuizamento
Bewegursache – causa motriz

Beweisgrund − fundamento probatório

Bewunderung − maravilhamento

C

Christen − Cristos

Christenthum − Cristandade

Christianer − Cristão

D

Dreinigkeitslehre − doutrina da Trindade

E

Ehrewürdig (Ew.) − honrado

Eigentümlichkeit − propriedade característica

Einfalt − simplicidade

Einwilligung − consentimento

Eräugnis − evento

Endabsicht − propósito último

Endzweck − fim derradeiro

Ewigkeit − eternidade

F

Fortschreiten − progressão

Fortschritt − progresso

Fürwahrhalten − assentimento

G

Gattung – gênero

Gebet – prece

Gebot – mandamento

Geheimnis – mistério

Gehorsam – obediência

Geist – espírito

geistlich – espiritual/eclesiástico

Geistlicher – eclesiástico

Gelehrsamkeit – erudição

Gelehrte – erudito

Gelehrtenstand – estrato dos eruditos

gemeines Wesen – comunidade

Gemüt – ânimo

Gnadenwahl – escolha pela graça

Geschäftsleute/-männer – homens de negócio

Geschicklichkeit – habilidade

Geschichtszeichnen – signos da história

Geschlecht – espécie

Gesetz – lei

Gesetzbuch – código

gesetzgebende Gewalt – poder legislativo

Gesetzgebund – legislação

Gesinnung – intenção

Gewissen – consciência moral

Gewissenhaft – consciencioso

Glaube – fé/crença

Glaubensbekenner – que professa uma fé
Glückseligkeit – bem-aventurança/felicidade
Gram – aflição

H

Heidenthum – paganismo
Heilkunde – arte médica
Höllenfahrt – viagem aos infernos

I

Idioten – idiotas
Illuminatism – iluminatismo
Inbegriff – conceito mais geral/conjunto

J

Jammertal – vale de lágrimas
Jüngster Tag – juízo final

K

Kanzelvortrag – pregação
Kirchenglauben – fé eclesial
krankhaft – doentio
Krankheit – doença

L

Laien – laicos
Landesherrschaft – soberania do país

Landrecht – código civil

landesväterliche – pátrios

Lebenskraft – força vital

Lebensvorschriften – preceitos de vida

Lebenswandel – conduta de vida

Lazarethanstalten – instituições hospitalares

Litteraten – literatos

Lukubrieren – estudo noturno com luz artificial

M

Machthabend – potentado

Machthabung – detenção de poder

Machwerk – gambiarra

N

Nachsinnen – ponderação

Naturanlage – disposição natural

Neigung – inclinação

Neologen – neólogos

Nimmertag – calendas gregas

O

Oberschulcollegium – Colégio superior

Offenbarung – revelação

Offenbarungslehre – doutrina da revelação

Ortodoxie – ortodoxia

Ortodoxism – ortodoxismo

Obskuranten – obscurantistas
Observanz – observância

P

Pfaffenthum – clericalismo
Pflicht – dever
Phantast – fantasista
Prediger – pregador
Possenspiel – farsa
Publizität – publicidade

Q

n/a

R

Regierung – governo
Reinigkeit – pureza
Reskript – Rescrito
Reue – penitência
Religionsglaube – fé religiosa
richtende Gewalt – poder judiciário

S

Satzung – Estatuto
Schrift – Escrituras [sagradas]
Schriftgelehrte – erudito da escritura
Schriftstelle – passagem da Escritura
Schritsteller – escritor

Schwärmer – fanático

Schwärmerei – fanatismo

schwärmen – fanatizar

Seelsorger – conselheiro espiritual

Sektiererei – sectarismo

Sekt – seita

Sektenunterschied – diferença/diversidade de seitas

Seligkeit – beatitude

Sprüche – versículos

Sittlichkeit – moralidade

Streit – conflito

T

Teilnehmung – participação

Triebfeder – móbil

Tugend – virtude

U

Übereinkunft – acordo não litigioso

Überschwenglich – exorbitante

Übersinnlich – suprassensível

Übernatürlich – sobrenatural

Unbeständigkeit – inconstância

Uneigennüzigkeit – desinteresse

Ungnade – desfavor

Unwesen – abuso

Unzeit – fora de hora

V

Verantwortung – responsabilização
Verfassung – constituição
Verfasser – autor/redator
Vergötterung – apoteose
Vermögen – capacidade/faculdade
Vernunft – razão
Vernunftglaube – fé racional
Vernunftkünstler – artista da razão
Verordnungen – decretos
Verstattung – permissão
Vertagung – adiamento
Volk – povo
Vollkomenheit – perfeição
vorhersagend – preditiva
Vorhersagung – predição
Vorsatz – resolução
Vorsehung – providência
Vortrag – exposição

W

Wahnsinn – delírio
wahrsagen – prognosticar
wahrsagend – prognóstica
wahrsagern – adivinhar
weissagend – profética
Werkkundige – aqueles que detêm a técnica

Werkleute - operários
Wesen - ser
Wiedergeburt - renascença
Wunder - milagre
Würde - dignidade

Y
n/a

Z
Zerknirschung - contrição
Zermalmung - despedaçamento
Zerstreuung - fragmentação
Ziererei - rebuscamento
Zufall - ataque
Zuschauer - espectador

COLEÇÃO PENSAMENTO HUMANO

- *A caminho da linguagem*, Martin Heidegger
- *A Cidade de Deus (Parte I; Livros I a X)*, Santo Agostinho
- *A Cidade de Deus (Parte II; Livros XI a XXIII)*, Santo Agostinho
- *As obras do amor*, Søren Aabye Kierkegaard
- *Confissões*, Santo Agostinho
- *Crítica da razão pura*, Immanuel Kant
- *Da reviravolta dos valores*, Max Scheler
- *Enéada II – A organização do cosmo*, Plotino
- *Ensaios e conferências*, Martin Heidegger
- *Fenomenologia da vida religiosa*, Martin Heidegger
- *Fenomenologia do espírito*, Georg Wilhelm Friedrich Hegel
- *Hermenêutica: arte e técnica da interpretação*, Friedrich D.E. Schleiermacher
- *Investigações filosóficas*, Ludwig Wittgenstein
- *Parmênides*, Martin Heidegger
- *Ser e tempo*, Martin Heidegger
- *Ser e verdade*, Martin Heidegger
- *Verdade e método: traços fundamentais de uma hermenêutica filosófica (Volume I)*, Hans-Georg Gadamer
- *Verdade e método: complementos e índice (Volume II)*, Hans-Georg Gadamer
- *O conceito de angústia*, Søren Aabye Kierkegaard
- *Pós-escrito às migalhas filosóficas (Volume I)*, Søren Aabye Kierkegaard
- *Metafísica dos costumes* – Immanuel Kant
- *Do eterno no homem* – Max Scheler
- *Pós-escrito às migalhas filosóficas (Volume II)*, Søren Aabye Kierkegaard
- *Crítica da faculdade de julgar*, Immanuel Kant
- *Ciência da Lógica – 1. A Doutrina do Ser*, Georg Wilhelm Friedrich Hegel
- *Ciência da Lógica – 2. A Doutrina da Essência*, Georg Wilhelm Friedrich Hegel
- *Crítica da razão prática*, Immanuel Kant
- *Ciência da Lógica – 3. A Doutrina do Conceito*, Georg Wilhelm Friedrich Hegel
- *Lições sobre a Doutrina Filosófica da Religião*, Immanuel Kant
- *Leviatã*, Thomas Hobbes
- *À paz perpétua – Um projeto filosófico*, Immanuel Kant
- *Fundamentos de toda a doutrina da Ciência*, Johann Gottlieb Fichte
- *O conflito das faculdades*, Immanuel Kant
- *Conhecimento objetivo – Uma abordagem evolutiva*, Karl R. Popper
- *Sobre o livre-arbítrio*, Santo Agostinho